本书由上海美术学院高水平建设专项经费资助出版

Evolution of Urban Space & Environmental Design-From Aesthetic City to Custom City

国家形象和人类命运的多维表达

——"世博语境下的展览创意设计"学术论文集

策 划　汪大伟

主 编　董卫星

副主编　程雪松　董春欣

汪 宁　葛天卿

中国建筑工业出版社

图书在版编目（CIP）数据

国家形象和人类命运的多维表达——"世博语境下的展览创意设计"学术论文集/董卫星主编.—北京：中国建筑工业出版社，2018.10
ISBN 978–7–112–22615–3

Ⅰ.①国…　Ⅱ.①董…　Ⅲ.①展览会—设计—文集　Ⅳ.①G245-53

中国版本图书馆CIP数据核字（2018）第200050号

　　作为上海市高水平建设的美术学院，上海美术学院师生曾参与2010年上海世博会、2015年米兰世博会、2020年迪拜世博会的相关设计实践和研究工作，在服务世博、奉献世博的过程中，学院自身也成为世博会的最大受益者。世博会同设计学科有高度同构性，"为世博而设计"已经成为学院发展设计学科、培养设计人才的重要着力点。

　　论文集分为世博会与主题演绎、世博会与建筑环境、世博会与展览展示、世博会与媒体视觉、世博会与展览城市、博物馆与展览等6个部分，共收录论文28篇，全过程学术活动记录、专家访谈14篇。较为全面完整地呈现了世博会研究和实践领域的样貌。适合广大世博研究者和参与者、艺术设计研究与实践者以及设计学领域爱好者阅读、参考。

责任编辑：吴宇江　朱晓瑜
责任校对：党　蕾

国家形象和人类命运的多维表达
——"世博语境下的展览创意设计"学术论文集
策　划　汪大伟
主　编　董卫星
副主编　程雪松　董春欣
　　　　汪　宁　葛天卿

＊

中国建筑工业出版社出版、发行（北京海淀三里河路9号）
各地新华书店、建筑书店经销
北京点击世代文化传媒有限公司制版
北京建筑工业印刷厂印刷

＊

开本：787×1092毫米　1/16　印张：24¼　字数：391千字
2018年11月第一版　2018年11月第一次印刷
定价：79.00元
ISBN 978-7-112-22615-3
　　　（32709）

编委名录

学生作者（排名不分先后）：

蔡亦超　上海大学上海美术学院设计系硕士研究生

伏　天　上海大学上海美术学院设计系硕士研究生

关雅颂　上海大学上海美术学院设计系硕士研究生

花东旭　上海大学上海美术学院设计系硕士研究生

栗铁夫　东华大学服装与设计学院环境设计系本科生

李　松　上海大学上海美术学院设计系硕士研究生

刘晓梦　东华大学服装与设计学院环境设计系硕士研究生

陆　唯　上海大学上海美术学院设计系硕士研究生

杨　璐　上海大学上海美术学院设计系硕士研究生

张　旭　上海大学上海美术学院设计系硕士研究生

张子君　东华大学服装与设计学院环境设计系本科生

郑赛日　东华大学服装与设计学院环境设计系硕士研究生

李　苑　华东理工大学艺术设计与传媒学院艺术设计系硕士研究生

培育更多的架设沟通未来桥梁的思想者和建设者是当代学院的使命。

——戊戌夏　冯远

中央文史研究馆副馆长　中国文学艺术界联合会副主席　上海美术学院院长

序 1

世博会是人类历史上的一个伟大创举，在世博会一百多年的历史中，广泛而又深刻地影响了世界的发展进程。今天的世博会具备了展现世界各国发展成果和探讨人类共同命题的双重视角，她既反映世界发展的现实状态和最新成果，同时，通过主题演绎、理念碰撞，探讨和预测世界发展的未来趋势。这是世博会经久不衰的主要生命源泉。

上海大学上海美术学院依托上海大学综合性大学多学科、多专业和文理兼有的综合优势；依托美术学院本身美术学、设计学和艺术理论等艺术学科专业的协同优势，依托我们广泛建立起来的项目合作机构的社会资源优势，从世博教学体系建设、世博理论研究和积极参加与世博相关的项目服务及设计实践三个方面入手，为世博事业贡献我们的力量。

上海美术学院对世博会的基础探索起于 21 世纪初，展开世博历史和现状的研究，分批参观 2005 年日本爱知世博会。2006 年起上海美术学院组成专业综合团队参与上海世博会城市文明馆、城市足迹馆、上海世博演艺中心公共艺术和上海世博会环境雕塑的创意、设计和制作的工作。2015 年参与米兰世博会中国馆的相关设计实践和研究工作，在服务世博、奉献世博的过程中，自身也成为世博会的最大受益者。历经数十载，建立会展技术与艺术、数码交互、艺术理论等相关专业，形成与世博相关的教学体系，开展世博历史和世博理论研究，培养服务世博的专业人才。"为世博而设计"已经成为上海美术学院发展艺术设计、交互艺术与技术、公共艺术理论研究等学科、培养世博人才的重要着力点。

2017 年 11 月 3 日，第一届"未来畅想沟通桥梁——世博语境下的展览创意设计"学术论坛是上海美术学院世博战略发展的一个环节。主论坛在上海大学行政楼报告厅举行。近百位曾经参与世博的国内外艺术、设计和人文领域的专家、学者、设计师、艺术家和知名企业家出席，共同探讨世博语境下的展览前沿问题，为发展面向未来的展览学科积累理论和实践资源，并助力上海美术学院的高水平发展建设。论坛取得的成果将不止于一本汇编的文集，她必将会在我们今后的世博实践中发挥深远的影响，并为世博会发展相关的事业提供借鉴和启迪。

上海美术学院立足于世博教学、世博理论研究和服务世博会。组织内部资源，联手社会相关机构共同为推动世博事业而不懈努力。

我们的宗旨和愿景是：关注世博、研究世博、服务世博。

上海美术学院执行院长　汪大伟

2018 年 5 月 8 日

Preface 1

The World Expo displays great pioneering work in the history of mankind and it has extensively and profoundly affected the development of the world within the last hundred years. Today's World Expo has the dual perspective of showing the achievements of all countries and jointly discussing common propositions of human beings. It reflects both what the world is like and its latest achievements. It also discusses and predicts development trends of the world via the interpretation of different themes and concepts. This is the main thrusts of the World Expo.

Shanghai University is a comprehensive high-level university and a participant in the "211 Project". Shanghai Academy of Fine Arts at Shanghai University is one of the key professional academies in Shanghai with advantages such as a collaborative platform equipped with doctoral degree programs and academic disciplines. Shanghai Academy of Fine Arts also has the advantage of an increasing number of established cooperators and other social resources. Thanks to those advantages, the Academy makes contributions to the cause of World Expos in building the teaching system and theory research for them and consistently taking part in relevant project services and design practices.

The Academy has been involved in basic research of the history and status quo of World Expo since the beginning of this century. The Academy staff respectively visited Expo Aichi 2005. Shanghai Academy of Fine Arts is a member of a professionally integrated team and is engaged in creative design and production for the Pavilion of Urban Civilization, Pavilion of Urban Footprint, an environment sculpture of Expo Shanghai 2010, and public art for Mercedes-Benz Arena. The Academy participated in design and research of China Pavilion at Expo Milan 2015. It also became a great beneficiary of the World Expo while serving and contributing to it. In the past decades, the Academy established a course in Exhibition Technology and Art, Digital Interaction, Art Theories and related majors, forming a teaching system closely related to World Expo. It also studies the history and theories of World Expo to educate professionals for World Expos. The Academy takes "Real Design for World Expo" as the priority to develop subjects as Exhibition Technology and Art, Technology and Art Interaction and Research on Public Art Theories, and help educate talents for World Expos.

The 1st Academic Forum on Creative Exhibition Design from the World Expo Perspective themed by "Building Visions, Making Connections" held on 3rd of November 2017 was a great strategic step for Shanghai Academy of Fine Arts concerning World Expos. The main forum was held in the Lecture Hall of the Administration Building at Shanghai University. Nearly 100 experts, scholars, designers, artists and well-known entrepreneurs who deal with domestic and international art, design and humanities regarding World Expos attended the Forum to discuss frontier issues from the World Expo perspective. This accumulates theoretical and practical experience for development of future-oriented exhibition disciplines and help the Shanghai Academy of Fine Arts develop at a higher level. The results of the forum will be compiled in an anthology and will also certainly exert profound influence on our future World Expo practice and provide reference and enlightenment for the cause of World Expos.

Shanghai Academy of Fine Arts serves World Expo through Expo teaching and Expo theory research. It consistently strives to improve the cause of World Expos by organizing internal resources and cooperating with other institutions.

Our aim and vision is to follow,study and serve World Expo.

By Dawei WANG, Executive Dean of Shanghai Academy of Fine Arts, SHU
8th of May 2018

序2

2017 年 11 月，上海大学美术学院主办了"世博语境下的展览创意设计学术论坛"。论坛聚集了世界各地众多的世博设计和研究领域的专家，是一次世博人、展览人之间创意与智慧碰撞与融合的盛会。谨此对上海大学美术学院成功举办论坛和出版论文集表示祝贺！

世博会是以文化创意的形式，去展示人类通过努力在一个或多个领域所取得的成果，或展望未来发展前景。展览作为世博会最主要的表现形式，往往以标杆性与前瞻性的新技术、新手段之"形"，融合演绎与传播新理念、新发展之"神"。纵观此次论坛，在专业层面，从策划和演绎、展览和展示、建筑和环境、媒体和视觉的维度探讨世博展览的传统经验和转型创新；在理念层面，研析世博会关注城市更新、国家形象、未来世界变革挑战的宏大叙事语境，探索通过参与世博而融入社会变迁发展之可能；在教育层面，宣告"为世博而设计"作为上海大学上海美术学院发展学科、培养人才的重要战略。作为中国有影响力的美术学院，院方力求以形而下的展览创意之"术"去探究形而上的世博理念之"美"，力求以产学研一体化发展的知行合一宗旨去拓展世博社会教育和学术研究的新潜能。为此，我们乐见其成，亦将协力推进，合作共赢。

世博会博物馆是国际展览局唯一官方博物馆和官方文献中心，是全世界独一无二的世博专题博物馆，致力于成为全球世博文化与创新的展示、推介、教育、培训和文献研究中心，并为世博文化交流提供平台。作为具有未来属性的博物馆，世博馆将搭建平台、整合资源，携手海内外世博领域的有志之士共同传承世博、发扬世博。

《国际展览公约》第 1 条写道："世界博览会的首要宗旨是教育民众。"世博展览和大学教育都是开启智慧、激发兴趣、寻找答案、创造未来的孵化器。本次世博展览论坛是一个起点，引起了艺术创意领域的广泛回响。我们期待，它将进而成为一个推动世博学科欣荣发展的动力，未来引领更多的世博关注，为世博会发展而创造更多的多样性和可能性。

是为序。

世博会博物馆馆长　刘绣华

2018 年 5 月 15 日

Preface 2

In November 2017, Shanghai Academy of Fine Arts at SHU held an Academic Forum on Creative Exhibition Design from the World Expo Perspective. Experts in World Expo design and research from all over the world gathered for the Forum. It was a grand meeting for the collaboration and integration of creativity and wisdom between people of World Expo and exhibitions. I would like to congratulate Shanghai Academy of Fine Arts, SHU for successfully holding the Forum and publishing the compiled anthology.

The Expo demonstrates results of humanity's efforts in many fields and looks into the future via cultural creativity. As the most important form of expression for World Expos, exhibitions usually take new and advanced technologies as "the form" to reach "the spirit" of interpreting and spreading new development of ideas. During the Forum, on the professional level, the traditional experience and transformational innovation of the Expo exhibition will be discussed from dimensions of planning and interpretation, exhibition, architecture and environment, and media and vision. On the conceptual level, the grand narrative context of World Expo's concerning for urban renewal, national image, future transformations and challenges will be studies and analyzed, and the possibility of integrating into the social transformation and development via participation in World Expo will be explored. On the educational level, Shanghai Academy of Fine Arts declares that "Real Design for World Expo" is a major strategy to develop disciplines and educating talents. As an influential art school in China, the Academy strives to explore the "beauty" of superorganic World Expo concepts with the "skill" of metaphysical exhibition creativity. In addition, it seeks to excavate the potential of social education and academic research of World Expos so as to unite "knowing and doing" by integrating industry, universities and institutes. Therefore, we are pleased to work together to achieve win-win cooperation.

The World Expo Museum is the only official museum and documentation center designated by the Bureau of International Expositions and also the only museum featured by World Expo in the world. It is dedicated to act as a center for exhibition, promotion, education, training and document research of World Expo culture and exchanges. As a future-oriented museum, the World Expo Museum hopes to build platforms, integrate resources and join hands with people with lofty ideals in the field of Expo at home and abroad to inherit and carry forward World Expos.

According to Article 1 of International Exhibition Conventions, "the prior purpose of World Expos is to educate the people." Expo exhibitions and university education are like incubators for wisdom, interest, answers to questions and the future. This Forum is just the beginning and it has aroused widespread interest in the field of artistic creativity. We hope that it will become a driving force for the development of World Expo disciplines, attract more attention and create more diversity and possibilities for its development.

This is the end of the Preface.

By Xiuhua LIU, Curator of the World Expo Museum
15th of May 2018

目 录

一、世博会与主题演绎

World Expo & Theme Deduction

"未来畅想 沟通桥梁——世博语境下的展览创意设计"学术论坛综述

A Summary of the First Academic Forum "Future Fantasy & A Bridge of Exchange: Exhibition Creative Design for the World Expo"

程雪松　Cheng Xuesong

董春欣　Dong Chunxin

汪　宁　Wang Ning

葛天卿　Ge Tianqing

【摘　要】本文以第一届"未来畅想 沟通桥梁——世博语境下的展览创意设计"学术论坛相关专家的发言为基础整理编写而成。整个学术论坛主要分为"策划和演绎""展览和展示""建筑和环境""媒体和视觉"等四大篇章，邀请各个领域内的知名专家、学者，以各自的世博解读、世博体验为出发点，针对相关议题发表真知灼见。文章认为，世博会作为展示国家形象的舞台和探讨人类命运的论坛，在新的时代条件下正在积极推动学科融合，形成自身独特的价值体系和语境内涵，并且深入影响和促进展览创意实践。上海美术学院将立足于上海"世界城市"和"全球科创中心"建设契机，以世博研究为机遇和平台，围绕人才培养和服务社会的目标，积极创建汇聚全球优质资源的、面向未来的展览学科。

【关键词】展览；国家形象；人类命运；世博；设计

2017 年 11 月 3 日，第一届"未来畅想 沟通桥梁——世博语境下的展览创意设计"学术论坛主论坛在上海大学行政楼报告厅举行。近百位曾经参与世博的国内外艺术、设计和人文领域的专家、学者、设计师、艺术家和知名企业家出席，共同探讨世博语境下的展览前沿问题，为发展面向未来的展览学科积累理论和实践资源，并助力上海美术学院的高水平发展建设。

开幕式由上海美术学院执行院长汪大伟教授主持，上海大学党委副书记徐旭教授代表主办单位致开幕词，他指出：

今天我们有缘相聚在第一届"未来畅想 沟通桥梁——世博语境下的展览创意设计"学术论坛，未来我们还将联合每一届世博会举办城市共同举办双城论坛，共同见证和推动人类发展历程中重大问题的沟通协商与战略合作。我们将传承世博精神，把世博的理念和中华的智慧进行创造性转化、创新性发展和创意性呈现，为上海、为世界呈现永不落幕的世博文化。

中国国际贸易促进委员会世博会事务处阮炜处长代表中国贸促会致辞，他积极评价上海大学为世博文化弘扬做出的贡献，并向所有来宾介绍了中国贸促会在世博会举办当中承担的角色，他号召社会各界人士和中国贸促会共同携手，紧密配合国家外交、外宣需要，将习近平总书记的新时代中国特色社会主义思想融入世博会的创意设计和展示活动中，生动诠释中国梦；世博会博物馆馆长刘绣华女士代表世博会博物馆致辞，她对上海大学主办本次论坛深表感谢，并就世博会博物馆的职责和未来联系国际展览局和上海市转型发展的愿景进行了阐述，表达了世博馆分享城市、科技、思想、艺术等领域的创新成果，开启公众社会教育的新历程的美好愿景；上海市教委高等学校设计专业教学指导委员会主任、同济大学创意设计学院党委书记范圣玺教授代表上海市教委设计专指委致辞，他肯定世博会是非常重要的设计载体，世博设计是非常有发展前景的研究领域，世博展览也是引领设计教育发展的重要资源。他赞赏上海大学在此领域的积极探索和取得的优异成绩，期待上海的高校共同携手，培养具有综合能力、交叉跨界、整合创新的设计人才；接着汪大伟教授转达了中央文史研究馆副馆长、中国文学艺术界联合会副主席、上海美术学院院长冯远教授送给论坛的三个关键词：①感谢：感谢国内外专家和上级领导的关心；②支持：支持美院以世博课题为抓手推动学科发展和深化社会服务；③协同：协同全社会资源和力量建设与城市齐名的上海美术学院。

主论坛的主体部分是 21 位世博研究专家的主旨演讲。

首先由中国贸促会阮炜从五个方面带着与会嘉宾走进世博会：第一部分是认识世博会；第二部分是世博会的历史；第三部分是关于中国与世博会；第四部分是演讲者对世博会的创意设计的理解；第五部分是展望世博会未来发展的趋势。他指出一个世博展馆若想取得成功，需要在七个方面进行努力：①主题理念鲜明；②建筑传达主题，使用新材料新技术，和展陈有好的融合度，能够体现文化自信；③核心理念和展线清晰，贯穿始终；④展示手段新颖，技术含量高；⑤多媒体主秀亮点突出，冲击力强；⑥有前瞻性的重大发现或者科学技术；⑦和谐统一的视觉标识系统。最后演讲者总结道：世博会会继续聚焦人类命运和可持续发展问题，主题、建筑和展示依然是世博会主要的看点，世博会将更加关注贸易投资促进的功能。

接下来的论坛分为四个部分，分别是策划和演绎（上、下）、展览和展示、建筑和环境、媒体和视觉。

上海美术学院院长助理、刘海粟美术馆副馆长李超教授主持"策划和演绎"的上半场，故宫博物院原副院长、上海大学副校长段勇教授，中央美术学院中国文字艺术研究中心主任黄克俭教授，清华大学国家形象传播研究中心主任范红教授，上海大学社会学院、知名新闻评论人顾骏教授等四位专家进行了演讲。

段勇教授结合自己多年来在博物馆系统的工作体会，指出中国目前有备案注册的博物馆 4873 家，未注册的至少 2000 家，2016 年在大陆举办的展览 3 万多个，公共教育活动 20 多万项，观众人数达到 9 亿次，在这样庞大的文化需求基础上，我们应当提供高质量的文化展览。他从世博会和博物馆内在联系谈起，认为博物馆的展览策划和设计制作都在不同层面受到世博会的推动与影响，未来世博会场馆外观设计、内部展品陈列设计以及一系列新的展示科技手段对于中国博物馆策展都会有重要的启发作用；黄克俭教授结合自己参加 2008 北京奥运会申办和承办的经历，针对"中国的机遇"展开探讨，着重就"文化与科技"、"奥运与遗产"、"世博与教育"等问题进行分析，阐述了高等院校通过承办国际大型节事活动进而对人才培养和教学发展的促进与推动作用；范红教授首先介绍了清华大学国家形象传播研究中心建设和发展的概况，接着从国家形象传播感知的角度、世博会承载国家叙事的职能以及其从事世园会工作经历等三个方面分别加以阐述，强调了世博会既是全世界公共外交、文化交流的平台，又承载着个人的美好体验；顾骏教授从世博会到底展示什么、大学到底应该如何服务于世博这两个问题谈起，指出需要通过人类自觉、国家自觉、文化自觉和人性自觉四个方面的努力进行改变。他在发言中提到世博会主题和展陈项目应该具有一个隐性与显性双向变化的过程，随着主题的消隐，主题的表达，也就是展陈项目却从隐性转向显性。各国世博展示从硬实力表现转向软实力表达，主题性的展示项目越来越具有符号性、象征性，而里面的主题越来越清晰。最终自觉去呼应一个时代的人类关切，对于人类面临的问题以及对进步本身意义进行反思，充满哲思，发人深省。

上海电影学院执行院长何小青教授主持"策划和演绎"的下半场，加拿大概念营销专家李杰（Jay Joohyung Lee），全国政协常委、复旦大学图书馆原馆长葛剑雄教授，世博会博物馆原副馆长俞力，清华大学美术学院千哲教授等四位专家进行了演讲。

李杰从世博历史上的几个重要里程碑谈起，阐述了沟通的意识、期待值、需求、交际、工具等 5 个国家营销原则，探讨了在营销 4.0 也就是线上评价营销的背景下，世博会需要进一步观察和评估受众的反应和需求，建立一个开放的平台，积累数据，从而把创意、技术和品牌进行整合，重新打造展览的空间，达到战略营销的目的；葛剑雄教授从历史地理学的角度，剖析了历史上的"丝绸之路"和今天倡导的"一带一路"本质上是完全差异化的，1877 年李希·霍芬（Richthofen Ferdinandvon）命名的"丝绸之路"和日本学者命名的"海上丝绸之路"实质上都是立足西方视角的考察，西方世界从中获益，而古代中国在这一历史地理建构中处于被动输出的位置，它们并不是我们主动的经贸拓展或者文化传播，甚至历史上的所谓开放朝代实际上也是"开而不放、传而不播"，因此今天我们倡导的"一带一路"绝不是历史上丝绸之路的延续或者再造，而是前无古人的伟大创新，所以我们需要从历史资源中发掘真正符合开放、创新主题的资源，甚至抛开历史、学习世界、全面创新，而不是用自己浅表的想象去一味美化历史上的丝绸之路，这样我们的设计理念和传播方法会有更广阔的发展空间；参与世博会工作满 20 周年的俞力老师首先指出展览中形态的语言胜过主题的语言（形胜于言），"展"是主体要呈现的内容和形式，"览"是客体要接受的信息，主客体信息交换的时空就是"会"。世博会与其他类型展览的最大区别在于世博会的主题、内容、形式都是需要进行创意设计的。在展览的形态中，他用上海世博会展馆中日本馆、德国馆、沙特阿拉伯馆等三个实例进行深入剖析，来讨论不同国家、不同民族如何讲述他们的故事，他们对于世博主题如何理解，并且最终和展览的内容、形式达到有机的融合，从显性和隐性两个层面达到自然的呈现；千哲教授基于他主持2008北京奥运会和2019北京世园会视觉设计工作的经历，以"进行中的设计"为题，向嘉宾们系统介绍了2019北京世园会的理念、规划、场馆、吉祥物、会徽等多方面的设计情况，他重点介绍了中国馆、国际馆、万科植物馆、中心广场等核心展示空间的整体理念和关键设计问题，最后归纳出结论：视觉传达需要紧扣社会融入、核心价值传达和主题叙事。

上海美术学院设计系主任董卫星教授主持第二部分"展览和展示"，法国安纳Anamnesia博物馆设计公司国际事业部主任弗朗索瓦（Francois Quere）、清华大学美术学院副院长苏丹教授、中展集团工程公司设计总监陈雨昕女士、北京七展创意集群合伙人马孟超等四位专家进行了演讲。

弗朗索瓦先生分享了在2010上海世博会国阿尔萨斯馆设计中攻克的难题和收获的经验、2020迪拜世博会交通主题馆中对于观众长时间排队的解决方案、阿布扎比卢浮宫展览设计项目中所需要考虑的当地气候因素和文化因素都给出了建设性的意见，强调国际化的设计团队应当做好充分准备去面对各种各样跨文化的设计挑战；苏丹教授从历史和当下两种维度探讨了世博会面向未来发展的必然性和多种可能性，并结合他参与2015米兰世博会中国馆的体验，提出世博会是一个面对未来的媒介，通过经济的方法应用到人类的生活里面。同时也强调海外建造是世博场馆建设的最大挑战，我们应当将当代审美理念和人文因素相结合，将国家形象放在第一位；陈雨昕女士分享了她参与阿斯塔纳世博会中国馆从图纸到搭建的过程体会，从许多设计搭建和运营协调的细节着眼，简述项目现场的落地执行以及中国馆围绕着主题所做的系列解读以及演绎；马孟超先生从数字化展览重建展览体验的角度分享了对于体验式展览的思考，结合2010上海世博《清明上河图》多媒体展项设计、2017阿斯塔纳可控核聚变"小太阳"重点展项设计体会，探讨了数字展览的体验度、信息效率和世俗化特征以及数字展览如何同时适应中国元素和其他兼容要素的需求，其核心是高科技运用和主题表达之间关系的问题。

上海美术学院刘森林教授主持第三部分"建筑和环境"，英国福斯特 Foster+Partners 建筑事务所合伙人马丁（Martin Castle）、日本空间孵化器株式会社社长彦坂裕、法国岱禾 TER 景观事务所创始人米歇尔（Michel Hoessler）、华东建筑设计研究总院副总建筑师杨明正高工等四位专家进行了演讲。

马丁结合福斯特团队设计历届世博会阿联酋馆的工作经验，阐述了建筑师应对当地气候、资源、材料的设计和建造智慧。他重点介绍了 2010 上海世博会阿联酋馆、2015 米兰世博会阿联酋馆、2020 迪拜世博会移动主题馆的设计情况，分别从自然、技术、文化三个层面阐述他们对阿联酋地域文化的理解和他们的设计观。他认为，一座好的展馆应当充满趣味，给人身临其境的体验，能够给不同需求的参观者提供一段独特的旅程；主持多次世博会日本馆策划设计的彦坂裕首先阐述了关于世博会传承的思考，然后介绍了他参与的历届世博会日本馆设计，包括 2005 爱知世博会、2010 上海世博会和 2015 米兰世博会中的日本馆，这些场馆既有娱乐和教育性，又有很多对于生态和新材料的研究。他分析和梳理了历史上世博会设计中的创新和演变，强调世博场馆建设需要关注环境、气候、材质、工艺等相关问题；米歇尔围绕 2008 上海世博法国馆设计建造、2010 法国馆改造民生美术馆、2017 世博文化公园设计改造的历程，探讨了世博遗产转换、利用和新生的关键性问题。上海世博会法国馆在整个展期接待了超过 1000 万名观众，需要细心地解决排队的问题，景观和展览交互的问题，对法兰西古典园林传承的问题，以及众多艺术机构提供的艺术品如何在场馆内外呈现的问题。世博文化公园的改造对设计师的思考而言，则不仅仅满足解决一些展览方面的功能问题和主题问题，而是具有更多的历史况味，保留下来的场馆、工业土壤、路面、湿地等，都被整合成为这座近 200 公顷城市中心最大公园的有机部分，将在 2021 年以户外博物馆的形式呈献给上海这座世博城市。他充满感性的描述给现场带来关于法兰西园林和艺术的浪漫遐想；杨明教授饱含情感地分享了他 13 年里参与世博项目的感受，重点介绍了世博会博物馆的设计建造情况，核心围绕建筑如何回应世博会主题、建筑如何回应基地与城市的关系展开。杨明介绍了最初世博会博物馆招标的若干方案，其中不乏大师作品、杰出作品，但是最终华东院方案非常扎实合理地满足了业主的功能考虑和使用需求，这是方案得以胜出的关键保证。世博会博物馆在传统的博物馆规范基础上，被赋予更多的平台性、文化性、市民性，以"历史河谷、欢庆之云"为概念切入，把建筑外观转化为比较稳定、理性的金属体量和比较张扬、感性的透明造型的对比，同时以世博会150年发展历程为时间线索，把世博会展览叙事容纳在不断上升的黑箱展厅空间中，给观众留下精彩的世博记忆。

上海美术学院副院长、中华艺术宫副馆长金江波教授主持第四部分"媒体和视觉"，日本东京都广告意匠审查部的委员石川明教授、德国新媒体艺术家阿里克谢（Aleksej Schoen）、上海九木传盛广告有限公司市场总监孙佳妮女士、上海美术电影制片厂原厂长常光希一级美术设计师等四位专家进行了演讲。

石川明是日本东京都广告意匠审查部委员，在日本设计界服务了45年。他以2005年爱知世博会主题标志主创设计师的身份同与会者分享了他当时设计世博会主题标志的思路与心得。主题标志作为世博会视觉系统的组成部分，承担着与会徽不同的功能，对于这一点，大部分人并没有意识到。实际上，每一届世博会都有会徽，但不一定有主题标志，如2010年上海世博会就没有主题标志。石川明先生详细解释了爱知世博会主题标志的构思过程，让听众真实地了解到一个成功的标志背后是严谨的调研和严密的逻辑，也让听众感受到一位富有经验的设计师另辟蹊径的创意原点；阿里克谢的演讲呈现了一场增强现实的图像体验，把新技术运用与无边界城市展览进行了很好地融合。在他的设计中，尤其强调光的设计和展示运用。光不仅呈现了建筑空间、美化了室内外环境，同时也具有强烈的造型功能，大大拓展了展览的表现空间，并获得流光溢彩的艺术效果。同时，阿列克谢也强调了新的3D打印技术、AR技术等的运用。在不远的将来，通过虚拟和实体的结合，新技术不仅会改变观众的视觉体验，也会改变展览的实现方式；来自上海九木传盛广告有限公司的创意总监孙佳妮女士代表重症在床的邵隆图先生进行讲演，她完整分享了2010上海世博会吉祥物"海宝"创意诞生、执行、推广、传播的全过程体会。孙女士演讲的核心观点是世博会的吉祥物的必须通过品牌形象整合的方法去运作。品牌形象整合就是将多元的、相关的元素向整体目标效应集中、整齐划一、合力共振。吉祥物的作用也是如此，靠形象、声音、节奏等各方面的元素合力共振。共振的效果，当所有看起来是单独的一个个"点"整合在一起，整齐划一的时候，就会产生效应倍增放大的作用。同时她也强调了吉祥物衍生开发的重要性。这不仅会产生商业价值，更重要的是延伸世博会的形象价值和文化价值。吉祥物的设计本质上不是艺术问题，而是营销的问题，是品牌传播的问题。往届世博会常常没有很好地经营吉祥物的品牌传播，其价值随着世博会的结束就消失了，这是非常遗憾的事情；最后一位演讲者，上海美术电影制片厂原厂长、著名动画导演、一级美术设计师常光希先生为与会者带来他15年前上海申博期间制作的一部水墨动画短片。作品以天马行空的想象力、精美绝伦的表现力，让与会者充分感受到动画艺术的魅力，也再一次证明了动画这种艺术手段在世博会等大型展览活动中的生命力和不可替代的作用。讲演者以历史见未来，给"未来畅想、沟通桥梁"主论坛带来一个充满中国元素又简洁现代的结尾。

最后上海美术学院执行院长汪大伟教授致闭幕词。他回顾了美院展览专业建设的历程、参与上海世博演绎的体会，以及本次密集高频的论坛研讨，都汇聚成公共艺术学科发展的思想宝库。他展望未来，希望我们的学科建设能够和世博会共同成长，共同见证精彩的未来。

主论坛之后，11月4日与会代表又参加了"建筑与环境""展览与演绎""媒体与视觉"的分论坛讨论。大家围绕建筑与展览的关系、展览建筑的媒介性问题、展览叙事的体验性和弹性、展览实践与设计教育的关系、数字展示的未来图景、新媒体展示形式与内容之间的关系、视觉符号的现代化问题等展开了热烈的讨论。两天的论坛时间里，与会代表普遍认为，在新技术、新思潮、新理念层出不穷的条件下，在社会转型发展、文化加速竞合的后工业时代背景下，思维的碰撞和激发、专业的分化和融合、国家的前景和人类的命运、宏大的叙事和个体的认同、环境的恶化和可持续发展的理念，这些议题都已经成为我们生存环境挥之不去的组成部分，也成为世博会始终保有生命力的能量之源。展览作为世博会的主要表现形式，担负着展望人类未来、传播国家形象、构建文化认同、维系情感纽带的职能，整合了建筑、景观、影像、平面、文学、科技等多学科语言和多维度视角，在未来必将形成独特的价值体系和语境内涵，具有广阔的实践空间。过去不同领域的专家学者针对世博会的林林总总、方方面面进行了多专业、多层次的研究，有了很多有益的探索，但是成果相对较为分散，尤其缺乏理论和实践相结合、整体和局部相统一、研究和教育相协同的学术探讨。基于此，本次论坛以"未来畅想、沟通桥梁——世博语境下的展览创意设计"为题意义重大。在当下的历史发展阶段，"中国参加世界性的展览活动经历了从参与到主办，再到协同的渐进发展阶段，参展角色也经历了边缘—中心—同心的变化。"[1] 展览研究实践正处于集成各领域研究积累，以全新姿态推动文化交流和理念传播的转型轨道上。"在极力张扬国家形象和平等参与人类议题两个不同方向上，会有越来越多的思考，也会产生更多不同的取舍和选择。"[2] 本次论坛的研究成果将有力推动构建面向未来的展览学科，不断完善当代设计学科的理论体系，以"文化自信"为核心进行国家和区域的品牌形象设计和传播。上海大学上海美术学院立足于世博记忆深厚、世博遗产丰富的世博城市——上海，适逢上海市"高水平建设"和国家"双一流"建设契机，有责任和能力打造汇聚国际优质资源的展览创意平台，创建具有学术竞争力和社会影响力的展览学科，助力上海"世界城市"和"全球科创中心城市"建设。

本届论坛是由上海美术学院发起的相关学术论坛系列活动，由世博讲堂、展览创意设计工作坊、学术论坛、工作坊成果汇报展等部分组成，得到了中国美术家协会的指导，由上海大学主办、上海美术学院承办，由世博会博物馆、上海市教委高等学校设计专业教学指导委员会及人民网、中华网、建筑时报、《装饰》《公共艺术》等媒体单位特别支持。

出席论坛的其他主要领导和嘉宾还有：中国工业与信息化部工业文化研究中心副主任孙星、中国国际商会会展部处长葛杰、世博会博物馆党委书记蒋莎、世博会博物馆副馆长邹俊、上海市规土局风貌处副处长林磊、中国美术学院上海设计学院城市空间设计系主任冯洁教授、中企万博企业集团董事长、2015 米兰世博会中国企业联合馆执行馆长王慧、新西兰公共艺术基金会主席约翰（John McCormack）等。

（本文原载于《装饰》2017 年第 12 期）

参考文献：

[1] 程雪松，等 . 东方情韵　世界表达 [J]. 园林 ,2017（01）:68-72.

[2] 程雪松 . 开放的世博展览空间设计 [J]. 公共艺术 ,2014（03）:42-51.

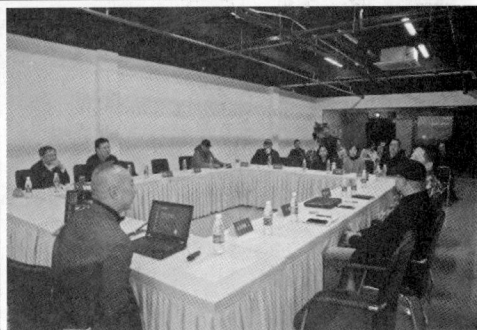

图 1　主论坛现场　　　图 2　建筑与环境分论坛现场

图 3　主论坛现场

图 4　展览与展示分论坛现场　　　图 5　媒体与视觉分论坛现场

图 6　工作坊成果展现场 1

图 7　工作坊成果展现场 2

图 8　工作坊成果展现场 3

世博会，主题演绎至上

World Expo,Theme Deduction Is Supreme

董卫星　Dong Weixing

【摘　要】 本文在分析主题演绎产生和发展历程的基础上，探讨了在举办世博会中主题的作用和意义。并通过具体分析上海世博会主题演绎的进程，得出结论：对世博会主题演绎重要性的充分理解是确定世博会的展示内容、展示项目、展示形式的的必要前提。

【关键词】 世博会；主题演绎；城市

世博会创办伊始，首先是一个国际性的产业成果展示会。因此，展示工业成就，促进工业化进程是世博会的首要任务。通过定期举办的世博会，展现科学技术最新的进步和成果。正因为如此，世博会见证了近 150 年来人类力量突破性发展的历程，展示了人类历史上的每一次重大的产业革命。蒸汽火车、汽压机、纺织机械等工业产品的展示标志第一次工业革命惊人成果；发电机、电动机、电灯、电话、电报等以电力的广泛应用为特征的产品展示标志着第二次工业革命的到来；电子计算机、视频技术、宇航开发、机器人、互联网等以信息处理为特征的产品展示标志着第三次产业革命的降临；近几届世博会上，新能源开发和节能环保技术又成为世博会的产品和科技的展示热点，预示着新一轮产业技术革命的萌发。另外，对人类现代生活产生重大影响的大部分用品，诸如，电灯、电影、电视、电梯、电冰箱，乃至热狗、蛋筒冰激凌、观光大转轮等，都是通过世博会进入百姓生活的，所以有了"一切源于世博会"的说法。在以广播、电视、互联网为代表的现代传播技术普及之前，世博会无疑是展示全球新技术、新产品的最佳平台。

1 膜拜造物　分类展示

早期世博会通过参展国展示各自最值得骄傲的产品来体现其生产技术优势和能力。每个国家的实际情况不同，呈展的物品各式各样，世博会显现出百科全书式的相貌。面对浩如烟海的工业展品，如何组织展品的展示是世博会展示策划和设计者首先要考虑的问题。1851 年伦敦世博会，阿尔伯特亲王亲自确定展示的分类框架，设定了"原材料、机器、制造和艺术"四个板块，并下设了若干"组"和"类"。这四个板块比较合理地反映了工业时代人类物质创造和精神创造的面貌。也通过展品的有序展示，确立了一个以展示人类文明进步，以进步作为核心价值观的展示体系。1867 年法国首次提出二元化分类法，即按照产品的性质和生产国分类，并设计建造了能满足二元化分类法空间分布要求的椭圆形建筑。展厅按照同心圆排列，每圈展厅汇集用途相同的一类展品，由各个国家提供展品，使不同国家的某一类产品得以在同一空间中展示，真正实现了"世界的"和"国际的"融合，使展品和国家分布更符合展示空间分布的逻辑关系。展厅根据人类的需求的层次，由外向内层层聚拢。在中心园展厅中，以"人类劳动史"为题，布置了一个主题展览，在内容和形式上都形成了一个完美的整体。

分类法为早期世博会广泛采用。一直到 20 世纪 90 年代才被主题演绎为主导的展示组织法所完全替代。虽然早期世博会普遍采用产品分类的方法规划展区的空间关系和展品的分布，但是由于各个国家对于哪一种分类法更能体现当时的世界工业状态、更能协调展品与展示空间的关系、更便于观众参观和掌握展览信息的看法不同。而且，国际展览局对于各个主办国的组织工作采取一种比较宽松和鼓励创新的态度。因此，不同的世博会所采用的展品分类法也不相同。

早期世博会以工业产品的陈列展示为主，但是在一定的社会文化背景下，任何人们感官可以感知的物品都可以散发某种意味。尽管早期世博会没有明确的主题，缤纷繁杂的展品聚拢在世博会上，总会散发出某种精神或理念的东西。所以在世博会上，从来也没有什么"纯粹的产品展示"。

　　首先，通过产品的展示可以反映一个国家的政治、经济、文化的面貌。进而宣扬国家意志和体现国家的综合实力。世博会上的产品展示，不仅仅展示了先进的科学技术水平，也反映了一个国家的社会制度、生产方式、科技水平和综合实力。1851年，当英、法等欧洲强国展示大型蒸汽机和以此为动力的加工机械时，体现的是近代工业技术的成熟、资本主义社会化大生产的优越、国家综合实力的强盛。而中国作为泱泱东方大国展出的只有"湖州蚕丝"，展现的仅仅是农耕条件下的手工艺。其中的差距是不言而喻的。所以，世博会一直存在着这样一种情况，发达国家以展示高技术为主，而相对落后的国家以展示民族文化和传统工艺为主。而无论什么时代，国家与国家之间的关系主要取决于综合实力的对比。谁的综合实力越强，在国际交往和国际产业分工中的地位越高，谁就具有更强势的话语权。由此，世博会也演变成为大国博弈和冷战的场所。世博会从某种意义上来说发端于英、法、德、美、苏等列强之间的"显示肌肉，和平较量"。20世纪初发展为宣扬国家意识形态优越性的舞台。第二次世界大战结束后又成为苏、美两大阵营冷战的场所。所以，在世博会欢庆氛围中，总是有国与国之间较劲的阴影在晃动。

　　其次，世博会毕竟是全世界人民的大聚会。通过世博会不同的国家和民族得以欢聚，共同探讨和表达全人类关心的生存和发展的理念，畅想人类的美好未来。随着时代的发展变化，人类关注的问题也在不断的变化。世博会初期，西方工业开始进入快速发展期，工业化显示出来的强大力量使人们对于推进工业化进程充满渴求；20世纪上半叶，各种国际矛盾和社会矛盾不断激化，在短短的50年中爆发了两次世界大战。各国人民尝尽了战争带来的痛苦，于是对和平生活充满向往；第二次世界大战结束后，人类开始进入了原子和通信的时代。现代工业和科学技术再一次显示出惊人的力量。人类对于科学的膜拜和对于人类征服自然力量的自信都发展到了顶点。对现代科学技术背景下的人类未来充满无限想象；然而，20世纪70年代的能源危机和大工业带来的严重环境问题，使人类重新审视自然的力量，重新定位人类与自然之间的正确关系。所以，20世纪80年代至今，尊重自然，节能环保，可持续性发展一直是世博会关注的议题。

　　工业产品的展示从来也不是一个孤立的现象，在产品表象的背后总是支撑着一定的理念。另外，英国创办首届世博会的时候就把世博会定位于一个展示人类文明的博览会，而不是一个简单的产品的展示会或者是工业产品的展销会。160年来世博会的主办者一直努力维持着世博会的精神和文化品质。随着时代的发展，新的科学技术突破，新的工业产品问世的速度越来越快，交通的便利，广播、电视、行业年展乃至互联网络等现代传播媒介的异军突起，人们可以从越来越多的渠道获得新产品、新技术的信息，五年一次的世博会反而越来越难以担当起新产品、新技术发布的重任。世博会展示新产品、新技术的功能不断淡化。而反过来，世博会精神和文化层面的表达则不断得到强化，世博会主题的重要性也日益突出。美国史密森学会秘书长乔治·布朗·古德（G.Brawan.Goude）独具慧眼，早在1893年就预言：“在将来，博览会将更多地展示理念而不是物品。”到1933年美国芝加哥世博会，第一次明确提出了“一个世纪的进步”的世博会主题。对以主题为主导的世博会形式做了初步的尝试。根据多届世博会的实践证明，主题演绎的世博会形式符合时代发展特点。1994年国际展览局第115次大会正式通过了1号文件，宣告了世博会主题体系的正式形成。主题主导世博会的时代到来了。

2　颂扬理念　主题统领

确立世博会的主题，可以使每一届世博会的主旨更为突出、意义更为明确、特色更为鲜明。为参展国组织展品，评价形式设计提供了确切的原则，也使规模庞大、内容纷繁的世博会形成一根展示的主线。在主题的引导下，对人类共同愿望和理想的集中表达、对人类文明成果的集中展示是当今世博会实现的主要功能。在游乐场、主题公园、嘉年华等大型群众性欢聚活动遍地开花之时。使世博会具备了难以替代的特征和存在的价值。

1970年日本大阪世博会是日本，也是亚洲国家第一次举办世博会。而当时世界正在由工业时代转向信息时代。便利的交通、普及的旅游、频繁的展览展示、发达的通信、快捷的影像传媒都对世博会的传统功能形成了巨大冲击。世博会已经不再是人们了解科技发展信息和成果的必要场所。世博会面临着不可避免的转型。由此，大阪世博会的主办者确立了一个基本的思想:不再侧重有形的技术成就的展示，追求人类美好愿望和精神的表述，渴望把全世界人民都汇聚在一起，力图把世博会办成一个盛大的节日，为人类的相会相识、交流感情与文化提供一个机会和场所。

因此，大阪世博会的主题确定为"进步与人类的和谐"，包括 3 个主题元素："人类、进步、和谐"。在这里"和谐"是一个突出的亮点。强调人类的科技进步与发展应该更好地促成人与人之间、人与自然之间的和谐共处，体现出东方人特有的发展观和宇宙观。在"人类的进步与和谐"的主题下，共衍生出 4 个副主题："追求更完全的生活享受、追求更丰裕的自然果实、追求更完美的居住环境、追求更好的相互理解"。使世博会的主题得到更加全面的演绎。作为大阪世博会的总设计师丹下健三倾尽全力，调动各种形式演绎这些主题。主题演绎馆的主体是"节日广场"，在广场矗立着高大的，为人类指引未来方向的太阳神塔。从"节日广场"下面的地下室到太阳神塔的顶部有三个向上发展的空间，分别展示了人类的过去、现在和未来的历史进程。在太阳神塔内部有一棵贯穿上下三个空间的"生命之树"，悬挂 290 种自然界从原始生物到人类的生物体，其中有 40 余种模型被高科技手段赋予了"生命力"，在变化多端的光色中栩栩如生。随着"大地之声"和"天堂之声"的音乐，观众在自动扶梯中盘旋而上，经历了五分钟悠然漫长的"地球生命演变之旅"，感悟人类在整个地球生命发展进程中的位置，从而获得对人类自身在自然界中的地位和作用的正确认识。在"节日广场上"运用了庞大的电脑管理系统，整个广场的交通、灯光、音响、视频影像都在实时的掌控之中。因此，在这个广场中，历史足迹、文化艺术、科学技术，以及不同的年龄、不同的肤色、不同文化背景的人群庞大而密集地聚在一起，形成了一个真正融合科技与人文，历史与未来的节日氛围。大阪世博会的成功举办，为以主题演绎为主导的世博会开创了可资借鉴的范例。

当然，每一个世博会的主办国或参展国对主题演绎的重要性也不见得都具备充分的理解。有一些国家认为世博会的主题过于抽象化，哲学意味太浓，难以表达。也有一些国家认为主题演义占用了过多的资源和空间，影响了他们对自己国家工业技术和产品的展示，影响了他们对于国家形象和民族文化的宣扬。因此，即便是近几届以主题演绎为主导的世博会中，有不少国家馆的展示与主题表现毫无关系。主办国与国际展览局对此也并没有实际的约束力和干预力。

3　直面主题　高瞻远瞩

我们国家对于世博会的理解也是有一个过程的。改革开放以后，我国逐渐走进世博会。1982 年，新中国第一次在美国诺克斯维尔世博会上露面。由于注重民族文化和国家形象的宣扬。忽视了对"能源，世界的原动力"这一世博会主题的表达。展示的注意力集中在中国的文化特色和传统工艺的展现上。推出的重点文化展品是长城的城墙砖和秦王墓里的兵马俑。工业展品主要是景泰蓝、瓷器、玉石象牙雕刻和红木家具等。在表演区，还安排了中国画家和工艺师现场表演。虽然，中国作为一个长期与世界交往甚少的神秘国度，突然出现在世人面前，这一切足以引起观众的好奇与热情了。但是，与世博会的主题还是格格不入的。

民族文化的优越感和自豪感一直妨碍了我们对世博会主题表达重要性的认知。相对落后的科学技术水平，使我们难以通过科技成果和具有引导生活新潮流的产品彰显我们国家的实力和民族的形象。汉诺威世博会中的中国馆外立面设计全然不顾"人类、自然、科技"的主题。用低廉的数码打印表现蜿蜒的长城，成为一个完全游离在主题表现之外的展示馆。反观日本、瑞士、丹麦的展示馆，都在以自己独特方式演绎世博会的主题。日本馆由日本设计师坂茂 (shigru Ban) 主持设计，最大的特色在于建材的选择，根据汉诺威世博会环保节能的主题，富有创造性地选择了可降解的纸质材料，建成了有史以来规模最大的纸质建筑。建筑的支撑结构是由纸浆压制的圆管，外面覆盖一层经过防水处理的半透明再生纸薄膜，白天阳光射入，明媚透亮。晚上灯光外泄，晶莹剔透。不用更多的展品和说明，建筑本身的实践已经充分演绎了世博会的主题。日本馆的创意同时还为人们示范了合理对待地球资源的态度，倡导了循环经济的理念。因此，日本馆获得了汉诺威世博会的大奖。没有日本的传统符号，没有特别高新技术的产品，一个创造性的演绎让我们在新世纪到来之际的世博会上对日本难以忘怀。

2005 年爱知世博会的主题是"自然的睿智"。工业革命以来，我们习惯于认为在这个星球上只有人类是有智慧的生物，人类是这个星球的主宰。然而，越来越多的事实证明实际情况并非如此。爱知世博会希望我们感悟大自然的睿智，重新理解人与自然之间的关系。面对如此鲜明的主题，我们的设计师视而不见。中国馆的设计还是一味强调所谓的中国元素，里里外外大量堆砌百家姓、十二生肖、腾龙、四方神、四大发明等中国意味的视觉形象，在展厅内部空间中，以浮雕壁画的方式又将各个省市的地方性文化符号——罗列，使中国馆成为中国文化符号的大杂烩，令观众不胜其烦。展会期间，观众在日本馆、美国馆、新加坡馆和东芝、三菱等企业馆门前大摆长蛇阵，而中国馆则观者寥寥，令人汗颜。1982 年诺克斯维尔世博会以后的历次世博会上，中国的亮相无非是充满中国文化视觉符号的建筑形象和一些传统手工艺商品。与一个日益融入国际大家庭的，蓬勃发展的新兴大国的形象极为不符。

2002 年 12 月 3 日，上海申办 2010 年综合类世界博览会获得成功。给予了中国人民全面了解与认识世博会的重要契机。在十年的申办、筹办过程中，使我们对世博会的认识有了质的飞跃。经过两年的精心征集和筛选，终于确定了"城市，让生活更美好"的主题。这也是一百多年来综合类世博会第一次出现关于城市发展的主题。工业革命以来，世界的发展伴随着城市的高速发展。如今，发达国家的城市化率已达到 80%，城市化程度也从一个侧面反映一个国家的现代化程度。中国改革开放 30 年来社会经济和人民生活有了飞速的提高，城市化率也从 18% 上升到了 50%。城市的发展，为我们带来了现代化的美好生活。但是，城市的发展也面临着种种问题。因此，城市的发展何去何从，城市如何使我们的生活更美好，是中国人民关注的重大问题，也是全世界人民关注的重大问题。假借世博会之人类大聚会，共同探讨人类、城市和自然之间的相互关系。寻找未来城市发展之路。其影响和意义是极其深远的。

为了能够更全面地探讨城市发展的问题，上海世博会又确定了"城市多元文化的融合、城市经济的繁荣、城市科技的创新、城市社区的重塑、城市和乡村的互动"五个副主题。希望上海世博会能够从经济、文化、科技、社区、城乡互动等层面探寻城市的和谐发展之路。但是世博会不是专业研讨会，也不是专题论坛。世博会面对的不是专家学者而是普通观众，世博会的主题必须以演绎的方式呈现在观众面前。什么是演绎，演绎是将抽象概念转变为我们感官可以感知的生动形象。以生动的、富有感官冲击力的、具有大众娱乐性质方式与观众沟通，让观众通过切身的体验感悟一些东西，而不是通过艰深的理论推演去理解一些东西。因此对主题的挖掘要深入浅出，要将丰富的主题内容提炼成一些便于形象化的基本概念。

以此为指导思想，上海世博局专题组对主题进行了进一步的深化。首先确立的核心思想："城市是由人创造的，它不断演进和成长为一个有机系统。人是这个有机系统中最具活力和富有创新能力的细胞。人的生活与城市的形态和发展密切互动。随着城市化进程的加速，城市的有机系统与地球大生物圈和资源体系之间的相互作用也日益加深和扩大。人、城市、地球三个有机系统环环相扣，这种关系贯穿了城市发展的历程。三者也将日益融合成为一个不可分割的整体。"在这个核心思想中包含了五个概念领域："城市人、城市、城市星球"，"城市人"是指与城市发生关联的所有人，包括居住在城市中的人和居住在城市之外的人。"城市"是指作为一个有效运作的城市系统，有其自身的结构和活动规律，并需要不断的改善和发展。"城市星球"反映的是两个层面的关系，其一是各个城市之间的相互关系，其二是城市和我们赖以生存的地球之间的关系，这些关系都如同星球一般，既自成一体又相互关联。我们可以看出这是从横向截面观照城市发展的三个关系层面。另两个概念领域是："足迹、城市、梦想"。"足迹"是指城市发展的足迹，回首顾盼人类几千年来打造城市的历程。"城市"是指当下的城市面貌。"梦想"是指我们对未来城市的展望。形成了从时间纵向轴上观照城市发展的各个层面，纵横两线的交叉点是"城市"，由此形成了上海世博会核心展馆的主体内容结构。并在此基础上确定了"城市人馆、城市生命馆、城市地球馆、城市足迹馆、城市未来馆"五个对应的展示馆，从整体上完成了对上海世博会的主题演绎的规划。应该说策划的思路清晰，线索明了，深入浅出，空间对位。为展示设计师的形式设计指明了方向。也为各参展国的主题演绎确立了标杆。

　　2010 年上海世博通过五个主题馆和中国国家馆支撑起对"城市，让生活更美好"这一主题的演绎。对世博会主题演绎重要性的充分理解也许是我们对世博会认识的最大提高。对世博会主题演绎重要性的充分理解是确定世博会的展示内容、展示项目、展示形式的的必要前提。也是我们观看上海世博会，体会上海世博会之精彩的必要前提。

（本文原载于《创意设计源》2010 年第 04 期）

图片来源：

图 2　1889 年法国巴黎世博会机械馆（《ARCHITECTURE IN DETAIL　バリ万国薄、機機館》第一版第 46 页）

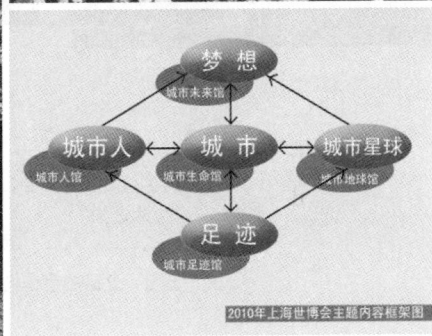

图 1 1867 年巴黎世博会 椭圆形主展厅	图 2 爱知世博会 中国馆
图 3 1982 年诺克斯威尔世博会 中国馆	图 4 大阪世博会，节日广场，太阳神塔
图 5 1889 年法国巴黎世博会 机械馆	图 6 2010 年上海世博会主题框架图

图 7　大阪世博会，太阳神塔内部的
"生命之树"

图 8　汉诺威世博会　日本馆

图 9　汉诺威世博会　中国馆

图 10　上海世博会主题馆

从阿斯塔纳世博会看主题演绎与公众参与

Theme Deduction and Public Participation in World Expo 2017 Astana

董春欣　Dong Chunxin
花东旭　Hua Dongxu

【摘　要】本文通过分析 2017 年阿斯塔纳世博会主题演绎的具体案例，探讨了世博会主题演绎同公众参与之间的关联性。文章指出由公众参与带来的众多展示体验方式为主题内容的解析与传播提供了更多有效的途径，也为主题理念获得更广泛的关注与认同提供了沟通的桥梁。通过参与"人机"以及"人际"间的展项活动，参与者可以获得更为直接的反馈，调动起更高的参观热情。

【关键词】世博会；主题演绎；展示体验；公众参与

时光飞逝，2017 年阿斯塔纳世博会早已落下帷幕。不论是建筑形式、展示手法、活动理念，还是高新技术；世博会总会成为一时世人关注的焦点；并带给公众很多话题。

阿斯塔纳世博会在哈萨克斯坦的首都举办，这也是首次在中亚国家举办的世博会。通常，按照不同的性质、规模、展期以及举办频率，世博会可以分为两大类：一类被称为"注册类世博会"，也称综合性世博会。其展期通常为 6 个月，每隔 5 年举办一届，比如 2010 年上海世博会，2015 年米兰世博会，均属于此类；另一类被称为"认可类世博会",也称专业性世博会,其展期通常为3个月,在两届"注册类"世博会间隔期内举办一届。阿斯塔纳世博会就属于后者。

从2017年6月10日至9月10日,共历时三个月的阿斯塔纳世博会以"未来能源"(Future energy)为主题,共有115个国家和22个国际组织参展,累计接待各国参观者400万人次。围绕此届世博会的展览主题,各国展馆运用多种不同展示语言,诠释其对"未来能源"的思考。有的着力于表达理念和观点;有的则彰显其在不断探索中取得的成就;还有的则两者兼顾。他们以各自特有的视角演绎出一幕幕精彩的篇章。

不同的场馆在演绎手法上也各不相同。通常最受参观者瞩目欢迎的莫过于"主题秀",它们往往是国家馆的核心展项;是整个场馆中最令人印象深刻的亮点;甚至成为这些展馆的代表性符号。"主题秀"的演绎形式也是各有千秋。有的讲述一个感人的故事,有的展现一个抽象的理念。比如此次世博会以色列馆"主题秀"的演绎形式就比较抽象,是以舞蹈表演的形式展现主题理念的。演艺厅的中央围绕着白色半透明幕布,把参观区域同表演区域划分开来。伴随着音乐节奏以及舞者的动作,在半透明幕布上投射出不同的影像,象征能源与技术。一曲完毕,舞者走出帷幕,绕着演艺厅与观众进行互动,将"主题秀"推向高潮。同样,德国馆"光电秀"的演绎形式也非常抽象。参观者围绕在展厅中央圆坛周围,用事先发给的"能量棒"插入圆坛外圈卡槽中,从而共同激活一场绚丽的"能量风暴",领略一场视听盛宴。人们在沉浸式体验中逐渐引发对"未来能源"的关注与思考。

韩国馆的"主题秀"是通过写实的手法向观众讲述了一个"爱情穿越故事"。故事在男女主人公追逐与求索中展开,在动画影像与真人表演的切换中,引发观众对当下使用的能源与未来清洁能源的比较及思考。故事的结尾是在"爱的力量下",对未来清洁能源的理念幻化为一棵"能源之树"扎根于现实世界之中。

在世博会现场不难发现,有"主题秀"展演的场馆外,等候的参观者往往会比较多,甚至排起长队。这通常是由于一场场展演活动导致的"批次化"参观人流处理模式所决定的。除韩国馆的"主题秀"时间较长之外,其他展馆的"主题秀"表演时间通常在6~8分钟左右。在短短几分钟时间里,在没有母语翻译的情况下,向来自世界各地不同文化背景的参观者演绎主题内容,解析非常深奥的未来能源问题是极其困难的。更何况很多国家馆的"主题秀"还是以非常抽象的表现形式加以演绎的。所以不少参观者对"主题秀"所传递的信息内容是似懂非懂的。如果我们再进一步从演绎形式的角度去分析会发现，今天世博会展馆里面的演绎技术有了一定的升级，但核心技术手段也没有达到革命性突破的程度。若单纯从"猎奇"的角度看，人们对演绎过程中"声、光、电"等刺激感受也并不陌生。那么为什么几大场馆的"主题秀"在不容易完全看懂，又没有颠覆性的感官刺激形式的情况下，依然会受到如此广泛的关注与好评？抑或者说除去"主题秀"之外，还有其他某些主题演绎手法在共同起作用，吸引着广大参观者？

通过观察和研究我们发现，不少国家馆除去"主题秀"之外，还加入了大量与此相关的公众参与活动。通过直接激发或间接催发公众参与活动，引发参观热情。

比如，我们上文提到德国馆的"光电秀"是参观者共同用手中的"能量棒"共同激活的。这就是一种名副其实的公众参与。然而这个带有正负极的"能量棒"其实是在排队等候入场的时候就由工作人员发到了参观者的手里。进入到场馆，很多展项前面有一处置入"能量棒"的凹槽。当观众将"能量棒"置入其中，就可以激活周边的显示内容，浏览与展项相关的知识。学习的知识越多，"能量棒"储存的能量也就越多。最后，当大家参与到德国馆的核心展项并共同激活中央圆坛的"能量风暴"时，每一个"能量棒"都从周围不断向中心输送"能量"，而这些输送出去的"能量"恰好是每一个参观者之前的"学习"中储存起来的。当这些"能量"汇聚成一股"能量风暴"时，精彩的"光电秀"就成为对大家共同付出努力后的馈赠。所有人都会感受到一种自豪感、体验到实现自我价值的成就感，于是这场"光电秀"就显得格外精彩。

通过对德国馆主题演绎手法的分析可以看出，参观者对"光电秀"的参与热情其实在很大程度上是凭借之前的"预热"过程来实现的。观众的情绪是被一连串参与活动调动起来，由低到高，直至高潮的。当然，除了"能量棒"以外，德国馆中还有其他一系列可参与的展示活动，共同为最后这场大戏"预热"。实际上，这是把一系列复杂而又抽象的内容，拆解到一个个比较有趣的展项活动中，人们通过逐个参与获取体验与感悟，从而为最后的亮点预设伏笔。比如德国馆展示大厅中有一个被称作"能量守恒"的展项，要求多名参观者共同参与来达成不同能量间的平衡。展台中间有一块圆形的显示屏，屏幕当中有个漂浮的圆球。当观众站到展台上之后，屏幕重心是不平衡的，移动的圆球会偏移位置。这时需要多名参与者共同调整各自身体的重心才能保持平衡，使显示屏当中的圆球回复到中央的位置。由此令参观者感受到未来的清洁能源需要彼此之间的协作。这个近似游戏的展项让参与者体会到共同协作的重要性，也巧妙地为之后共同激活"光电秀"埋下了伏笔，使主题演绎情节更加连贯。

韩国馆的演绎手法也与之有类似之处，与德国馆不同的是，在"爱情穿越故事"结束之后，韩国馆的参观并没有结束，故事演绎还在继续。参观者被带入一个白色的殿堂，里面"种植"了很多之前故事中幻化出的"能源之树"。工作人员会给每个观众发一台平板电脑。之前影片当中提到的科学技术与新能源技术被编成电子游戏，通过在游戏中"通关"与奖励，人们对之前"主题秀"里没有找到的答案有了更进一步认识与感悟，它们成为主题的延展。而之前的"主题秀"也恰到好处的成为游戏的故事铺垫，两者巧妙组合，从而令人对展示馆的主旨内容有了更加清晰的了解。

通过上述两个案例，我们发现这种公众参与性的展项和"主题秀"之间存在着密不可分的联系，它们都是服务于主题演绎的重要组成部分。一系列的参与活动可以为主题秀"预热"；可以进一步为参观者解析主题秀的内容；而当它们有效结合后，还可以带给参观者更加强烈的现场感、成就感。参观者在这一系列活动参与过程中已成为主题内容的发现者、思考者和探索者。

而在阿斯塔纳世博会中还有很多没有"主题秀"的国家馆与企业馆，它们的展示亮点完全依赖于一系列参与性的展项活动，比如奥地利馆就是在场馆中设置了许多以游戏为主的互动展项。其中有一个讲述清洁能源带来美好生活的展项，需要好几名参观者共同以骑自行车的方式"点亮"前方的视频。一旦有人放慢节奏，其对应的视频影像就会变成"马赛克"。这让每一个参与者能体会到：未来获得清洁能源并不困难，关键需要大家共同协作，未来的生活才会变得更加美好。

同样，壳牌石油企业馆也是通过一系列的活动内容让参与者自己找寻未来能源的答案。比如，以激射"空气炮"的竞技活动来向小观众介绍"风能"。展项中谁拉扯"空气炮"的力气大、角度准，谁面前墙上的"金属浪花"就更壮阔。当观众通过比较"金属浪花"的大小来判断输赢的时候，一个复杂的"风能"问题被不知不觉间解析了。抽象的科学概念通过互动展项往往更易于被观众理解，而在参与体验过程中，展馆的内容主旨也逐渐由模糊变得清晰。

可见，在没有"主题秀"的情况下，设置一系列互动展项，通过观众逐一参与体验，同样可以达到很好的展出效果。它们对于主题信息的解析性非常强，通过人和机器、人和人之间的交互，使得参观诉求在更加迅捷、更加直观的体验中得到反馈。

综上所述，世博会中可供公众参与的展项形式往往具有解析性、描述性，可以是展示亮点的组成部分、铺垫与伏笔，也可以是相关内容的补充说明。因此，同图文版面、视频影像、道具造景等类似，它们也可以被视为主题演绎中的一种辅助语言形式。而在世博会这类参观强度非常高的活动中，其优势愈发明显。

由于世博会展馆多、展线长，人们的专注力会随着参观时间的增长而衰退。参观时间越长，参观者越是疲劳，越是无法专注于获取展项中呈现的内容信息。人们对参观过程中获取信息花费时间与精力的容忍度会逐渐降低。而在周边其他展项造成的"声光电"等感官刺激下，让参观者再花时间去读懂一段文字说明，尤其是外文说明几乎是不可能的。于是人们对难以快速阅读的内容选择了忽视或屏蔽。此时，由参与人随机或人际之间交互活动而带来的信息及时反馈，为参观者获取内容信息带来更加形象、更加有效的方式。而这些体验活动本身也可以增强人们对抽象展示内容的解析，使之变得有趣而易于了解，进而促使展示信息的有效传播并使传播本身更具有人情味。

此外，公众参与的另一大优势在于其对展项内容起到了粘合与连接的作用。通过一系列有效的参与动作可以将碎片化的知识点融合在一起。当然这也对设计师提出更高要求，尤其是对内容层面的通盘考虑。因此，在主题的演绎策划设计中，需要设计师花更多时间去分析内容和活动之间的关系，思考运用同种艺术手法整合内容，解析内容，从而为公众创造更多值得放慢脚步，乐在其中的参观体验。

（本文原载于《公共艺术》2018 年第 02 期）

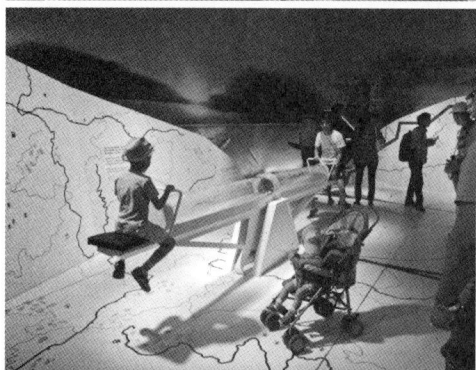

图1　阿斯塔纳世博会园区实景　　图2　德国馆"能量守恒"展项

图3　韩国馆互动展项　　图4　奥地利馆"自行车互动展项"

图5　德国馆"水能跷跷板"展项　　图6　德国馆互动展项

图 7　韩国馆互动展区

图 8　壳牌企业馆"空气炮"展项

图 9　德国馆激光秀

大唐气象：世博会中国馆的一种表达方式

Da Tang Atmosphere: A Mode of Expression of China Pavilions at World Expos

周　非　Zhou Fei

【摘　要】世博会中国馆的风格，应该具备三大要素：展示泱泱大国形象，表达倡导构建人类命运共同体的初衷与愿景，体现中国改革、开放、包容、创新的魅力。因此，"大唐气象"最为适合，即"雄奇浑厚"。其中，雄，就是雄伟壮观，表现在气势恢宏；奇，就是奇拔俊逸，表现在光彩夺目；浑，就是浑然天成，表现在自然流畅；厚，就是底蕴深厚，表现在文明焕然。本文通过五个方面十个角度，初步论述了在世博会中国馆设计中应该遵循的宗旨和采取的创意方式，最后特别强调要将雄奇与深厚有机融合起来，提出"直观的意象，新颖的角度，非同寻常的创意，加上显而易见的寓意，然后，让取向与主题相合，让雄奇瑰丽的表达与形象生动的寓意浑然一体，这才是大唐气象在世博会中国馆设计中的风格再现！"

【关键词】世博会中国馆；设计风格；大唐气象

世博会是当今规模最大、时间最长、参展国家与机构最多、参观人数最众、影响最为深远的世界性会展活动。自 2010 年上海世博会以来，世博会中国馆的形象，受到举世瞩目。人们都非常明白，世博会国家馆不仅是展品的承载者，它本身就是一件最直观、最重要的展品，它是国家形象的象征，是会展主题的形象体现，是吸引参观者的第一魅力元素。

因此，世博会中国馆的风格，应该具备三大要素：展示泱泱大国形象，表达倡导构建人类命运共同体的初衷愿景，体现中国改革、开放、包容、创新的魅力。

既然对风格的要求如此明确，那么，世博会中国馆的风格也就相对可以定型。

笔者经过数年的思考，得出一个结论：

世博会中国馆的设计风格应该展现大唐气象。

何谓大唐气象？

大唐气象，就是中国历史上盛唐时期所呈现出来的文化特征与风貌。

大唐气象，来源于文学史上对盛唐时期诗风的概括——盛唐气象。

宋代严羽在《沧浪诗话》等著作中，将各代诗歌风格进行了概括性定义，如建安风骨，六朝绮丽，其中说到盛唐的诗风，便是"盛唐气象"，即"雄浑"之特征[1]。

后人不仅完全认同严羽的说法，还将"盛唐气象"用来对整个盛唐文化风貌特征，即：广袤辽阔的疆域，万邦协和的外交，海纳百川的文化，繁荣昌盛的经济，气势雄伟的都城，星光灿烂的人才，友好往来的交流，富足舒适的生活，绚丽多彩的建筑，气派开放的园林，落落大方的服装，推陈出新的创造，歌舞升平的气象……

我们常说的大唐，指的就是盛唐时期，因此，盛唐气象可名之为大唐气象。

经过一千多年的时光，大唐，已经成为我们泱泱大国的象征：不仅海外华人多被称作唐人，居住地多称唐人街，而且，唐诗、唐装、唐风建筑、唐三彩等已经成为深入人心的国际形象。大唐盛世既是华人引以为骄傲的辉煌历史见证，更是亿万华夏儿女立志"中华民族伟大复兴"的参照目标。

所以，将大唐气象作为世博中国馆的风格，具有展馆设计所具备的相关必要条件和元素：广为人知的识别性，开放包容的创新性，倡导发展理念的寓意性，体现大国实力的象征性，以及凸显时尚风潮的艺术性和利于展会的实用性。

综上所述，大唐气象，可概况为"雄浑"，即"雄奇浑厚"。其中，雄，就是

---

① 见《沧浪诗话》附录《答出继叔临安吴景仙书》。

雄伟壮观，表现在气势恢宏；奇，就是奇拔俊逸，表现在光彩夺目；浑，就是浑然天成，表现在自然流畅；厚，就是底蕴深厚，表现在文明焕然。

据此，我们在世博会中国馆设计中，可以从以下五个方面十个角度，体现大唐气象。

1 气势恢宏，光彩夺目

中国古称华夏，"华"的意思是美，服章华美加文明昌盛，是谓"郁郁乎文哉"；"夏"的意思是大，疆域辽阔加彬彬有礼，是谓"泱泱大国"[①]。大唐气象中的"雄奇"二字，就是对"华夏"最好的诠释与表达。

换作设计用语，就是要让世博会中国馆显得气势恢宏，光彩夺目。

所谓气势恢宏，就是适应中国馆的建筑规模之局限，不能追求体量宏大，那就要在气势上做文章。李白在描写天姥山时说：

天姥连天向天横，势拔五岳掩赤城。

天台四万八千丈，对此欲倒东南倾。

在李白眼中，高度、广度都远远不能与五岳相提并论的天姥山，其气势之恢宏，却压倒一切。这就是艺术效果。

相应的，大唐建筑之雄伟者，莫过于大明宫。但我们不可能在世博会上建设如此大规模的展馆。怎么办？就是要通过创意设计，让几千平方米的中国馆，在气势上达到大明宫的效果。

除了"雄"，还要"奇"。作为世博会，几百座国家馆、企业馆林立，大唐气象要求我们要用好建筑形态和色彩，让中国馆光彩夺目。在色彩方面，可以借鉴大唐画家吴道子之画风。

作为中国山水画的祖师，吴道子创造了笔间意远的山水"疏体"之风格，其所画人物衣褶飘举，线条遒劲，人称莼菜条描，具有天衣飞扬、满壁风动的效果，被誉为吴带当风。所用色彩，大胆豪放，炫人眼目，人观其画，仿佛御风而行，青山秀水扑面而来。

---

① 《春秋左传正义》云"中国有礼仪之大，故称夏；有服章之美，谓之华。"

2 方正规整，简洁流畅

千奇百怪的博物馆设计，不失为一种艺术创意。然而，世博会中国馆代表的是国家形象，表达的是中国风，是泱泱大国、礼仪之邦的大国风范。

中国乃文明古国，讲规矩，重方圆。早在两千多年前，《周礼》就对各种重要的建筑提出明确的规范，其中所提到的"明堂"，就适合运用到中国馆的设计中。

"明堂"是中国古代最高等级的礼制建筑，它们的基本形式都是在土台上建屋，平面呈井字形构图，相邻为九，间隔为五[1]。

汉武帝时，朝廷在泰山建造了一座明堂，史籍记载道：中有一殿，四面无壁，以茅盖。通水，水圜宫垣。为复道，上有楼[2]。西汉末年，在长安南郊建有一座明堂，经考研发掘与研究，发现它基本上是按《考工记》井字形构图的台榭式建筑。以后，两晋、南朝、隋朝，皆建有类似的明堂。大唐开国后，唐太宗、高宗时期，皆有明堂的设计，武则天当政时期，在洛阳建成了一座楼阁式的明堂，到盛唐时期，唐玄宗派人在此基础上，进行了大规模的改建，从而成了最符合"大唐气象"的建筑之一。

据有关记载[3]，基座正八角形，直径 280 尺，高 12 尺；上建两层方形楼阁，通高 90 尺；上下两层都是重檐，最上面是圆形屋顶。其中央建筑下层四面走廊内各有一厅，每厅各有左右夹室，共为"十二堂"；中层每面也各有一堂，加上正中一堂，共九堂；上层台顶中央和四角各有一亭，为金、木、水、火、土五室，祭祀五方天帝。五室间的四面露台用来观察天象。

整个建筑，不仅气度恢弘，具有包纳天地、气吞日月之势，而且所设室、堂、柱及各种建筑部件的数目、尺度，皆有数字寓意，象征涵义引自《周易》《尚书》《礼记》《道德经》《河图》《淮南子》《易纬》等儒、道、阴阳经典理论著作，如：明堂中心太室为方殿圆顶，圆顶直径 3 丈，天为阳，3 为阳数；方殿每面 6 丈，地为阴，6 为阴数，形、数相合，象征天圆地方。建筑通高 81 尺，象征"黄

---

① 参见《考工记》。

② 参见《史记》。

③ 参见《旧唐书·礼仪志》。

钟九九之数";9 室象征九州;12 堂象征十二月、十二辰;28 柱象征二十八宿;36 户象征三十六雨;明堂每面 24 丈象征二十四气,庭院每面 360 步,为"乾策二百一十六"与"坤策一百四十四"之和;飞椽 929 根,为"从子至午之数",等等。

尤其须要指出的是,明堂建筑规范,力戒各种饰物与雕刻,立面简洁,线条流畅。

当然,我们在世博会中国馆的设计中,不必拘泥于"明堂"的各种设计"清规戒律",但是,其中的方正规整、简洁流畅的风格,应该成为基本的设计宗旨。而且,这种风格,有利于展馆的功能布局、参观人流等要求,值得借鉴。

值得一提的是,当今众多设计者在体现"中国元素"时,常常取法明清建筑,但是明清建筑中的许多精雕细刻,都是士大夫把玩的艺术产物,与展览馆这种开放的、大众化的空间,是格格不入的,更难适用于世博会中国馆这样对大国风范的要求。

3 底蕴深厚,韵味悠长

作为供大众参观游览的展馆建筑,要配合相应的园林景观,让游客观众行走其间,既通畅易行,又能驻足品味。其中谈到驻足品味,不仅需要具备艺术观赏性,更需要具备文化底蕴。

大唐气象中所包含的浑厚之"厚",指的就是具有深厚的文化底蕴。如李白诗句:

长风万里送秋雁,对此可以酣高楼。

蓬莱文章建安骨,中间小谢又清发。

俱怀逸兴壮思飞,欲上青天揽明月。

这几句诗看似一气呵成,实则具备深厚的中国文化底蕴:且不说其中对蓬莱文章、建安诗歌、谢朓诗风的评价,单就其中抒写秋景之句,蕴含了多少自诗经、楚辞、汉赋以来的中国人悲秋之感慨!让人瞬间可以联想到汉武帝的秋风辞。

当然,李白诗歌在注重文化底蕴的同时,又有新的创新——感慨秋意的同时,能够逸兴遄发,神思飞扬,这就是大唐气象中的昂扬向上的精神。这需要在注重文化底蕴的同时,还要蕴含创新的时代精神。

中国文化博大精深，给世人的印象，就是文明古国。因此，世博会中国馆的设计中，如果不能蕴含充足的中国文化内涵，定然是失败的。

文化底蕴的表现是多方面的，从建筑、园林、造型、色彩、装饰、雕塑，到广场、墙体、走道、门窗等等，表现方式既有直观的形态，又有象征性的数字，还有发人深思的故事。但是，无论怎么表达，都不宜太直接、太显露，要达到"羚羊挂角。不见痕迹"。

就世博会中国馆而言，最主要的中国文化底蕴包括了崇尚自然、和合万邦之理念，龙的传人、礼仪之邦之历史，以天下为己任、忧患意识之精神，鹤鸣九皋、同声相求之情怀，以及各类中国元素，在此不一一赘述。

4 海纳百川，新颖时尚

法古并不是泥古，复兴决不是复古。其中，在表现大唐气象上，我们要具备大唐盛世海纳百川的胸襟，按"中国故事，世界语言，人类情怀"的宗旨，设计出具有中国气派，国际品味，时代精神的作品。

以盛唐诗歌为例，唐代诗人，既继承了诗经、楚辞、汉乐府以及六朝诗歌的传统，又吸纳了佛经、北朝民歌的营养。虽然盛唐力避的是六朝绮丽，但却依然能将其中一些有益的诗法发扬光大。如杜甫在评价李白诗歌时说"清新庾开府，俊逸鲍参军"。讲的就是李白继承并发扬了六朝诗人庾信、鲍照的诗风。

在吸纳外来营养时，唐诗及唐代艺术直至文化，更是做到了极致。例如，律诗中的平仄声，就是得益于佛经；唐代服饰，更是有许多取自北方、西域的特征。

弘扬传统，消化外域，创造创新，三结合成就了大唐气象。

当今时代，创新是设计界的一道主旋律，创新已经成为我们民族、国家的精神底色。因此，世博会中国馆的设计，要充分体现创新，将中国文化底蕴，世界精美艺术，时代最新风尚，以创新的方式充分体现。

以上海世博会中国馆为例，斗拱就较好地将中国元素，时尚色彩，世界设计理念很和谐地统一在一起，表现出了"东方之冠，鼎盛中华，天下粮仓，富庶百姓"的中国文化精神与气质。

创新应力避简单模仿。例如，当今设计界在表达中国元素时，爱用龙、长城、四合院等形象，其中就应该有诸多讲究。如果我们直接塑造蟠龙、筑造长城、砌建四合院，那就格调不高。相反，我们可以把大草坪的花纹及边缘构成流线型，以寓意"蜿若游龙"；将墙体建成人行道①，以寓意"复道迤逦"；将展厅布置成"口日目"之形，以寓意"廊腰缦回"，那就会充分彰显出中国文化的时代魅力了！

5　取象直观，浑然天成

古人在评价盛唐诗作时，有一个共同的推崇：浑然天成。

而盛唐诗歌的浑然天成之风格，在与雄奇瑰丽的同时，显得尤其难得。

如何做到在雄奇瑰丽的同时又能浑然天成呢？窃以为，取象直观为最佳方式，即：同一种事物，有不同的视角，加非凡的想象，畅达的抒情。

比如，李白《将进酒》，开头几句：

君不见，黄河之水天上来，奔流到海不复回。

君不见，高堂明镜悲白发，朝如青丝暮成雪。

其中黄河之水奔流到海，高堂明镜青丝成雪，皆直观常见之事物，但李白做了三个处理：一是给他们赋予了深沉的情感，二是将二者放在一个强烈对比的角度，三是形成一种雷霆之势。这种直观表现对象，加上这三种处理，形成了雄奇浑厚的诗风。

再比如李白的诗歌《望庐山瀑布》：

日照香炉生紫烟，遥看瀑布挂前川。

飞流直下三千尺，疑是银河落九天。

把瀑布比成银河，用"银河落九天"形成无比生动的形象。其中，银河是人人皆见过的景象，非常直观，却又无比雄奇。

而处于中唐时期的李贺，想象力也极其丰富，但是他用的比喻，虽然雄奇，却非浑然。我们看他的代表作《李凭箜篌引》：

吴丝蜀桐张高秋，空山凝云颓不流。

江娥啼竹素女愁，李凭中国弹箜篌。

---

① 许多人不明白长城的另一个重要功用是交通。

昆山玉碎凤凰叫，芙蓉泣露香兰笑。

十二门前融冷光，二十三丝动紫皇。

女娲炼石补天处，石破天惊逗秋雨。

梦入神山教神妪，老鱼跳波瘦蛟舞。

为了描写李凭弹箜篌，他运用了一系列的形象比喻，可惜，像空山凝云、昆山玉碎、芙蓉泣露、香兰笑、老鱼跳波等，皆非常见之事物，而江娥啼竹、凤凰叫、十二门、二十三丝、女娲炼石、石破天惊逗秋雨等，得须经过对典故的了解后才能想象出来的情景。这种不直观，被王国维称之为"隔[①]"，如果知识储备不足，如何能欣赏出这诗歌的魅力呢？

如果说，盛唐之前的诗歌与盛唐诗歌相比，缺乏"雄奇"；那么，盛唐之后的诗歌与之相比，缺的就是"浑然一体"，从中唐诗，到宋诗，明清诗词，莫不如此，不懂典故，休想读诗。

世博展馆，面向的普通民众，所以，取象更应该直观。那些让人看不懂的形态，非常少见的意象，学问太深的寓意，离奇的象征，可以出现在其他类型设计中，但决不应该出现在世博会中国馆的设计中。

比如，2020 年世博会中国馆的主题是"构建人类命运共同体"，如果我们在设计中，取象高铁，便是牵强；取象国门，只是"雄"；取象天眼，也只是达到"奇"的效果，因为他们都不符合"浑然一体"的要求。但是，如果取象"船"，则让人容易联想到命运共同体，因为它是直观的、常见的，人们对"同心协力"、"直挂云帆济沧海"、"沙漠之舟"、飞船、方舟等，皆耳熟能详。

直观的意象，新颖的角度，非同寻常的创意，加上显而易见的寓意，然后，让取象与主题相合，让雄奇瑰丽的表达与形象生动的寓意浑然一体，这才是大唐气象在世博会中国馆设计中应该具备的风貌！

参考文献：

[1] 任士英.盛唐气象，北京中华书局，2014。

[2] 中国国家馆：彰显城市发展中的中华智慧.中国 2010 上海世博会网站.

---

① 参见王国维《人间词话》。

二、世博会与建筑环境

World Expo & Architectural Environment

建筑的未来不是建筑的

——空间体验视角下的世博会展馆建筑设计

The Future of Architecture is Not Architectural—— the Architecture Design of the Expo Pavilions from the Perspective of Space Experience

吴云一　Wu Yunyi

栗铁夫　Li Tiefu

【摘　要】 世博会是规模最大的世界性展览盛会，作为展示载体的展馆设计也影响着世界建筑的发展。世博展馆由于其时代性、先锋性和实验性等特点，对建筑空间体验设计具有重要的理论和实践意义。本文从建筑的空间体验角度出发，在梳理世博会建筑的发展脉络和总结近年来世博会展馆建筑空间特点的基础上，对近年来世博会的场馆体验设计进行了解读，并提出未来的空间体验设计趋势和设计策略在于人性化的空间尺度、生态优先以及科技创新的设计策略。

【关键词】 空间体验；人性化；生态优先；科技创新

1　世博会建筑发展趋势

和内部策展一样，当代世博会展馆借助建筑空间承载展览信息，向观众传情达意。开放、互动、沟通与民众的关系，是世博会展馆建筑空间的新特征，其设计创新源于互动空间，源于模糊，源于重叠，源于多种事物。

1.1 新型技术影响下的展览空间

1851 年首届世界博览会的标志性建筑——伦敦水晶宫，完全由钢和玻璃建造。主办方举行了国际招标，园艺师派克斯顿给出了一个和当时已有建筑完全不同的方案，一座类似玻璃温室的玻璃巨构，方案被世博会筹委会接收，用时 4 个多月就建造完成。建筑总长 564m，宽 124m，共有 3 层 5 跨，外部造型是阶梯状长方形，逐层退收。为了保留场地中一些较高的树木，设计师在建筑空间增加了半圆形圆顶，拱顶最高 33m，两侧高约 20m。由于新技术铁和玻璃的使用。使建筑空间的跨度和高度大大增加，营造了宽敞的展示空间。玻璃屋顶和墙面的使用，也使建筑内部明亮通透，一改往日建筑笨重的形象。展览结束后，水晶宫被移至伦敦南部重新搭建。世博建筑场馆临时性与实验性的特点也从水晶宫开始继承保留下来。

1.2 理念更新是建筑空间体验发展的基石

世博会初期的展示内容主要为工业化的展品，随着工业化的不断发展，以及两次世界大战的爆发，展示的内容在展品的基础上，也开始关注人文，并为每届世博会确定了主题。世博会展览也从以展品分类为主过渡到由主题统领展览的形式。展品的焦点位置逐渐被展览所表达和传递的理念取代。

第一次世界大战之后经济恢复时期，需要世界性的博览会促进贸易，现代主义建筑理念也在这时候孕育发展。在 1925 年的巴黎世界博览会上，在众多现代主义新艺术作品中，柯布西耶设计的未来居住单元最为新颖独特，展馆充分体现了他的现代新建筑五点：底层架空、屋顶花园、带形长窗、自由平面和自由立面。整个建筑展现了功能主义为指导的居住美学和工业美学的完美结合。

1929 年的巴塞罗那世博会仍是各种风格建筑的竞技场，但是其中密斯凡德罗设计的德国馆独树一帜，成为流传至今现代主义经典作品。德国馆舍去了古典主义厚重的外墙和线脚等装饰，结构是八根十字截面的细钢柱。大理石墙板和玻璃墙完全成为分割和引导空间的装置，空间设计获得了极大的自由。

此后，玻璃幕墙的结构形式开始在业界流行，建筑表皮也逐渐变为独立于建筑之外的设计元素（图1）。

1.3 生态理念影响下的可持续设计

随着世界经济的发展，环境问题日趋严重。作为世界先锋理念的展示场馆，在1974年举办的斯波坎世界博览会就提出"无污染的发展"的主题。随后的2000年汉诺威世博会和2005年爱知县世博会也分别拟定了"人类、自然、科技"和"自然的智慧"的大会主题。这两届的世博会场馆也多以可持续发展为设计理念，并涌现出很多经典的建筑案例。

德国汉诺威世博会26号展厅，就是可持续设计理念在大跨度建筑中的典型应用。展厅是为展示德国贸易组织展览会设计的，建筑平面200mX116m，分为3个单元（图2）。

为了满足展厅高度要求，并考虑能源的可持续设计，建筑采用悬挂式屋面的结构形式，悬挂式的大坡屋顶不仅满足了大尺度展厅的高度需求，还实现了良好的通风。建筑的屋顶和立面还有大面积的采光，设计师结合角度和反光镜设计，使进入室内的光纤不耀眼。展馆充分体现了大会的主题"人、自然与技术"。

2 21世纪以来世博会展馆呈现的多元化建筑空间体验

在传统的博览空间中，根据参观需求，各空间被当成一个整体，或者独立使用。同时在参观流线上为了发挥展馆最大的潜力，各展厅也可以被串成一个整体或单独使用，如2015年米兰世博会德国馆、2010年上海世博会丹麦馆空间体系中的"内外交替"的尝试，预示了新的展示空间结构的多种选择模式的发展趋向。更有当代数字媒介支持下的展示方式，可以超越传统的灵活分割的展厅空间。在展示的参观模式可选性设计中，通过数字媒介虚拟，让观众置身于建筑科幻的内部，展览空间可以被看成是一系列在不同层次上环环相套的空间，为参观者提供一系列创造性的新场所，从而使空间体验从寓意表达、娱乐化和互动层次都更加深入和细致。

2.1 超现实的空间体验

随着网络空间的影响与数字技术的支持，世博展馆的参观过程也就不同程度地成了信息在网络上的流动过程。在以往的物质展览空间中，这种过程是单方向的，而在数字空间中，这种过程是多方向的，可以通过"超级链接"在瞬时完成空间的转换。21世纪以来，展示方式越来越多样化。建筑本身也变成一种展示，各国建筑师在场馆设计中不断创新展示的方式。通过产品、图片和文字来表达信息的方式，已经被互动式、体验式和展览方式替代，信息通过包含在空间中的设计和理念传递给体验者。如2015年米兰世博会的中国馆屋顶下方的建筑平面被定义为一片麦田景观，借鉴了中国的农业历史，无缝过渡到中心的一系列LED装置，模拟小麦的形态，成为建筑展览项目中的中心装饰品。展馆没有大厅，只是在入口处时，让观众感觉田野中的各种作物相对是比较矮的，代表"春"的景象，随斜坡一路下去，田野相对于人的身体越来越高，逐渐到齐腰，各种展示的故事隐藏在这片田野里。这里大的空间体验是"一根线"上春夏秋冬，串起来二十四节气，建筑语义被拓展了。当一条线走完，观众通过坡道上到二楼，回望刚才走过的这片田野全景，LED灯的亮点组成了一个个完整巨大的画面，这些画面是祖国山川河流丰收的景象，和整个建筑造型一起，成就了对中国农耕文明的超现实演绎。

2.2 浸入式的多感知互动空间体验

互动性要求是当代世博展馆以新的展示方式适应新的参观需求。面对与复杂、动态的联系，设计师努力将展馆的展示空间设计成随着环境变化的动态环境，使参观的过程充满了人馆互动。世博展馆的展示对互动性的追求，实际上是对当今参观个体主观意志的尊重，使不同的主体能够通过不同的行为获得不同的体验，而不再是程序式的千篇一律。如2015年米兰世博会英国馆设计概念关注蜜蜂生存环境和生态系统保护，把英国本土的一段自然景观带到了世博会。建筑主体是一个类似蜂巢的构筑物，在到达主建筑物前，参观者先要经过一片花园。花园里种植有来自英国的各种花草植物，使人们仿佛置身于英国郊外的乡村。建筑平面为六边形，呼应蜂巢六边形的造型。结构中间为中空的球体，游人可以进入蜂巢内部，欣赏轻巧别样的建筑构成（图3、图4）。

设计师还从听觉和视觉方面对参观者的体验进行了设计。设计团队利用生物学家的研究把诺丁汉一个真正蜂箱和展馆同步起来，他们通过光谱在不同时刻的分布来解析蜜蜂活动的震动信号，这些实时传输的信息被处理后反映到上千根LED灯中，灯光闪烁着照亮了整个蜂巢。

3　以人为本的空间体验设计策略

在展示设计过程中，应当以优化参观者的体验为最高要求，既要满足观众对于主题和展览的求知欲，又要考虑到参观过程中的心理体验、生理体验，照顾到物理空间的舒适度指标，关注公众的整体利益，如此才能确保顺利运营，更好地传达世博会的主题精神。

3.1　人性化的空间尺度

世博园区的规模通常十分庞大，巨型的空间规模与人性化的尺度需要相互结合才能保证使用者舒适的参观体验，道路宽度、开放空间尺寸、规划地块的大小、细节景观的模数化都是需要仔细考量然后落实的。忽视城市的历史文化传统，不重视人文关怀，就会导致公共空间尺度的流失，其弊端在忽视了使用者的行为标尺，错误的将设计者个人审美凌驾于人的使用习惯上，例如超大尺度的草坪和广场，使得空间失去了应有的肌理和活力。

不同类型的城市、建筑、室内具有与之相适应的比例尺度，取决于人体尺寸与人的运动形式，当我们观察空间大小时，往往运用空间周围的已知要素当衡量的标准，这些要素包括两个方面：一是人们熟知的细部尺度，如门窗、桌椅等；二是人体本身的尺度，其中人体尺度是我们设计室内、室外空间的基础。因此保持空间人性化的重要因素是以适宜的尺度满足使用者在物质、心理、行为特征方面的需求，也是设计在社会生活中的基本责任。

3.2　生态优先的设计策略

现代生态伦理相关理论认为，自然、人与社会三者是辩证发展、不可分割的整体，生态优先的价值观是人类应对环境、资源问题的生存智慧，是保证人类社会和谐发展的重要基础。

城市空间的设计者应当坚守生态绿色的发展观念，在新能源利用、交通运营、节能减排、安全健康等相关技术领域开展工作，为城市使用者提供清新的空气、可持续的清洁能源、无毒害的水体、高效能低能耗的交通和废物减排与回收处理系统。

3.2.1 开发清洁新型能源

新型能源是未来社会发展不竭的动力来源。而历届世博会都能为新能源在城市空间中的应用提供良好的范式，包括太阳能、风能、地热等多种多样的能源技术都在世博会的平台上得以展示并推广到全世界范围。在世博园区中广泛应用新能源，不仅能够降低建设与运营过程中的能源消耗、保护生态环境，更重要的是能够推广生态保护的科学发展理念，使得绿色环保意识深入人心，引领城市向更健康的方向发展，它必将成为未来能源大规模革命的先导力量。

3.2.2 生态环境材料的应用

生态环境材料主要是指具有良好的环境协调性的材料，能源消耗少、再生循环利用率高。在建设过程中使用清洁无害的建筑材料，可以避免对资源的过度消耗，减少对环境污染与破坏。据权威数据统计，在我国公共场合中环保装修材料仅占比量程，为了压低造价而放弃使用节能环保材料，殊不知，人们在公共场所活动的时间比私密空间的时间长，公共空间所耗费的材料数量多，种类也多，对于生态环境有着更广泛的影响。使用生态环境材料体现了生态优先的重要战略与可持续发展的绿色理念，对于优化城市有很大的助力作用。

3.3 科技创新的设计策略

世博会从诞生的那一日起，就与科技进步和创新紧密结合在一起，它的演进历程交织着人类科学精神与人文精神的光辉，是科技文化的集中展示与真实记录。科学技术不仅是博览会展示平台上的核心内容，也是推动园区建设发展历程的重要力量，全新的技术、工艺、材料永远是园区创新的物质基础和创作源泉。公共空间设计中的挑战与难题，例如人与自然的平衡、能源使用、景观营造、交通效率等，都可以通过开发针对性的技术工具使其迎刃而解。无论是太阳能等新能源的利用，还是针对敏感自然生态环境的修复保护技术应用，亦或是多媒体景观、LED 夜景的绚烂多姿，科技一直引领着城市开放空间走向更健康、美观、清洁的未来。科技向我们展示出城市发展的美好图景，它必将继续改变人类的物质与精神生活。

4　结语

当代世博展馆的展览空间逐渐成为一个开放的、可以相互渗透的领域，在多元文化社会所具有的多重立场与多重身份的人在这里相遇，公共性流入馆内，而信息和艺术则从馆中流出，展馆也愈加成为一件整体的艺术品，正如 2008 年普利策建筑奖获奖者让·努维尔所说过的："建筑的未来不是建筑的"，博览空间已经不再能严格地区分为作为展览的背景或前景的建筑学，而是与展示的内容息息相关。而空间体验对于世博会展馆空间设计的意义就像"风"和"心"的关系，"是风在动，还是心在动"，体验的意义和价值与其说是促动人心的感受，还不如说是基于体验的深层的哲学思辨。人在进行空间体验时，也就是感悟现实生活中场所与场所之间、建筑与建筑之间、建筑与环境之间、场所与生活之间所存在的相互渗透、相互共生、彼此交感的结构秩序。未来的世博展馆的设计过程，应当首先明确观众体验什么，展馆中要讲什么故事，然后赋予其建筑空间的外壳，这种新的操作模式是建筑师、多媒体设计、展陈、空间设计还有动画、影像等团队的交叉设计流程，最终使得人们在建筑实体空间体验之时，虚拟的媒体藏露得当，默默存在建筑当中。

参考文献：

[1] Hilde Heynen . Petrifying memories : architecture and the construction of identity [M]. The Journal of Architecture Volume 4, Issue 4,1999.Routledge.

[2] Harrison ,M. Changing museums: Their use and misuse[M]. London: Longmans,1967.

[3] Wolf Prix. On the edge Andress Papadakis. Geoffrey Broadbent & Maggie

Heinrich Toy(Editor). Free Sprit in Architecure[M]. New York: St.Martin'
Press，1992.

[4] Architecture Jean Nouvel . G.A Document Extra[J]. Toko, 1996.

[5] 窦金楠 . 从上海世博会看世博建筑的生态建筑美学 [D]. 天津大学，2012.

[6] 冷嘉伟 . 世博会——作为推动建筑发展的媒介 [J]. 建筑学报，2010（05）：
28-32.

[7] 托马斯赫尔佐格 . 世博会大屋顶 [J]. 世界建筑，2007（03）：96-99.

[8] 陈蕊 . 嗡嗡而至 : 2015 米兰世博会英国馆 [J]. 建筑学报，2015（08）：40-45.

[9] 宋哗皓 . 欧美生态建筑理论发展概述 [J]. 世界建筑，1998（01）：56-60.

图片来源:

图 1,（德）波尔格 . 世界经典与现代建筑分析 . 安徽科学技术出版社 .2001

图 2，CBC 中国建筑中心官网 .2017

图 3、图 4，曹若曦 .2015 米兰世博会英展馆 .ArchiDaily.2017

图 1　巴塞罗那德国馆　图 2　汉诺威世博会 26 号展馆

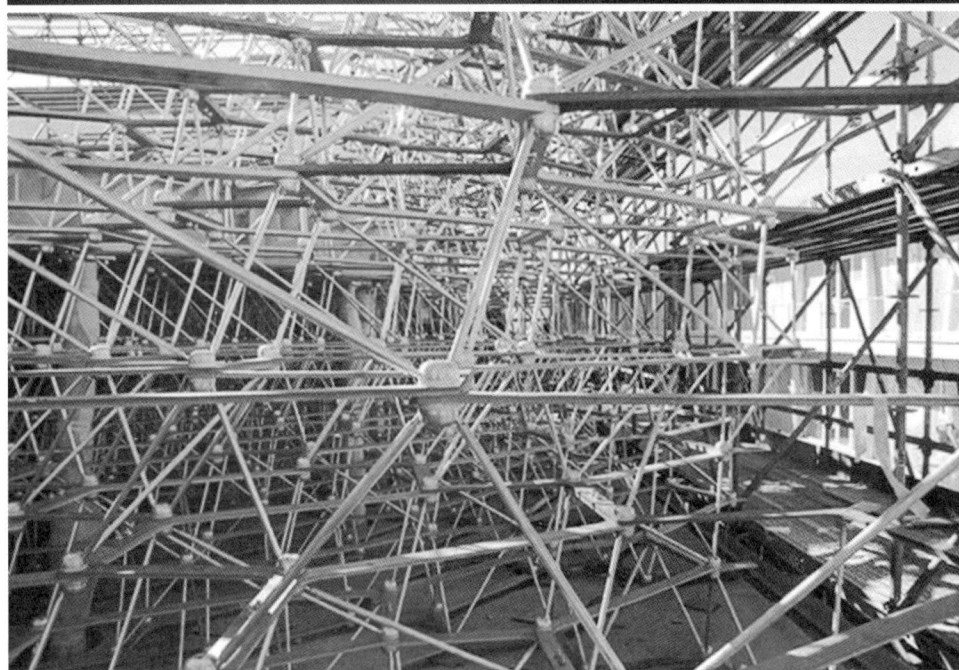

图 3　米兰世博会英展馆

图 4　米兰世博会英展馆

变革中的时代　开放性的论坛　时装化的建筑
——2015 年米兰世博会中国馆方案竞赛作品"守望五色土"评述

Changing Time，Open Forum，Fashionable Architecture On the Scheme of "Keeping Watch on Five-Color-Earth," China Pavilion of 2015 Expo，Milano

程雪松　Cheng Xuesong

【摘　要】 本文通过 2015 米兰世博会中国馆方案"守望五色土"整体设计的评述，对世博会场馆的时代特征、论坛内涵以及时装化走向进行了分析，并对未来世博设计的趋势进行了思考和展望。

【关键词】 变革；时代；开放；论坛；时装；建筑；五色土

1　竞赛的背景

2015 年米兰世博会是继 2010 年上海世博会后第一届国际展览局认证的 A1 类世博会，是后世博时代中国参加的第一届高级别大规模海外世博会，也是中国首次在海外以新建馆（过去都是改造馆）的形式建设中国国家馆。与上海世博会的主题"城市，让生活更美好"相反，米兰世博会的主题是"滋养地球，生命的能源"，围绕农业展开。据此，中国国家馆以"农业、粮食、食品、环境、可持续发展"为线索，把主题确定为"希望的田野，生命的源泉"。

2015 年米兰世博会在地球环境发生显著恶化和人类生存发展方式面临艰难抉择的关键时刻举办，以"滋养地球，生命的能源"[1]为博览会主题，是直面现实困境的勇敢回应。在环境和资源两大问题的边界束缚下，在人类生存和发展面临极限的条件下，在世博会的舞台上反思人类发展历史长河中出现的无知和肤浅，积极交流取得的成果和经验，谋求共同繁荣的智慧和力量，应是本届世博会题中之意。

米兰世博会中国馆组委会于 2013 年 7~10 月委托相关招标代理公司组织了米兰世博会中国馆的方案竞赛，在国际展览局的相关规章制度和 2015 年米兰世博会简章指导下，致力于评选出具有"民族性、唯一性、专题性、可持续性"[2]特征的标志性建筑方案。

2 变革中的时代——文化转型

2.1 世博会的作用和世博文化在发生深刻变化

从 1851 年到今天大约 160 年时间，世博会的作用和内涵发生着深刻的变化。第一届伦敦世博会，物质产品相对匮乏，交通运输不够便利，各个参展国家把本国的名优特产品放在一起进行展示和销售，世博会是商品展销会；1967 年蒙特利尔世博会，信息传递相对缓慢，科技进步引领时代发展，科技实力体现国家实力，苏联馆向游客展示了宇宙飞船进入太空的神奇景象，世博会成为科技成果发布会；2010 年上海世博会，在物质产品极大丰富、信息交流无比通畅的背景下，人类面临类似的生存和发展困境，各个参展国家围绕"城市，让生活更美好"的主题，沟通和交流各自城市建设和经营的理念，共同探讨城市化面对的问题，世博会是一个开放的论坛。让世界各国携手互动，共同探讨和交流共同面临的全球和地域性问题，寻找突破的路径和解决方法，已经成为新时代世博会的核心责任和不二选择。

世博会发展过程中经历的这些变化，除了受到物质资源和技术条件的影响以外，还受到世博文化本身的诱发。从交流商品到交流信息，再到交流话题，沟通交流是世博会永恒的主题，是世博文化得以延续的重要支撑。

2.2 中国作为参展方的心态和愿景在发生变化

在世博会历史上，1876 年中国第一次以官方代表团身份参展，新中国成立以后至今共参加了 14 届世博会，但是直到 2010 年才第一次以主办国身份来举办世博会。事实上，一个多世纪以来，世博会始终以欧美等发达国家为中心，包括中国在内发展中国家长期处于世博舞台的边缘。随着中国重新走向复兴，从 2002 年上海申博成功，到 2010 年成功举办世博会，这期间经历了 2005 年爱知世博会，中国完成了从被动参展到主动办展的心态变化，从世博会看客到世博东道主的身份变化。作为亚洲国家举办世博会，中国为看客日渐寥寥的世博会贡献了 7000 万参观者，中国自身也在角色变化中认识了外部世界，改造了自己的内部世界，丰富了对世博规则的理解和对城市化进程的认知，也提升了与世界各国沟通交往的能力。进入后世博时代以后，中国必定会以更加包容、平和、自信的心态参展。

2.3 参观者的心理和诉求在发生变化

早期的世博会建立在对外贸易基础上，参观者往往对琳琅满目的海外商品带有猎奇的心态。后来，世博会进入科技化、信息化时代，参观者来看世博会，更多是为了获取知识，了解世界。进入新世纪以来，世博会成为一个讨论问题、交流观点的平台，参观者来参观世博，更多是参与主题的思考，与围绕主题的展览进行互动。从这个意义上来说，今天的参观者，已经能够以更加平等的身份、客观的立场和积极的心态参与世博会，参观者也期待就世博主题与世博主办方、参展方进行更有建设性的沟通，就关心的话题进行有深度的交流，通过参观展览获得愉悦而难忘的精神体验，而不仅仅是被动的获取商品和知识。

传统静态、封闭的展览条件下，以竞争性和招徕性为特征的展览方式带给观众的观展体验无疑是疲惫而焦虑的；在新的展览理念引导下，平和与开放的心态无疑应当主导场馆的氛围。轻松、舒适、适合游憩和交流的展览环境反而更能打动参观者。展览主办者和参观者交流的语境从传统说教和灌输式的单向交流正在走向更加平等包容的双向互动交流，分享和启发式的分享交互体验成为参观者乐于接受的交流方式。

2.4 中国的经济社会发展在进行显著转型

随着社会经济的不断发展，随着中国对世界的日益了解，随着中国走向现代化的进程不断加速，中国社会正在从保守走向开放，从怀疑走向自信，从铺张走向节约。经济结构的重大调整、增长方式的快速改变、单一资源驱动的难以为继、大国崛起的内忧外患、公民社会的逐渐成形都使得以创新为核心的转型发展成为历史必然的选择。社会变革反映在世博会中国馆的建筑设计上，形式语言从1889年巴黎世博会的仿古建筑，到2005年爱知世博会的传统民族符号，到2010年上海世博会的国家权力象征，到2012年丽水世博会（A2类世博会）的海洋元素表现。这一变化的过程虽然偶有反复，但是基本方向不会改变。

经济上贫穷落后的时代，我们参与世界博览会倾向于展示悠久灿烂的历史文化，通过古老文明曾经的成就获得国际角色的存在感，从历史传统中选择文化符号标签来标示自身；作为亦步亦趋的参与者，中国以配角的地位参与世博会，并未试图在世博会的舞台上、在与世界各国的对话中寻求对于人类重大发展问题的话语权；在以主人公角色主办2010年的上海世博会上，中国试图在国际舞台上展现强有力的自我定位，展现自信、崛起的国家形象，并且以"城市，让生活更美好"为主题，立足于自身城市化的语境中，积极寻求与世界各国的交流与对话；在后世博时代，在环境资源受限、增长方式转变的语境中，在新一届中央政府"节俭办博"的理念指导下，面向2015年，中国会更加踊跃参与国际对话，和世界各国就人类发展共同面临的问题进行平和、包容的交流沟通，更会厉行节约，在可持续发展理念引导下，关注世博文化内涵，以不铺张的投资建设成本呈献给世界一个象征转型和创新的国家形象的世博中国馆。

2.5 展览建筑审美也在发生巨大变化

1851年伦敦世博会的水晶宫，代表了当时最先进的钢结构玻璃幕墙技术；1958年布鲁塞尔世博会的原子球，则是把当时科学最新发现的原子结构模型进行跨尺度呈现；2000年汉诺威世博会的荷兰馆，把农业灌溉、中水处理、雨水收集、新能源利用等技术集成在一个开放的空间中进行展示，是对可持续问题的生动诠释；2010 年上海世博会英国馆则把塞有植物种子的亚克力管插满建筑表面，形成一个"蒲公英"的建筑意象，传达了"礼物"的美好祝愿，实现了世博场馆建筑的人文美学回归。由此可见，展览建筑审美在由一味强调科学技术，走向心理意象的营造；在由新材料、新信息的实践，走向回归人文的集成；在由静止封闭，走向变化开放。

3 开放性的论坛——演绎主题

3.1 开放主题

首先，中国馆主题"希望的田野、生命的源泉"本身具有开放性。这一主题不仅与米兰世博会主题"滋养地球，生命的能源"相结合，较好地涵盖了农业、粮食、食品、环境等方面议题，而且概括出"希望的田野"这一具体形象，使得世博主题变得鲜活生动。同时，这一主题无论是在历史内涵还是时代特征方面，都能够进行多角度的解读和多方位的演绎。"田野"是我国悠久农业文化和农耕文明得以传承和发扬的依托，也是当代粮食安全、人民温饱问题得以解决的凭借，还是未来农村改革得以实现的抓手，更是中国为世界作出更大贡献、创造可持续发展环境的宝贵财富。因此，中国馆主题内涵隽永，外延丰富，具有广阔的解读空间。

其次，中国馆主题展示的线索也具有开放性。总体展线可以通过三条分线索进行展示，分别是：自然的馈赠、智慧的反哺、民以食为天。[3]"自然的馈赠"意味着自然文明孕育中国，"智慧的反哺"意味着农业科技改变中国，"民以食为天"意味着健康饮食丰富中国。以中国为参照，与农业文明和农耕文化有关的历史和当代叙事都被这三条线索串联，并且获得发散性的演绎。

最后，中国馆主题展示的内容也具有开放性。以上三条线索分别对应九方面的展示内容。"自然的馈赠"可展示的内容包括：幅员辽阔、物产丰饶、风光旖旎；智慧的反哺可展示的内容包括：技术创新、文化创新、理念创新；民以食为天可展示的内容包括：食以安先、中华佳肴、健康饮食。这三条线索、九方面内容涵盖了农业、粮食、食品、环境等与主题相关的各个方面，但是紧紧围绕着对于人与自然之间的关系的思考，这种思考不妨概括为敬畏自然、师法自然、顺其自然。

3.2 开放设计

首先，中国馆的设计理念具有开放性。由米兰世博会主题"滋养地球"和米兰世博会中国馆主题"希望的田野"联想到土壤，无论是"地球"还是"田野"，表面都覆盖着土壤，土壤孕育和生长植物、动物和所有生命，是生命的源泉；土壤还承载着人类丰收的喜悦、栖居的家园和未来的希望。于是，以"土壤"这一文化意象为核心，以"守望土壤"为主题，构成了本方案设计的概念起点。"守"意味着"热爱"和"保卫"，"望"意味着"认知"和"期待"，"守望土壤"可以解读为对土壤、大地、田野、地球的"认识和了解，热爱和戍卫，期待和梦想"，层层递进的情感主线联接起人与自然。

"五色土"把抽象的土壤进一步具体化。五色土源于中国，象征着神州大地，辽阔疆土。东方青土、西方白土、南方红土、北方黑土和中央黄土不仅具有浓烈鲜明的视觉特征，而且蕴含着故乡故土的乡愁情怀。在世界的舞台上演绎"守望五色土"，把这一珍贵的本国文化记忆呈献给世界，以国际化的形式表达"守望五色土"的意境和氛围，并进而传递出中国人民对"滋养地球，生命的能源"的内涵式理解。

其次，整个设计过程是开放的。全过程始终贯穿建筑、展览、室内、景观园林、视觉传达、电影等六大专业合作和碰撞，是跨领域和文化的交流过程。建筑是最重要的展品，也是中国馆理念的核心载体，更是各种展览交流活动得以呈现的空间容器。展览是目标，演绎着世博会与中国馆的主题。室内设计与品牌形象相结合，界定各功能空间的视觉系统特征。景观园林是表达展览主题的重要手段和媒介，本身也构成展览的重要部分。视觉穿插于空间中，为空间功能定位和展线结构展开服务。电影是除建筑以外最重要的展品，它的脚本内容与影院空间相互交融，彼此增色。这些专业部分在大的设计理念统领下，必须以互相统筹、步调协调的方式整体推进，同时又保持各自的专业特点，满足各自技术要求。

最后，设计语言具有开放性。

整个中国馆设计，并不拘泥于中国传统语言和特定的专业技法，而是多学科、跨文化的交融和碰撞的结果。以建筑设计语言为例，钢结构网格和玻璃容器表皮的做法不仅结构清晰、简洁，有临时建筑的特点，消解了传统建筑稳固恒久的特征，也吸收了装置设计的艺术语言；把自动扶梯设计成多媒体的"时空隧道"，接纳了展览设计的语言；在建筑屋顶设计田野，转换了景观农业的设计手法；底层的中餐厅包裹青花瓷表皮，既是对中国传统文化的表达，也具有传统工艺美术的特点；脉动的具有情节性的参观展线设计，融合了新博物馆学的理论和实践成果。

3.3 开放建筑

首先，展线结构是开放的。参观中国馆建筑的过程是一次开放式体验。"守望五色土"方案中整个展线串联起九大展览节点：建筑主体，历史长河，庆典广场，时空隧道，屋顶花园，天地影院，主体展区，青花餐厅，北京世园。其中除了时空隧道、天地影院和青花餐厅因为特殊的功能要求和展陈要求相对封闭以外，其他的六个节点都是开放与半开放的，这样由展线结构组织起来的展览体验是基本开放的，参观者在整个参观过程中可以看到世博园周边的风景，闻到花卉和农作物的清香，感受到米兰春夏季干燥的气候和凉爽的清风，体会到展品、环境和心灵的互动。

开放的展线也符合当代世博展馆建筑特征和潮流。比如 2000 年汉诺威世博会的荷兰馆，2005 年爱知世博会的日本馆，2010 年上海世博会的藤头案例馆以及 2015 年米兰世博会目前已经揭晓的奥地利馆等。在气候条件比较优越的地区，采用尽量减少人工干预气候的方法，可持续的逻辑上可以获得更多的比较优势，同时也能够舒缓参观者的心情和参观节奏，让绿色生境与人工展示有更好的结合。

其次，展厅空间是开放的。"守望五色土"方案中，主要的展示空间包括：屋顶花园序厅和"自然的馈赠"展区，二层的主展区"智慧的反哺"和"民以食为天"，以及离开中国馆时路过的推介 2019 北京世园会的"绿色生活、美好家园"（Live Green，Live Better）展区。二层主展区是半开放的，其他展区均为全开放。这样参观者在欣赏展览时，不会有封闭空间的闭塞感，而是可以在米兰的旭日微风中获得关于"农业"、"希望"、"生命"等世博话题的体验。二层主展区大约 1500m^2，空间内部不用设空调，通过建筑立面上的"五色土"容器遮阳，较好地践行了世博会"回归自然"、"可持续发展"的生态理念。屋顶花园展示农耕田野，水田、麦田、稻田、茶田、葵田等代表农业景观的田野形态在此呈现，在米兰炎热的夏季还可以起到隔热的作用；底层的"绿色生活、美好家园"展区在约 1000m² 的范围内集中展示北京园林景观，并以果园、花园、草药园、盆景园、美好家园等"五方园"集中体现中国和北京的园林内涵，传递"北京欢迎您"的展览意图。

第三，主体建筑具有开放的形体和表皮。主体建筑底层由钢结构柱架起 7m，俯仰之间，创造出"守望"的意向，而且呈现出开放性的形体姿态。底层架起的灰空间作为等候观演区使用，不仅起到遮阳的作用，减少对基地空气流动的阻挡，拓展了视线，而且增加了开放性的室外农作物展览面积。架起的建筑主体呈方形，外表面覆盖着钢结构网架，由约 4 万只圆形"五色土"容器填充 10cm×10cm 的网格，形成开放而又具有丰富质感的建筑表皮。透明容器过滤光线洒向地面，形成斑驳的光影，可以有效地遮阳，而且在立面上形成凸出凹进的起伏效果，创造出独特的表皮美学。建筑内部的参观者也可以通过网格间隙眺望室外园区景色。

第四，建筑的共享服务空间有开放性。建筑内部的共享服务空间包括入口等候区、垂直交通空间、贵宾室、餐厅、厨房、纪念品商店、办公区、卫生间等，除了贵宾厅、厨房和卫生间等有特殊私密性需求的空间以外，其他所有共享服务空间都突出开放性。空间的开放性体现在视线的通透、光线的进入和空气的流动等几方面，以保证空间与自然的交融，体现人与自然和谐共处的理念。而这里的空间开放并不是以牺牲实用功能为代价的，比如占地面积约 800m² 的餐厅，既是"民以食为天"的展览延续，又是中华美食文化的鲜活体验，更是中国馆服务的窗口形象，未来将外包给专业餐饮企业运营。餐厅外部设室外就餐区，内部设夹层包房区，以体现中餐开放与私密兼具的特点。

4 时装化的建筑——表达个性

4.1 临时建筑

相对永久建筑而言，世博会国家馆是临时建筑，生命周期为大半年。结束后需要被拆除，材料需要可回收，场地需要被复原。在海外参加世博会建造场馆，如同展览布展一样，建筑建造的速度和建筑拆除后场地复原的速度要求都很高，这就意味着建筑主体结构应当尽可能简单、轻盈。"守望五色土"方案采用规则建筑造型、9m 柱跨的模数制轻钢结构体系可以适应这种效率要求。另外，建筑拆除后的主体材料可以回收利用，这也大规模地节约了海外办展、垃圾处理的高昂成本。建筑表皮上盛装五色土的玻璃容器，可以作为纪念品销售或者赠送给参观者，既可以把"五色土"文化传播到欧洲和世界，更极大减少了材料回收成本。

4.2 视觉建筑

世博会是一场秀，世博会国家馆在约200个场馆中应该自我表达，把握住参观者到来的短暂时光，让人难忘。打动参观者的视觉——动眼，是国家馆建筑设计的基本要求。造型和表皮材料是中国馆建筑吸引参观者眼球的主要媒介。"守望五色土"方案采用架空的规整方盒子造型，表达"托起土壤"的触觉感受同时，意在返璞归真，以单纯质朴的造型语言从复杂张扬的博览建筑群中脱颖而出，创造不同的视觉体验。屋顶花园的起伏错落和底层架空部分造型多变与主体造型的简洁形成对比，加强了建筑的展览表现。盛装五色土的容器覆盖的建筑表皮可以摆放出凹凸起伏、阡陌纵横的立面造型图案，让人联想到田野和大地，通透轻盈的包裹也让内部空间的展览图景渗透到室外，立面的质感更加丰富生动。明亮晶莹的玻璃容器与粗糙原始的土壤形成对比，也强化了建筑表皮的戏剧效果。另外，在场地空间景观园林的处理上，着力强化主体建筑的视觉表现力，烘托展览氛围。

4.3 品牌建筑

展览建筑通常要有明确的品牌形象，便于商业化运作和推广。世博会的国家馆建筑形象会高频率出现在各种媒体和宣传资料中，受到商业品牌的关注和追捧。国家馆的视觉标志也是国家馆建筑形象的抽象印记，其图案会与国家馆的商业合作伙伴的企业标识一起出现，从而为赞助企业进行品牌推广。很多世博国家馆的建筑造型语言抽象单纯，形象具有标识性，这也就便于被广泛传播。"守望五色土"方案考虑到展览建筑这一特点，同构化进行建筑设计和视觉形象设计，中国馆的品牌标识体现出中国馆建筑底层架起、方正造型、土壤表皮等三个特点，采用红、绿、黄三色象征中国、自然、丰收的文化内涵。这一标识还可以被转化成为具有标识特征的二维码，并把农耕劳动的人物形象融于其中。吉祥物"田田、园园"的创意设计也来源于建筑的开放展览对象和展览空间——

屋顶"五垄田"和地面"五方园"。

4.4 体验建筑

在昙花一现、游客如织的世博会中,一个成功的国家馆建筑,需要给参观者带来非同寻常的参观体验和难以磨灭的灵魂记忆。在"守望五色土"中国馆方案中,无论是天地影院中天幕、地幕、人幕和全息幕四维呈现的震撼影视体验,还是主展厅中调动色香味觉感官带来的逼真展览体验,无论是建筑和标识一体化、纯粹化、时尚化带来的活力品牌体验,还是建筑内外部情感和理性交织带来的丰富空间体验,无论是田野、园林等景观在有限空间内集成浓缩、与展览交融带来的优美风景体验,还是开放建筑、开放展览、开放话题等环节带来的舒适开放体验,把全方位的体验整合在有限的时空中,以扣动参观者心灵。最重要的是,这些体验并不是以生硬、粗暴的姿态强加于参观者的,而是与设计主题有机交融,与设计理念丝丝入扣,并潜移默化进入参观者的脑海和内心的。这种体验方式并不跋扈,也不激烈,在纷繁缭乱的世博舞台上,却有可能获得较好的成效。

5 结语

最终,经过两轮方案竞赛,"守望五色土"方案在专家评审中,以极微弱的分差,获得第二名。清华大学出具的"麦浪"方案获得第一。虽然遗憾这个方案未能代表中国在米兰建造实施,但是业主和专家一致认为该方案国际化的表达、谦虚平和的姿态、准确生动的主题演绎和合理化的建造拆除模式,给大家留下深刻印象。作为主持方案设计及深化全部过程的一员,笔者认为中国在目前的社会文化转型期,在极力张扬国家形象和平等参与世界议题两个不同方向上,会有越来越多的思考,也会产生更多不同的取舍和选择。"守望五色土"方案不仅推动了这一思考的可能,而且其建筑学和展览、景观、媒体、视觉等多学科交融和互动的状态,其跨文化实践的过程,也代表着学科的开放度和建筑实验性可能所及的领域。

（本文原载于《建筑技艺》2014 年第 5 期）

参考文献：

[1] 2015 年意大利米兰世博会中国馆组织委员会 .2015 年意大利米兰世博会中国馆设计施工技术规范 .2013 年 7 月，P6.

[2] 2015 年意大利米兰世博会中国馆组织委员会 .2015 年意大利米兰世博会中国馆设计施工技术规范 .2013 年 7 月，P15.

[3] 2015 年意大利米兰世博会中国馆组织委员会 .2015 年意大利米兰世博会中国馆设计施工技术规范 .2013 年 7 月 P9-P13.

图片来源：

图 2 来源于清华大学"2015 米兰世博中国馆设计文本"

图 3 来源于 http：//www.archreport. com.cn

文中图片除注明外，均来自《守望五色土——2015 米兰世博会中国馆设计方案》文本。荷兰 NITA 设计集团 + 上海大学上海上大建筑设计院有限公司

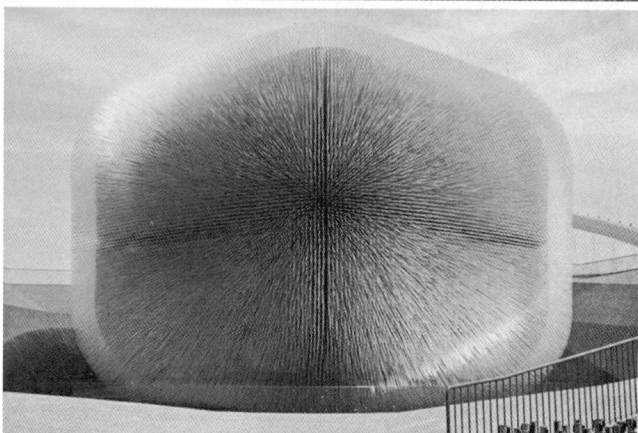

图 1 米兰世博会中国馆"守望五色土"方案	图 2 米兰世博会中国馆"麦浪"方案
图 3 汉诺威世博会 MVRDV 设计的荷兰馆	图 4 上海世博会 Thomas Heatherwick 设计的英国馆
图 5 五色土	图 6 贵宾室室内设计

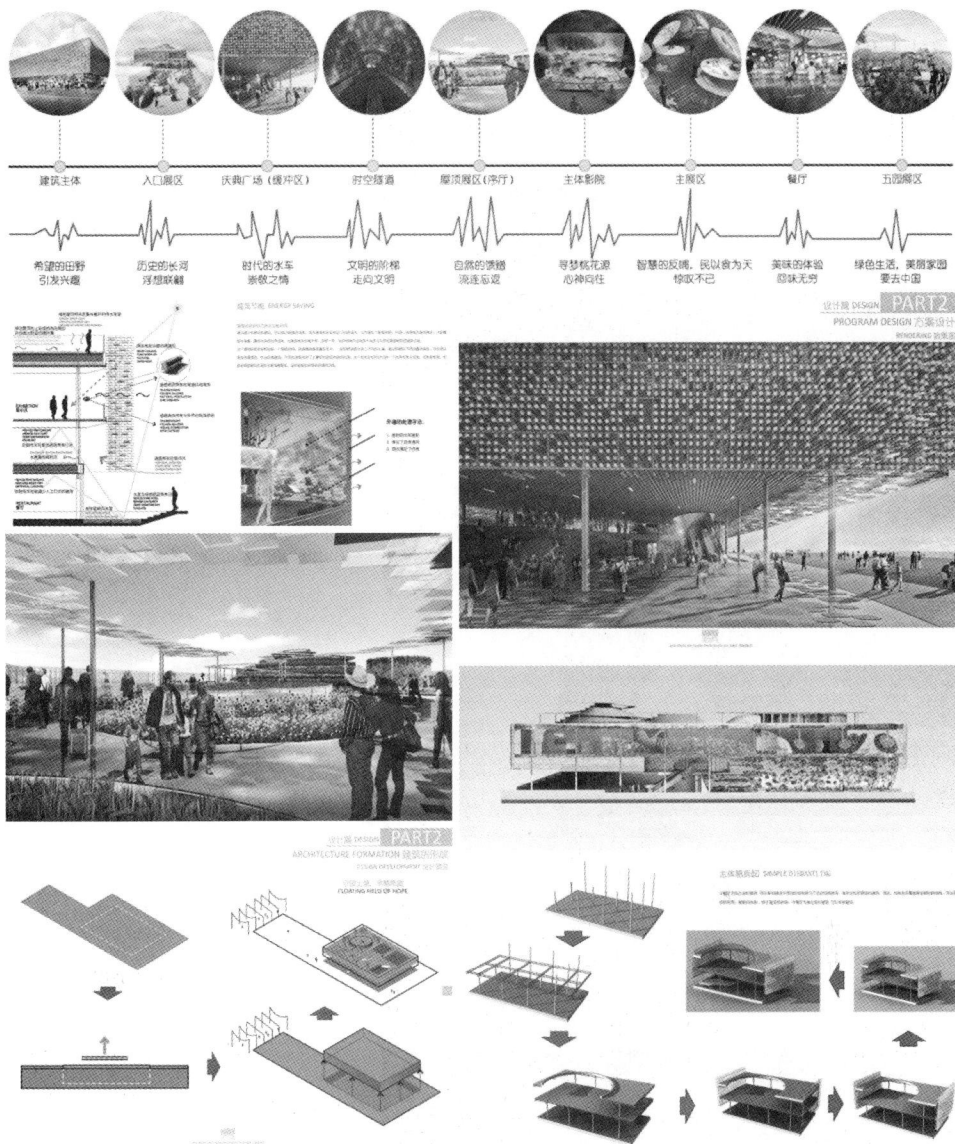

图 7　脉动的展线

图 8　开放的展区	图 9　中国馆的入口
图 10　中国馆屋顶的"五田"展区	图 11　通透的建筑东立面
图 12　守望土壤的概念	图 13　可持续的建造

图 14　东北侧透视

图 15　中国馆 "守望五色土" 方案标志	图 16　中国馆 标志的变体

图 17　中国馆吉祥物——田田、园园

图 18　"民以食为天"展区

图 19　天地影院展区

圆拢天地，丝连你我

——世博场馆设计中的协同现象初探

Round In A Circular，Connect With Silk—— Explore the Begin of Collaboration in Expo Pavilion Design

蔡亦超　Cai Yichao

【摘　要】 坐标设计之都上海，依托迪拜世博会即将举办的契机，提炼第一届"未来畅想 沟通桥梁——世博语境下的展览创意设计"学术论坛系列活动的学术精华。本文通过分析历届世博会主题与各项设计之间分别如何有效协同，从而探讨世博设计上的智慧与经验。

【关键词】 世博设计；协同设计；建筑设计；世博经验

各美其美，美人之美，美美与共，天下大同。

——费孝通

1　协同及相关概念

世博会场馆设计中专业设计（建筑、展览、视觉等）、世博理念与建筑形式、参展国与举办国文化表达和国家形象与人类命运之间的有效协同，给为展期数月的精彩呈现与国家馆设计的连贯表达奠定基础。

1.1 协同的定义

"协同"一词"Synergetic"来源于古希腊语，亦有同步、和谐、协和、协调、协作、合作之意，属于协同学（Synergetics）的基本范畴。《说文》[①]中写到"协，众之同和也。同，合会也"。协同是协调两个或者两个以上的不同资源或者个体，协同一致地完成某一目标的过程或能力。[1]

1.2 协同学的定义

协同学（Syengreitcs）是研究不同系统在变化的过程中所遵循的共同规律的科学。基于现代最新的科学理论（系统论、控制论、信息论、突变论等），结合统计学与动力学的方法来描述各种系统和运动现象从无序到有序转变的共同规律。总结特定的规律，科学地推广到其他学科的同类现象中去。[2] 协同或协同作用，是协同学最基本的概念。是由多个子系统构成的系统，在子系统之间相互配合产生合作效应或协同作用，整个体系便处于自组织的状态。在宏观上就表现为具有一定的结构或功能（图1）。

1.3 协同设计：一个共同探究和构思的过程

协同设计（co-design），起源于 20 世纪 70 年代北欧的"参与式设计"（participatory design）。协同设计凝聚集体创意，被应用于设计过程之中。因此，协同设计是共同创造的一个具体体现。从广义上说，用协同设计来指代在设计开发过程中未经过设计培训的设计师和人员的创造力。[3] 在设计开发过程中项目前期的共同创造会产生积极的影响。这其中反映了 Robert Jungk 的观点："参与创意的时刻"是实践协同设计的关键点。

更重要的是，参与式设计实践，包括创意的产生和整个设计过程中的所有关键时刻的决策，在大型问题上的应用将改变设计，并可能改变世界。

协同设计在设计前期阶段，健全了理念的产生过程、服务或设计产品的开发过程。在设计中后阶段，提升决策力以及增进灵感与合作。从完成设计后的长远使用阶段来看，增强参与者或用户的满意度及忠诚度。[4]

2 世博场馆的协同设计智慧

科技发展是每个人都能切身感受到的，且是人类文明进步的基石。世博会是展现科技创新特色的主题展示盛会，无论是会上的展品、技术、世博会建筑或世博总体设计本身均具有极强的未来导向，笔者眷注并提炼世博设计之间的协同关系，并通过案例分析总结其中的经验与智慧。

2.1 世博主题与建筑形式之间的协同

2.1.1 2010 上海世博会英国馆

笔者亲历过上海世博会，有幸进入该馆，对本届世博会有非常深刻的印象，英国馆在设计的过程中协同设计师、艺术家、科学家、植物学家，集思广益并由自然萌生创意。

基于上海世博会的主题"城市，让生活更美好"，描绘了城市、人、自然三者有机协同与促进。

由此在建筑的表现上，第一，建筑外部的造型模仿自然来表达城市与自然的关系，建筑形态是对"蒲公英"的联想，反映出"设计师"们对自然的敬意。"绿色城市"观念对应英国馆建筑主题，体现了当时英国的现状与国情。第二，通过自然性与主题紧密相连的建筑表达，加强了建筑的体验度和可读性，将抽象的世博会主题转化为拟物化的设计造型"种子圣殿"。[5] 第三，英国馆建筑设计中最重要的核心理念体现"种子圣殿"。种子代表着自然生机与未来潜力，在设计表现手法上经由建筑形态以及 6 万余根内含种子的亚克力杆协同表达并围合成整个建筑空间，营造静谧的自然氛围。第四，在细节表达上，建筑外部的 6 万余根亚克力杆，内部像琥珀一样镶嵌有来自世界各地，数量高达 26 万颗，900 个品种的植物种子，象征着对生命的渴望与孕育。[6]

2.1.2 2015 米兰世博会英国馆

本届世博会的主题是"滋养地球，生命之源"，获建筑金奖展馆是米兰世博会英国馆，建筑面积 1910m² 的英国馆的整体造型通透，具有很强的识别度。英国馆的设计理念在世博大主题中关注食物生产来源的前端授粉，蜜蜂是授粉过程的重要媒介，方案聚焦数量锐减的蜜蜂，通过主题与建筑的协同表达，将观众拟物化成蜜蜂体验蜂巢的情境展现了蜜蜂的生态世界。从而演绎出英国馆的风采。[7]

建筑造型的表达协同艺术家的灵感，不同专业不同身份的人协同起来，在设计过程与设计内容上进行讨论。增强了游客的体验度并且加强了主题与设计的紧密度。落实到具体的设计中，其一是打破固定的设计思维，拓展多样路径的选择，激发参观者主动探索空间，增强体验性。其二是世博的主题与理念协同作用在建筑形式的方方面面，建筑外部是一个个呈现放射状的六边形几何单体，单体组成整个"蜂巢"建筑，格架结构让人联想到涌动的蜂群。其三是建筑内部从五感中的视感与听感入手，模拟了蜂巢内部的光线与声音，加强人与建筑之间的互动与体验。在场馆内墙的孔洞中模拟了蜂巢的结构，凑近看较大的孔洞内播放着蜜蜂的动画。建筑方案考虑与室内细节的协同性，让受众对主题有更形象的理解。

基于不同专业的人的协同，引出主题与建筑形式的相互协同。强调建筑的内部、外部包括细节与主题的相互协同，将主题落在建筑的方方面面。

2.2 专业设计之间的协同

2.2.1 2000 汉诺威世博会荷兰馆

本届世博会的主题是"人类·自然·技术"，其中荷兰馆的方案由 MVRDV 建筑事务所设计。荷兰人口密度 1702 万，是欧洲人口密度非常高的国家，正因为此，方案基于对于未来的人口密度过高，土地不能满足使用的危机感，通过设计的手法表达对于未来人类都市生活的思考。

方案通过建筑整体消耗能源的自给自足，在概念上体现生态、绿色与可持续发展；建筑自带有水循环系统，不仅作为功能用水，更加重要的是也作为空间中元素的一部分展现，作为喷泉水景、雨林雾气、分割歌剧院与演讲厅的水帘等。水协同能源、建筑、景观之间的关系，契合主题，且为建筑注入生机。其二是合理有效地利用空间，整体的六层空间中，浓缩了沙丘层、植物层、水层、演讲厅、影剧院与岩洞等模块，犹如一台"绿意制造机"，让受众在临近自然美好的同时，体味科技为人与自然带来的魅力。[8]

方案不仅仅限制在大家熟知的几个设计专业中，也是对生态学、社会学、经济学等各个领域的数据收集与分析探讨，尝试出一套适用于未来城市建筑空间发展的新经验。

2.2.2　进行中的 2019 北京世界园艺博览会

北京世园会是继 1999 昆明世会、2008 年的北京奥运会、2010 年的上海世博会，第四次在中国举行的 A1 级博览会。北京世园会是特定性的，展示的主题内容是自然。办会主题是"绿色生活，美丽家园"。如今将这个特定的话题与现实生活相融合时，无论有怎样的传达理念与概念，核心是将自然放到我们的生活之中。[②]

在视觉形象设计的定义层面，首先是传承可识别符号系统也就是体现世园会的园艺特征与地域特征。其次是对社会传播和产品应用场景的不同，进行深度的研究衍生。在具体的设计表达层面，园艺博览会有 1600 万株园艺植物，植物种类与类型丰富完整，在构成图案的选择上用包容度较大的背景图版来表达。花蕊的芯即象征生命力，并将长城的抽象形态融入其中，将世园会文化与国家形象融合表达，象征办会理念与宗旨"长城脚下的绿色家园"。

国家馆的概念是锦绣如意。总建筑面积 23000m^2，设计考虑与园区山水格局相协、使用最新的绿色技术、融入地域文化元素与视觉设计元素、表达园艺主题、兼顾会后利用。展览的内容分为世园会主题展，"一带一路"主题展，各个省市自治区的展馆。协同各方的讨论，考虑到会后对于展馆的再利用，整体布局为开放性的山水文化构建，在空间布局上考虑可分割的概念。在室内展览层面，融入抽象的视觉形态，增强整体的协同性、叙事性与主题描述性。

各专业之间的相互协同配合，视觉的元素更多的融入室内当中，建筑的造型意态也考虑进视觉表达中，室内的布局作为建筑设计的依据，三个专业之间协同连接，以核心价值观为传达依据，三者协同叙事。将各个无序的设计系统转化为协同有序的过程。

2.3　参展国与举办国文化表达上的协同

2.3.1　2010 上海世博会意大利馆

意大利馆的主题"人之城"旨在向各国分享意大利这座有着浓厚文化积淀的城市，千百年来在以人为本、文化、历史遗产以及与自然生态之间可持续发展上的经验。

意大利馆的建筑外部造型的设计灵感来源于中国上海的传统游戏"游戏棒",散落的不规则的游戏棒划分出纵横交错的室内空间,象征着上海的石库门文化与意大利的窄巷文脉,两者间体现有趣的相似之处。内部被有机分割为20个功能性的区块,象征着意大利城市内的20个大区,将意大利版图浓缩于空间中,通过空间交通布置互相连接。室内犹如置身于上海石库门弄堂与意大利文化广场为一体的空间。不仅如此,两国文化体现在室内外的方方面面在世博展馆的入口处西北侧展有各国文字"人类之城,畅享意大利式生活"组成的巨大中国"福"字与由安德烈亚帕拉第奥(Andrea Palladio)设计的奥利匹克剧院模型。将两国有代表性的文化作为展项,体现参展国与举办国文化表达上的协同与两国丰富的地域文化。

建筑师意图建造城市型建筑,在室内空间有像城市一般的道路体系,似意大利窄巷,随处可见的意大利传统城市的元素,在这些区块中体现了不同地区与文化的协同表达以及和谐风韵。在深层意义表达上融合了东方神韵,体现"城市,让生活更美好"的概念。[9]

2.3.2　2010 上海世博会日本馆

日本馆的设计理念通过"拯救朱鹮"的故事贯穿整体设计,朱鹮是日本国鸟,在 20 世纪 70 年代濒临灭绝,我国在 1981 年 5 月于陕西省洋县发现朱鹮种群,中日两国的科学家携手通过人工繁殖的技术拯救朱鹮,朱鹮的故事反思人类快速发展的同时对环境与生态的伤害,呼吁未来城市有序生态的发展,让城市发展与未来相互协同和谐共生,这与上海世博会的主题"城市,让生活更美好"相照应。协同中国与日本一起讲"朱鹮的故事",展现两国的合作与生态保护,日本馆的巧思展现了参展国设计展馆与概念演绎时,对于主办国文化的协同表达。[10]

这些巧思体现在方方面面,在展览的第三部分剧场空间,日本的能剧结合中国昆曲协同表达,由朱鹮的大主题串联中日友好关系的进程,连接昆剧与能剧、城市与生态、自然与人文、教育与文化等,朱鹮(点—概念与展项)通过紫蚕岛(空间—建筑内部与外部形态)展现。紫色为中日两国喜爱且有共识的颜色,在日本文化中也象征高贵。其次在展示内容上,有古代日本派遣来中国的遣唐使交流的内容,反映中日两国文化源远流长、相互交往的历史。[11]

由此，日本馆设计体现了对于参展国与主办国之间文化的理解，从多个维度将这两者协同表达，是世博场馆设计的一个经典案例。

2.4　国家形象与人类命运的协同

2017 年 10 月 18 日，习近平同志在十九大报告中提出，坚持和平发展道路，推动构建人类命运共同体。人类命运需要各国携手共创，世博会是一个增进国际交流与合作的平台，在世博盛会上各国展现国家形象，提升文化软实力，加强国际合作，对外交流等。

国家形象是所有人对某国的感知、感受和思考。国家形象是从他者的角度看本国的形象。一般来说可以通过三种角度感知，包括亲身感受、口碑传播、空间传播。

2.4.1　2010 上海世博会

国家形象是显性的概念，人类命运需要隐性的表达。

上海世博会上体现的是科技的发展和进步，生活方式与观念，形式变化与观念变化，会前，院校与企业针对世博展开的实习，会中，世博志愿者服务、诸多尖端科技以及会后世博会的相关课题，体现科技盛宴的丰硕成果和对学生及百姓的教育。教育以及科技均是面向人类未来的重要议题。世博会教育的启示，中国形象、设计学理论、设计教育的推广，让当代中国设计更掷地有声，文化更加自信。

在上海，国家形象跟上海的城市形象结合起来。我们所讲的市容市貌，常常是世博会或者世园会带来的城市新地标。从体验出发，带来美好的感受。从教育出发，凝聚焦点，启迪受众。最后从引领出发，无论是设计、科技、材料，还有布展的形式都需要传承，并推动城市发展。

世博会展馆无论是"会前"、"会中"、"会后"，作为一个文化载体，对人类的历史与未来有深刻的教育意义与极高的科技含量和前瞻性，这是世博会能够历久弥新的重要原因，它促进人类命运协同。[12]

3　世博场馆的协同设计演绎

下文围绕笔者 2020 迪拜世博项目设计实践展开。本届世博会的主题是"沟通思想，创造未来"。迪拜世博会三个分主题分别是"探索与发现"Explore & Discover、"创新与合作"Innovation & Collaboration、"机遇与未来"Opportunity & Future。中国馆位于"机遇与未来"片区。

3.1 世博主题与建筑形式之间的协同

交流带来机遇，古代丝绸之路是古代欧亚大陆交流的重要通道，在丝绸之路上，丝绸是输出量最多也是古代对外交流的重要商品。"丝"让我国与西域国家有了更深的交流了解与贸易，建筑方案的意向来源于"丝"，用"丝"串联起中迪，对应了本届世博的大主题"沟通思想，创造未来"。携手作为人类命运共同体，创造世界更好的未来。

在建筑（图2）外部表皮上，间隔排布五彩斑斓的梭子，作为"丝"的具象化体现，外部结构的细线象征丝并由梭子间隔。整个建筑结构通过景观底部圆的造型进行围合聚拢，含蓄地表达道家"天圆地方"的概念与中国的传统文化。

外部景观通过水围合而成，考虑山水同谋的效果（图3），衬托整体建筑造型，且为建筑周围降温，考虑到迪拜的气候。

3.2 专业设计之间的协同

建筑、展览、景观通过"丝"的主题及元素串联，将各个专业有效的协同。建筑分为三个主题展区与若干露台，分别是第一部分"文化交流与礼赞"、第二部分"共享共建之路"、第三部分"沙与海之歌"，在细节上，顶部考虑丝的帷幔。外部景观部分衍生建筑的概念。

3.3 参展国与举办国文化表达上的协同

建筑外部造型从中东地区的花纹中探索整合而来，并且在位置排布上进行了研究，运用数量研究法、类比法、协同法等科学方法，在四段位置上分别排列组合出这四段线的可能性，并依据每个位置上合适的科学角度以及美学定义，最后研究出适合的排列方式（图4）。

其次，在植物与花卉的选择上选用迪拜与中国共有且适宜种植在迪拜的植物，如枣椰树等。

3.4 国家形象与人类命运的协同表达

设计从案例中总结协同的经验，用科学的方法体现国家形象与人类命运共同体。建筑外部的抽象造型也象征心电图，表达激动、舒缓、快乐的心情。各个国家的人在世博盛宴上看到的、听到的、感受到的都会变成人类命运共同的心跳。谱写出世博心电图。

4 协同设计对与未来世博设计的启示

总结历届世博会的案例，不难觅出获奖展馆与热门展馆中均体现协同的理念，对未来的世博设计有积极作用。总结从历届世博会中提炼的经验如下：

4.1 世博理念与建筑形式之间的协同

①在设计过程以及设计内容进行讨论时，加入不同专业、不同身份的人，加强了不同视角下，人们对于世博设计的理解，并且为设计方案进行补充，在一定程度上，加深了人、设计与主题之间的紧密度。②建筑外部造型通过抽象或者具象的艺术处理模拟以及表现主题。③用通俗且艺术化的表达，加强受众对世博理念的感悟、体验度与可读性。④体现世博理念的细节落在建筑细节的方方面面，以小见大。

4.2 专业设计之间的协同

①在专业设计协同配合的过程中，结合主题融入对本国自身以及未来的思考。②通过一种元素或者国家馆的主题作为媒介串联起各个专业之间的联系。③结合设计以外的专业（诸如生态学、经济学、社会学）等领域的有用数据收集分析补充，尝试出适用于未来城市建设发展的新经验。④各专业设计之间协同配合、视觉元素更多的融入室内中，建筑的造型意态也考虑入视觉表达中，室内的功能性需求作为建筑的设计依据，从而体现设计专业之间协同表达。

4.3 参展国与主办国文化表达上的协同

①结合世博的主办国文化巧妙融入参展国展馆设计表达中，通过抽象的艺术

化表达或者概念呈现。②参展国与主办国的文化根基基于世博的主题来包容化的呈现。③在国家文化根源中发现两国相互契合的文化溯源作为设计依据。④国家馆形象设计中，结合参展国与主办国的文化，是国家文化交流的纽带。

4.4　世博会与人类命运的协同

①世博会要考虑世博会期间的精彩展示，同期也需考虑对会后土地利用的保护，兼容并蓄地开发新兴产业。②加强"会后"世博会的空间管理与维护，保证世博文脉的延续。③在世博会上展现国家形象，吸纳优秀海外专业人才。④作为一个文化载体，凝聚焦点，启迪受众，对人类的历史与未来有深刻的教育意义与极高的科技含量和前瞻性，这是世博会能够历久弥新的重要原因，从而促进人类命运协同。

参考文献：

[1] 孙烨 . 协同学方法论在社会科学中的定性研究分析 [J]. 自然辩证法研究，2013，29（09）: 118-124.

[2] 李楼瑞，许典雄，董新年，王忠达 . 协同学简介 [J]. 黄石高等专科学校学报，1994（01）: 38-44.

[3] N. Sanders，P.Stappers.Co-creation and the New Landscapes of Design，CoDesign，Vol.4，No.1，March，2008，pp.5-18.

[4] Marc Steen，Menno Manschot and Nicole De Koning.Benefits of Co-Design in Service Design Projects.International Journal of Design，vol 29,no. 4（2008）: 369-86.

[5] 韩巍 . 解读"种子圣殿"——上海世博会英国馆建筑设计研究 [J]. 南京艺术学院学报（美术与设计），2010（05）: 4-10+195.

[6] 2010 年上海世博会中国官方网站 http：//www.expo2010.cn.com，上海世博会英国官方网站 http：//www.ukshanghaiexpo.com.

[7] 陈蕊 . 嗡嗡而至：2015 米兰世博会英国馆 [J]. 建筑学报，2015（08）: 40-45.

[8] 蔡军 . 主题·高技·人性——2000 汉诺威世博会建筑设计特点研究 [J]. 华中建

筑，2007（10）：25-27.

[9] 意大利馆 [J]. 建筑创作，2010（Z1）：112-121.

[10] 程旭. 朱鹮的故事——日本馆空间思路 [J]. 装饰，2010（10）：19-21.

[11] 程雪松. 开放的世博展览空间设计 [J]. 公共艺术，2014（03）：42-51.

[12] 程雪松，等. 东方情韵世界表达 [J] 园林，2017（01）：68-72.

①《说文》: 说文解字，简称《说文》。作者为许慎。是中国第一部系统地分析汉字字形和考究字源的字书，也是世界上最早的字典之一。编著时首次对"六书"做出了具体的解释。

②文段整理提炼自"【学术论坛】第一届'未来畅想　沟通桥梁——世博语境下的展览创意设计'学术论坛系列活动"中清华大学美术学院千哲教授的发言。

图 1　协同学的研究方法

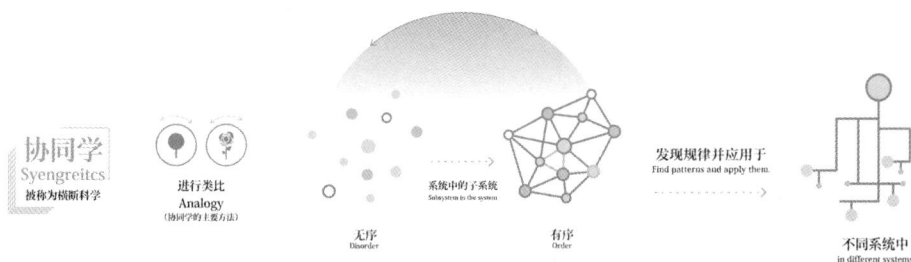

协同学 Syengreitcs 披称为横断科学　｜　进行类比 Analogy（协同学的主要方法）　｜　无序 Disorder　有序 Order　系统中的子系统 Subsystem in the system　｜　发现规律并应用于 Find patterns and apply them.　｜　不同系统中 in different systems

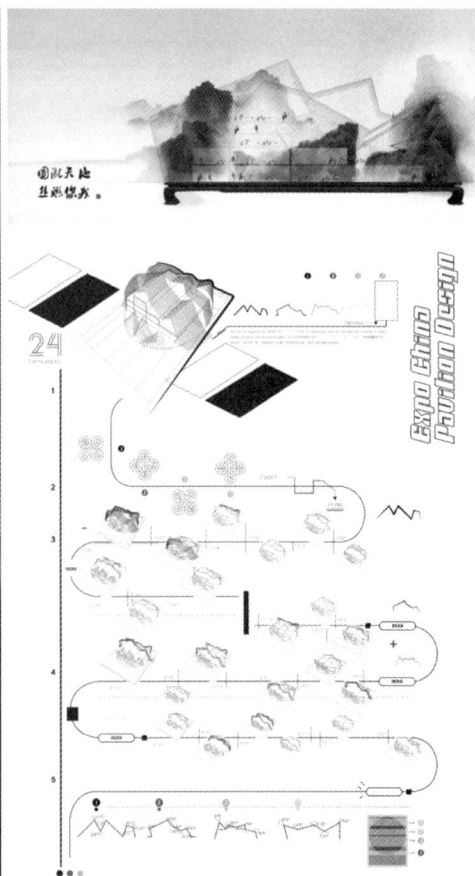

图2　中国馆概
念方案效果图

图3　建筑立面图

图4　建筑分析

从建筑创意构建看世博会的文化传播

Cultural Communication of World Expo from the Construction of Architectural Creativity

陆　唯　Lu Wei

【摘　要】 本文概述了世博会建筑历史中的文化传承以及建构变化，同时世博会展馆建筑巨大地推动了现代建筑的产生和发展。通过世博会的举办得到展示科技文化的舞台，也凝聚了当下世界艺术发展的最新动态和艺术成果，通过世博会的缩影可以对世界发展的全貌有个直观和系统的了解，并对于日本近年来世博会场馆的构建创意进行解读和欣赏。

【关键词】 世博会；建筑科技；展馆设计

回顾世博历史，世博会为人类提供了展示国家历史文化，先端科学技术的贸易舞台。于世博会上，工业革命的大量科技成果向人们提出未来的新生活方式。20 世纪前叶，世博成为以电力、交通为代表的运输系统的革命展现国家实力的政治场所。20 世纪后 50 年，计算机的普及运用以及新闻媒体的快速发展使得全世界的人们超越界限，开始追求人类共命运的主题。

关于世博会的研究与探讨，日本设计大师彦坂裕先生在上海大学举办第一届"未来畅想　沟通桥梁——世博语境下的展览创意设计"学术论坛，以世博会的规划与建设为题发表精彩演说。本文则以世博的历史演化作为视角观察，介绍历届世博会规划建设中的设计亮点，并分析与欣赏具有特色的国家展馆。

1 世博会的文化传承

科学技术作为最重要的展示内容出现在世博会的舞台，因此在世博建筑历史不断涌现新的建筑构建技术。1851 年举办的伦敦世博会中，首次创造了开放的现代空间，里面有铁框架结构和玻璃墙面和屋顶，呈现整洁透亮的新建筑美学，故称"水晶宫"（Crystal Palace），也是建筑走向工业化的标志。1851 年大英博览会过后，水晶宫很快在欧洲和美国被仿效起来。相似的结构在都柏林、纽约、慕尼黑和阿姆斯特丹的展览会上相继出现。

每届世博会上都有最新的科技成果登场，世博会加速着科技与产品的推广与更新，世博会的历史记录科技与各个生产领域的进步和发展的历史写照。19 世纪末至 20 世纪初，人类很多重大发明都出现在这段时间，如液压电梯、装配式建筑等。这些发明极大地改变了世界，是现代文明非常重要的部分。

世博会会场的选址和规划是备受关注的问题。选择在什么地区建设会场，如何规划与布局能够体现地区特色，以及如何利用当地资源以及会后会场的利用都是值得思考再三，也决定了城市发展的命运。

1970 年大阪世博会的日本场馆充分体现日本建筑界的思潮改革，设计师借鉴生物学理念以解决人口高密度问题下的城市建筑问题。

1927 年纽约世博会，在美国称之为"World field"。采用主题公园规划的风格，这也直接影响之后的迪士尼乐园以及环球影城的整体设计。在斯图加特举行的世博会是一次特殊展览，更像是现代城市里面的一个现代设计。尽管有些建筑在之后有重新修复，但外表仍然保持到现在。

世博会交通也是非常重要的考虑因素，人行道跟车道是呈分离的。整个城市规划布局以线性格局为主。

2 展馆创意设计

1889 年巴黎世博会，由相互联系的建筑综合体组成。人们已不再试图将展品放在单一的建筑中。此时出现了 19 世纪最杰出的两个建筑，一是 107m 跨度的机械馆，另一是 300m 高的埃菲尔铁塔。建造这么高的塔在埃菲尔铁塔之前还只是人们的一个设想，最难以克服的并不是技术问题，而是人们固有的审美标准。埃菲尔铁塔的成功则不仅仅是工程上和政治上的丰功伟绩，它更是戳破了大多数人的习以为常的古典审美，将机械美学植入人们心里。

巴黎景观设计以及各地建筑装饰风格的一些演变以及现代化的空间设计的完全转变，是新艺术风格的设计呈现。外观形状开始呈现出了多样化的特色，也是在 20 世纪的各个国家世博会建筑外形的演变过程，逐渐走向现代化的文化转变和设计趋势。这个是在第二次世界大战之后的建筑风格的演变，随着工业化的稳步升级，随即诞生了工业园区的概念与设计。

一方面是大胆的建筑如水晶宫、埃菲尔铁塔，另一方面是以古典主义风格粉饰的立面，如 1893 年世界芝加哥博览会。到世纪之交，特别是 1900 年的巴黎博览会，建筑处在了与工程的交界处。第二次世界大战之后，再次出现了对于新建筑形式的实验，玻璃和钢被赞誉为有价值的建筑元素并且出现了很多对新结构技术的探讨。

之后建筑师更加的关注建筑跟环境的融合，生态友好型的建筑形态的变化。场馆后多次运用球体设计，因为球体它代表全球整个地球村的概念。比如 1939 年的纽约世博会，还有罗马这个未完成的设计，还有 1967 年加拿大蒙特利尔世博会，都可以看到一些球形的设计。还有启蒙时代的到来，产生了罗马这样的一些新的建筑形态。

当代高新技术的主要表现方式有了巨大的变化。追求结构和材料的精巧成为世博会建筑技术发展的主要方向。同时人们对于建筑技术美的欣赏逐渐由恢宏向精细巧妙转变。反映的是现代人对于物质条件的满足，从而追求精神文化生活的质量。

当代世博会建筑技术表现的这种精密轻巧有三重含意：轻质、轻灵和轻便。这三点贯穿于当代世博会建筑设计的技术表现倾向。"轻质"指的是建筑结构本身重量的缩减，这种缩减或通过一种技术的改变，或通过结构形式的革新，达到一种真正的轻型结构；"轻灵"指视觉上的，像卡拉特拉瓦有很多作品都是以体现这种轻灵为目标，甚至以一种运动的方式来表达这种轻灵的感觉；而"轻便"则指建筑结构的可变性以及拆卸、运输的方便等特点。

3 浅析日本展馆设计

彦坂裕参与设计的长久手日本馆以可持续发展作为主要基调，建筑表层都是由竹子所覆盖的，像蚕茧一般的竹编笼子。日本馆的设计独具匠心，运用环保材料的本身特质来演绎世博会的主题——"自然的睿智"。建筑南面使用的是生物智能，植有横向的植物苗床，具有较好的隔热降温效果。图中可以看到球体建筑的设计，将场馆比喻成地球表面的大气层。球形的播放厅、演播厅，直径小于13m，就是地球真实直径的1300百万分之一。

日本爱知世博会将"竹"艺术内涵，诗意展现在参与者面前，让人们对传统材料有着新的具有现代意义的认识，深刻感受只有了解自然、尊重自然，人类社会能够实现可持续发展的"自然的睿智"爱知世博主题内涵。

所熟知的上海世博会日本馆，是用紫蚕作为设计元素的成功建筑案例。从俯瞰的成形图可以看到建筑表层有三个凹洞，及突出的几个形状，设计师用膜作为建材的设计结构，然后它可以吸收外界的一个阳光，然后内部有良好的通风，有一个自循环的空气系统，能够减少建筑对环境的影响。日本馆的参展主题为"心之和·技之和"，继承了2005年爱知世博会"与自然共生"的理念。通过"过去""现在""未来"三个展区向世界展示了一个真实的日本和可持续发展的21世纪新型城市的生活形态。

日本馆的展厅活动为整个建筑发挥了重要作用，"联结的惊喜"由中日两国的文化交流作为切入，"从知识的联结到心灵的联结"通过各种技术手段探讨地球目前所面临的问题，使得参与者在体验同时感受到"心之和·技之和"的内在本质。场馆以日本传统特色与现代化风格融合，通过各种感官技术手段体验到日本馆的信息和魅力。

米兰世博会日本馆以三维木质网格构建，第一次同时使用了传统木框架建造技术和"压缩应变"的现代分析与应用技术。三维木质网格也代表着日本多样性的源泉——四季、自然、生态系统和食物。这种建筑模式的运用糅合了日本传统的建筑以及精神文化内涵，与之和先进的技术相结合，能够突出表现日本馆构建新型人与自然和谐共处的文化理念。

以"滋养地球，生命能量"作为大主题核心方向，本次日本国家馆以"共存的多样性"的理念诠释了东方健康的生活方式与理念，运用的数字媒体技术向参与者呈现了美轮美奂的艺术成像效果，起到良好的互动效果。

历来的世博会有很多的展馆在其建筑形式上对后来的建筑规划和设计有着深远的影响。新的建筑理念和展馆设计需要与时俱进，许多展馆从不同角度去诠释21 世纪人类文明主题，从形式到内容都努力去引导参观者反思，这也将成为之后世博会场馆发展的主要方向。

参考文献：

[1] [日] 新建筑 .2004（9 ~ 12），2005（5）.

[2] [日] 日经 architecture.2004（12-13）: 785，2005（3-21）.

[3] 郑时龄，陈易编 . 世博与建筑 [M]. 上海：东方出版中心，2009.

[4] 吴农，李成，吴蔚 .2005 年日本爱知世界博览会的规划和展馆建筑 [J]. 世界建筑，2005.

[5] 范路 . 世博建筑的创意建构设计：一次概览 . 世界建筑 [J].2015.12.

[6] 孙永健, 陆金生 . 日本爱知世博会"竹"的艺术 [J]. 上海工艺美术,2009（3）.

三、世博会与展览展示

Expo & Exhibition

展览：连接国家形象和个体认同的桥梁
——以 2017 阿斯塔纳世博会为例

Exhibition:The Bridge of National Image and Individual Identity ——Take Astana Expo as an Example

程雪松　Cheng Xuesong

关雅颂　Guan Yasong

【摘　要】　如今世博会的展览不仅承担着阐释主题的功能，更扮演着国家身份与个体认同之间桥梁的角色，在国家和百姓之间传递着对于主题演绎的体认信息，从而塑造共同的愿景和目标，弥合认知的分歧和鸿沟。本文以 2017 阿斯塔纳世博会为例，总结了中国馆设计和建设近年来取得的进步和存在的问题，通过与其他国家场馆的对比分析，审视自身的形象和存在的问题，并对未来世博展览的发展方向提出展望和期许。

【关键词】　世博会；展览；国家形象；个体认同；桥梁；阿斯塔纳

1　引言

自 1851 年以来，世界博览会已经走过 160 多年历程。走到今天，世博会逐渐发展出"一座展馆、一场论坛、一台演出、一次展览"[①]的独特艺术语言。它覆盖了建筑环境艺术、舞台表演艺术、媒体视觉艺术、产品造型艺术等多个层面，成为世界范围内科技、艺术、经济交流沟通的最大舞台和最强 IP（Intellectual Property）。由于世博会是以国家身份参加，所以各参展国都力图通过展览语言构建自身的国家形象。而参观者是以世博会举办地地缘为纽带的各国公民，他们对于本国形象以及他国形象都有自己内心的认同或者不认同。尤其是世博会进入主题演绎阶段以来，展览对于世博会主题的响应和演绎，必须接受国际展览局（BIE）和主办国的判断和裁量，展览形式对于国家形象的再现，必须接受参展国和参观者的审视和质疑。因此，展览的演绎和设计就成为世博主题、国家形象和个体认同之间联系的纽带；主题化的展览，也自然成为国家形象和个体认同之间连接的桥梁。

2 阿斯塔纳世博会

2017 年是世博年，世博会于 6 月 10 日～9 月 10 日期间在哈萨克斯坦（Kazakhstan）首都阿斯塔纳（Astana）举行。本届世博会主题为"未来能源"（Future Energy），虽然是认可类的专业性世博会，规模和影响比不上注册类的综合性世博会，但是本届世博会在"一带一路"的重要节点国家哈萨克斯坦举办，也是中亚国家首次举办世博会，有 100 多个国家和国际组织参展，共同探讨人类发展的未来能源主题，因此受到各国政治家、学者、设计师和世博爱好者的关注。哈萨克斯坦近年来在冬奥会和世博会等重大节事活动舞台上的频频出手和积极表现，也表达了中亚国家在全球话语中建构自身形象的努力。

作为世博会关注者和研究者，笔者于 2017 年 8 月底参观了阿斯塔纳世博会，并且连续几天考察了世博园（图 1），基本上比较完整地观看了中国馆和其他各国场馆的展览，也从中获得了一些启发和思考。

本届世博会展馆建筑由主办国统一建设，各参展国仅仅是在选定的建筑空间内部进行展陈搭建，因此国家形象的呈现只能靠建筑外立面的平面装饰和内部的

---

① 世博研究学者俞力语。

展览内容，配合各具风情的表演，但是无法通过独特的建筑语言招徕参观者。这也让展览表达变得更加重要。2015 米兰世博会总体规划团队的主导者之一赫尔佐格（Jacques Herzog）认为，世博会并非建筑的争奇斗艳，参观者更应当关注内部的展陈[1]。可是他的这一想法并未得到主办方和许多第三世界国家的支持，他也未能实施完成园区规划而早早离开了这所谓的世界"名利场"。现在看来，外表视觉的吸引，和演绎内容的打动，在很多情况下是一组悖论。因为投入的资金有限，顾此往往失彼。或许 2017 阿斯塔纳世博会的规划设计，正是对这一悖论的解读和阐释。没有了建筑表现的压力，各国展馆也就能够心平气和地着力于展馆内部，力图构建清晰连贯的展线、丰富多变的展览空间、精致趣味的展项，以及创意无限的影片视频，从而讲好各国的"能源"故事。

3　中国馆

首先是中国馆。中国馆位于主入口进园右手，展区面积约 1000m²，展览主题是"未来能源，绿色丝路"，是世博园中第一个完成施工搭建、第一个启动试运营的场馆。园区主通道一侧的三辆江淮牌新能源汽车指引着中国馆的方向。中国馆整个展示脉络沿着"过去、现在、未来"的时间线索展开。具体展览结构分为五段，分别是序厅、"能源走廊"、"智慧能源的一天"、"未来能源梦剧场"（图2）和"全球使命与伙伴"五个展区。第一段序厅以在 14m² 的 P2.5 超大高清屏幕上播放视频《大道之行》的形式展现了中国在新能源的研究应用、物质资源可持续利用方面的成果以及神州大地壮美的风光；第二段"能源走廊"中的"郑和下西洋宝船模型"展项体现了我国古代对风能的利用，也对"海上丝绸之路"的历史进行了展示；第三段展现了以高铁为代表的能源科技应用成果，其中"高铁虚拟驾驶"展项让参观者体验模拟驾驶高铁从西安到阿斯塔纳的过程，受到各国参观者的热烈追捧。高铁以 350km/h 速度从西安站出发，途径甘肃、新疆、阿拉山口，最终抵达阿斯塔纳世博园区，体验者可以欣赏沿途的中哈美丽风光和相关能源项目；第四段是中国馆和中影集团合作拍摄的影片"追日"，以主人公在太阳神鸟的帮助下穿越古今、寻找能源、拯救母亲的故事，串联起中国在过去、现在和未来对能源利用的观念与实践，影片在 140m² 超大环幕上放映，采用自主知识产权的"中国多维声"环音系统，每天可以放映 50 多场；最后是以可控核聚变前沿——"人造小太阳"（图 3）为代表的企业、机构展区，展现了能源企业在新能源寻找、使用方面的探索和成果，为观众了解未来能源、展望未来生活提供了参考。

整体而言，中国近年来在科学技术、城市建设、产品制造等领域的成绩有目共睹，无论是大国重器，还是小镇电商，可供展示的成果可圈可点。中国馆受到了哈萨克斯坦当地民众的欢迎，门口的人流排队等候时间长期保持在半小时左右（作为整个展期参观总人数在 500 万以下的小世博，以及人口不超过 100 万的阿斯塔纳，这已经算较长等候时间了），中国馆的展览最终也收获了大体量 A 类展馆主题演绎银奖，这是继韩国丽水世博会、意大利米兰世博会之后中国馆设计获得的新的佳绩。它代表了中国馆从资金投入、科技支撑和办展理念方面，都在逐步接近或达到世界展馆的较高水平。代表中国政府负责世博事务的中国贸促会官员认为，尽管我国综合性世博会的场馆建设投入跟发达国家还有明显差距，但是目前在专业小世博的参展投入上已经接近发达国家水平。本届世博会中国馆展览的成功之处在于：主题演绎的理念和整体展览线索比较明确，整体设计比较恢弘大气，"高铁驾驶"、"追日神话"和"人造小太阳"等展项让高大上的理念得以落地，算是有看点和抓手；另外，中国馆的活动也比较丰富多彩，比如各个省区市的主题日和主题周活动，把品牌推广、娱乐展演和节庆纪念有机地结合在一起，营造出比较好的观展氛围。最重要的是，除了影片以外，展览内容没有像历届世博会中国馆一样，过多表现传统中国的形式元素，这也表明中国开放办博、包容办博的意识愈加增强，道路自信、文化自信的心态也在逐步成型。本届世博会组委会国际参展部部长伊利亚·乌拉扎科夫评价中国馆："非常准确地把握了本届世博会主题，生动演绎了主题，是本届世博会的最大亮点。"[2] 尽管好评不少，但是从专业角度来看，中国馆的展览也并非毫无瑕疵。比如主题影片以理念演绎为主，以神话故事带入，应该说有较大的发挥余地和想象空间，但是从现场情况来看，影片的制作水平和画面质量都难说上乘，讲故事的方式还略显生硬；最后的企业展厅由相关企业各自提供代表性展项，除了小太阳展项制作比较细腻，且有专业科技人员进行讲解，演绎出了亮点和特色，其他大部分展项都由于整体缺乏统筹和规划，在展厅里仿佛各说各话，显得不够统一。

因此，总体而言，后世博以来的世博会中国馆正在逐步显现其自身的叙事特征，从而浮显身后的国家形象。首先，作为以国家身份参展的世博会中国馆，目前已经不再仅仅局限于传统的回望，沉迷于过去的辉煌，能够围绕世博主题以更磅礴的气度从"人类命运共同体"角度积极探讨和人类命运有关的问题，这更加符合世博会面向未来的定位；其次，中国馆讲故事的过程和方式有别于西方国家（比如英国馆）以点入手、以小见大的方式，更强调整体、宏观、系统叙事的全面性和逻辑性，而其中不乏中国故事和中国答案的特色和亮点，这也凸显出东方儒家思维严谨温和、娓娓道来的叙事结构特征，彰显大国语言风格；再次，中国馆展览的话语已经不再满足于简单浅表的空泛讨论，更强调务实落地的解决方案，这也显示出以问题为导向的现阶段国家发展的理性思维和现实态度。但是，不可否认的是，中国馆在与世界发达国家同台表演的局面下，仍然存在制作工艺和细节不够精良、讲故事的方式比较单一、影片和视觉表达重技轻艺的问题，仍然亟待在未来得到改善和提升。

4 其他国家馆

与中国馆相比，其他有不少国家馆的展览设计则不守陈规，不落俗套，不断创新，显得生机勃勃，对我们自己的场馆设计具有较好的借鉴作用。从形式语言和表意载体而言，笔者认为场馆扣动人心的类型有四种，有的场馆以影片和表演打动人，比如韩国馆、以色列馆和美国馆；有的场馆以空间和场景感动人，比如英国馆、瑞士馆、芬兰馆和新加坡馆；有的场馆以视觉和图像来吸引人，比如意大利馆和法国馆；还有的场馆以理念和演绎来影响人，比如德国馆和奥地利馆。以下从这几个方面分别加以阐述。

4.1 影片和表演

韩国馆有两部影片，一部是韩国国宝级速写大师金政基的线描视频，另一部是把卡通画面和真人表演结合在一起的多媒体故事，讲述了一个飞行员寻找能量、重新启动飞机的经历，卡通画面和真人表演衔接的自如流畅，让人感到亦真亦幻，在不同时空中穿越。表演舞台也充分借助影像、投影、灯光、气雾等多种表现手法，有力地支撑了舞台表演和故事情节的发展，略显遗憾的是故事耗时较长，约12分钟，这就对观众的耐性提出了考验。经验表明，在封闭拥挤的世博场馆里，影片的最佳时长一般不超过8分钟，这样观众能够比较沉浸式地感受影片的魅力并思考其传递的价值；美国馆则以充满活力的舞蹈，在三块大屏幕上展现了能量来自于每个人的理念，其中的舞蹈动作与视频巧妙协同、舞姿在不同屏幕上自由流转、画面和音乐节拍精准切换，让整个影片节奏如同行云流水，男女舞蹈演员的表演活力四射（图4）；以色列馆则以一名舞女在半透明的玻璃屏幕后面表演当地特色的曼妙舞蹈来展现生命的能量，屏幕上面的音乐节奏和画面与女舞者的姿态动作相互融合，让人感受到科技与人文辉映之美（图5）。

以上三个馆的影片和表演，不仅巧妙运用了新颖的屏幕媒介来叙事，而且注入了鲜活的"人"的要素，人的介入让影像变得生动，并使展览不囿于技术表现的窠臼，能够散发出人性的光辉。这在过去以"技术至上"为目标的世博会发展脉络中，传达出另一种不同的展览态度。潜台词是：人是科技的主体，而非技术的附庸和奴隶。未来能源的寻求和探究，只有在作为主体的人的主导和参与下，才能确保正确的方向。而且屏幕和真人的穿越互换，带来一种真实和虚拟的互动。这也展现出美国、韩国和以色列等高新科技立国的国家形象：在网络海洋中自由冲浪，在技术世界里释放人的潜能。

4.2 空间和场景

英国建筑师阿斯夫（Asif Khan）设计的英国馆重点展现了曼彻斯特大学科学家研发的石墨烯材料的独特性能和对未来能源格局不可估量的价值，其中采用透明有机玻璃肋围合空间，形成抽象的哈萨克毡房造型，空间周围是4万像素点的高清流动数字宇宙（图6），当人手指触摸玻璃肋时，就会产生奇妙的亮化效果，形成声音和光线交织的多媒体装置空间，布莱恩（Brian Eno）则设计了英国馆空灵悠远的音乐，与空间营造相得益彰。2010上海世博会以来，无论是托马斯（Thomas Heatherwick）的"蒲公英礼物"，还是米兰世博会上诺丁汉艺术家沃尔夫冈（Wolfgang Buttress）的"蜂巢"，几届英国馆都独具创意，师法自然，而且几乎没有陈迹可寻，完全是用创意形式和演绎故事打动人；新加坡馆是以一个抬高的空中花园来展现新加坡的绿色能源理念，展线起伏迂回，创造出宛若园林般的空间体验；瑞士和芬兰馆都是以逻辑清晰、序列明确的纯净空间来进行展示，瑞士馆的展览空间形式是白色小屋，芬兰馆的展览空间形式是白色冰山，造型和色彩都很单纯，让参观者容易聚焦于展览内容本身。这几个场馆都是用比较纯粹干净的造型语言和色彩材质来营造空间氛围，从而让观众比较容易接收到展览传达的信息。当然，形式语言的精纯并非"少就是多"，它更像一棵向光生长的"望天树"，没有芜杂的旁枝侧干，只有追逐阳光的初心和毫无旁骛的前行。

空间是展览传达语意的重要载体，也是最为经典的容纳展项的容器。随着屏幕时代和人工智能社会的到来，传统的固态展览空间正在变得更加场景化和交互化。从以上几个馆的展览来看，传统的展览空间仍然存在，而且更加简洁干净，而现代媒体语言和新材料造型语言的介入则使得展览空间变得更加柔软和智慧，触碰人心。这些展览空间语言一方面使得展陈内容更加凸显，也更具时代特色，另一方面也传达出参展国在文化和科技方面的意志和诉求。这正是当代社会转型和发展的方向。

4.3 理念和演绎

德国馆和奥地利馆的表现形式不同，但是互动性都比较强，让人感觉殊途同归。德国馆的主题词是"你的能量可以改变世界"，每个观众进馆时可以领取一块刻有"+""-"极的塑料板能量棒，这也让我想起上届米兰世博会德国馆里的光电阅读纸，同样是促进参与和互动的信息科技载体。这根能量棒可以插入所有展项的凹槽，获取风能、水能、核能等能源相关信息，参观者可以一边学习一边回答问题，最后当所有能量棒汇总并分别嵌入一个超大桌面边缘的凹槽时，桌面展台上就会出现大约4分钟的光线汇聚、流动、迸发、跳跃的视频画面，如同浪潮翻滚，又像星云激荡，忽若高山流水，恍如山花烂漫，抽象的画面给人千百种难以言说却又生动具体的感受，令人叫绝（图7）。我甚至猜测，李白诗句中的"云青青兮欲雨，水澹澹兮生烟"，或者"霓为衣兮风为马，云之君兮纷纷而来下"[1]的超凡想象估计也不过如此。最终能量的汇聚点明主题，画面黯淡下来，让人似乎怅然若失，却又意犹未尽；奥地利馆则创造了一个乐园，由包括自行车、风车、

---

[1] 唐·李白《梦游天姥吟留别》诗句

水车等在内的各种类型力学装置组成，大人、孩子可以在其中运动、嬉戏，肢体活动发力的同时创造出改变物体运动和位置的能量，诠释出"未来能量就是你我"的主题。相比之下，奥地利馆的演绎表达更加轻松随意，让参观者在游戏中领略能源的真意。德国馆的媒体艺术则更加细腻严谨，艺术的形式感和演绎的主题性、思想性有更好的融合。

德国是展览大国，从世界展览中心2000年汉诺威（Hannover）世博会的成功，到历届世博会德国馆引领世界展览潮流的恢弘表演，无一不体现出德国强大的制造业根基和多彩的展览文化语言。值得强调的是，以德国馆为代表的欧洲国家场馆特别关注以"技术触动人心"的演绎路径，善于把深刻的哲学思考以普通人容易直接感知的简单方式进行演绎，而这一切举重若轻的展示语言背后是强有力的工业4.0基础和技术支持，这也是中国在未来展览中需要补足的短板和不断努力的方向。

4.4 视觉和图像

法国馆和意大利馆的特点是展线较长，展项扎实，视觉传达时尚而优雅。法国馆温暖的、高感应性混凝土材料未来将成为智慧城市的重要介质载体，如同2010上海世博会法国馆"感性城市"的延续，展览的质感让人印象深刻；意大利馆的新能源形式、古罗马建筑和自然生物嫁接出来的视频画面触及到人、自然、人文的价值内核（图8），视觉艺术底蕴让人倾倒。这两个馆都展现了欧洲设计强国在展览文化方面的深厚积淀，它们不追求十分炫酷的媒介技巧，而倾向于展现可视、可触、可听、可感、可知的空间元素，使参观者的体验不仅仅停留在视觉上，更多的体验来自于触觉和听觉。通过打动人的感官，来留驻人心。

另外举办国哈萨克斯坦国家馆和主题馆合建，体量最大，展项最多，参观人数也是最多。虽然在展览内容和形式上让人感觉有些大而全，但是也有颇多亮点。比如具有未来感的观光电梯空间，8楼顶层让人胆寒战栗的透明天桥，入口处互动性的竖琴弦乐，都体现出展览创意中以人的体验为核心的意图和理念，在技术上也具有较好的完成度，面对川流不息的参观人潮，各个展项始终能够保持较高的使用效率。作为主办国，哈萨克斯坦在本届世博会中雄心勃勃，一方面向西方学习最新的技术手段和设计语言，另一方面不放弃巩固自身形象的努力。比如世博园规划图案感、向心感强烈的形式，主题馆高耸而圆满的建筑轮廓，内部展陈中与哈萨克历史文化紧密关联的相关展项，都是哈萨克斯坦讲述自己国家故事的依托，甚至整个阿斯塔纳新城的地标建筑——如福斯特（Foster + Partners）设计的商业综合体"可汗帐篷"（图9）、国家图书馆等——都显示出它在浪奔潮涌的现代世界演绎自身角色、建构自身形象的尝试和努力。

5 结语

世博会已经于2017年9月10日闭幕，它美轮美奂的展览和丰富多彩的活动必将给世界、给阿斯塔纳留下难以磨灭的印象（图10）。我们在阿斯塔纳世博会参观时偶遇一位香港游客，她告诉我已经参观了很多届世博会，从爱知（Achi），到上海。从米兰（Milan），到阿斯塔纳。她很享受世博会带来的新鲜感和汲取知识的获得感。她的体验也让我们感受到世博会的深刻影响和巨大能量。尽管有一些人对世博会未来走向并不乐观，世博会如今的发展也和商品交易、科技交流的初始目标渐行渐远，但是以主题演绎为导向的当代世博会正在给世博会未来发展带来新的契机，注入新的能量。越来越多以国家身份参展、倾国家实力策展、布展的发展中国家的踊跃加入也在开启世博会新的生命力，哈萨克斯坦便通过世博会融入世界发展的滚滚洪流，从世博会中汲取推动自身实现宏愿的力量。首都博物馆前馆长韩永认为博物馆的展览"把不同时空的遭遇、感受准确、生动的传递给现代人，成为过去和现代的桥梁，成为社会中不同人之间的桥梁"[3]。应该看到，今天世博会的展览不仅承担着阐释主题的功能，更扮演着国家身份与个体认同之间桥梁的角色，在国家和百姓之间传递着对于主题演绎的体认信息。世博展览启迪着人的认知（传递信息），化育着人的心灵（促进审美），拓展着人的视野（连接国民）。连一直唱衰世博的美国近期都开始积极筹备申办2023年明尼阿波利斯（Minneapolis）世博会，希望借助世博平台重振当地的旅游业。这一信号也表明欧美国家创立并单向主导的世博游戏模式正在发生转型，变得更加丰富多元，走向强调互动和协同的新局面。国际展览局在巴黎以外千里之遥的上海建设永久性世博会博物馆便是有力的实证。据说国际园艺生产者协会（AIPH）也有意把世园会品牌分享给更加积极、市场也更大的中国，这样世博（Expo）平台才能发挥吸引力和凝聚力，才能开启问题探讨的全人类视角。2020 年迪拜世博会以"联接心灵、创造未来"（Connecting Minds, Creating Future）为主题，正是这一背景的鲜明注脚，对于未来的世博展览演绎，我们拭目以待。

参考文献：

[1] 弗洛里·黑尔梅尔（Florian Heilmeyer）. 名利场之终结：赫尔佐格谈 2015 世博会总体规划 [J/OL]. 地产设计网 .[2015-07-22] .http://www.dcsjw.com/html/27/201507/1275.html.

[2] 姚瑞 . 抓准核心厘清主线把握脉络——2017 阿斯塔纳世博会中国馆现别样风采 [N]. 中国贸易报 .[2017-07-18](05).

[3] 徐欧露 . 问诊博物馆展览"症结"[J]. 瞭望 .2017(37).

| 图 1　阿斯塔纳世博会规划总图 | 图 2　阿斯塔纳世博会中国馆里的"梦剧场" | 图 3　阿斯塔纳世博会中国馆里的"人造小太阳" |

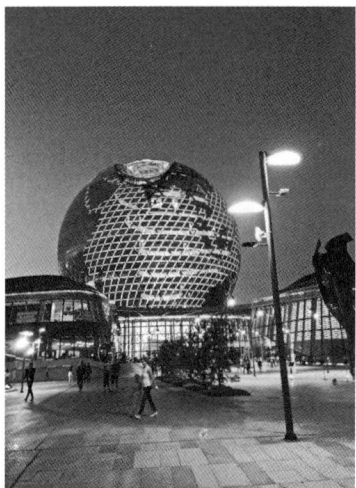

图 4 阿斯塔纳世博会美国馆里的多媒体展项	图 5 阿斯塔纳世博会以色列馆里的多媒体展项	图 6 阿斯塔纳世博会英国馆里的展览场景
图 7 阿斯塔纳世博会德国馆里的多媒体展项	图 8 阿斯塔纳世博会意大利馆的视频画面	图 9 阿斯塔纳商业综合体: 可汗帐篷
图 10 阿斯塔纳世博会主题馆的建筑造型		

传统文化在世博会中国馆中的时尚表达

Fashion Expression of Traditional Culture in World Expo China Pavilion

张子君　Zhang Zijun

【摘　要】　传统文化是中国文化的重要组成部分。对比我国参与的历届世博会，可见传统文化元素在展览中广泛运用，且具备强烈的感染力和对外传播精神。随着新媒体的发展，传统文化元素的表达形式更加趣味化，更通俗易懂，拉近了异质文化圈与中国传统文化的距离。本文以新媒体技术的综合运用为出发点，来探讨如何将世博中国馆中的"中国元素"进行国际化的时尚表达。

【关键词】　中国元素；弱化传统元素；新媒体技术的运用；国际化表达

国家主席习近平于 2018 年 6 月 7 ~ 10 日应邀对哈萨克斯坦进行国事访问并出席上海合作组织成员国元首理事会第十七次会议和阿斯塔纳专项世博会开幕式。此次访问贯穿和平合作、开放包容、互学互鉴、互利共赢的丝路精神，为"一带一路"建设增添强劲动力，为周边命运共同体拉紧牢固纽带，为本地区和平繁荣开辟广阔前景。本文拟结合近期刚开办的阿斯塔纳专项世博会中中国馆对于"一带一路"精神及政策性举措的展示模块，并分析历届世博会中典型性中国馆的展览设计，同时对我国传统文化元素如何与当下新型的展览方式相结合提出富有前瞻性的国际化表达。并就如何打破惯用的传统表现手法，将"中国元素"简单化、国际化提出意见。

1 世界博览会中国馆展览分析

1.1 2010 年上海世博会中国馆展览分析

上海世博会的中国馆为主办国的场馆，历年来都是世博会期间的亮点。整个中国馆以"东方之冠、世界舞台、天下粮仓、富庶百姓、传承开创、鼎盛中华"为理念。国家馆的"斗冠"造型是以"东方之冠"为构思主题，总体表达出了中国文化的精神与气质。

中国馆的场馆展区分为三个展区。第一展区为探寻"东方足迹"、第二展区为展开"寻觅之旅"、第三展区为聚集"低碳行动"。

第一展区内展示了中国如秦俑馆铜车、清明上河图、中国四大发明等优秀传统文化。第二展区采用轨道游览车，以古今对话的方式让参观者在最短的时间内领略中国城市营建规划的智慧。第三展区则是对未来 20 年的展望让观众可以尽情的在展区内畅想未来城市生活。

通过展馆展陈发现我们现在的展陈设计大多是运用了传统的展示手法，如采用图幅说明、物品陈列、导游解说的常规形式展示和陈列展品。展出的展品多而广、含义深且不易懂。这种屡见不鲜的展陈手段略显守旧。笔者没有从中国馆的展陈设计中感受到"参观世博"到"体验世博"的体验感受，新媒体技术的互动体验在中国馆中寥寥可数。这与中国一直推崇的"大国设计"相差较远。

1.2 2015 年米兰世博会中国馆展览分析

2015 年米兰世博会的主题为"滋养地球，生命的能源"，是 2010 年上海世博会后最新的一届注册类世博会。中国馆的主题为"希望的田野，生命的源泉"。这是中国第一次以独立自建馆的形式参加在海外的世博会。米兰中国馆的建筑设计理念紧扣中国传统建筑结构和形态，建筑整体设计为传统抬梁式木构架，有着浓郁的中国情结，向世人展现了中国磅礴的气势。

米兰世博会中国馆的内部展览空间结合了整体的建筑形态。分为了"序、天、地、人、和"五个部分。"序"为观众等候区。"天"展区将我国的二十四节气以及我国对自然崇敬与尊重的态度通过声音传播展现给观众。"人"展区展现了我国百姓在农业与食品方面呈现出的智慧成果，从古至今循序渐进地向观众展示。"地"展区以"希望的田野"为主题采用多媒体的艺术形式并通过 LED 动态影像来展示我国满山红叶五谷丰登的景象。"和"展区则以影像厅的方式将一部描述中国人在发展农业、收获粮食以及思索如何推动可持续发展的八分钟影片呈现。

与 2010 年上海世博会中国馆相比较，将展区按照序列式的展示空间进行陈列设计，使得整个展区前后序列分明，有较强的逻辑层次感。

另外一点从米兰世博会中国馆可以很明显的看到我国正试图去主动拥抱意大利文化，并与意方携手举办了"威尼斯水馆 - 丝绸之路馆"，不断动态地将中华文化通过与意大利文化的交融，而得到了"在地化"呈现。另外我们可以发现，整个展馆内见不到我们所熟悉的中国红、中国结等具象的中国元素，取而代之的是弱化的中国符号。通过新媒体技术与互动装置与中国传统文化中深层次的"哲学思辨"相结合。做到"符号思维"向"哲学思维"的转化。但我们所简化后的"天、地、人、和"展览内容依旧晦涩艰深，如教科书般的中国传统元素不能直接地被世人理解。

1.3 2017 年哈萨克斯坦世博会中国馆展览分析

哈萨克斯坦阿斯塔纳世博会的主题为"未来能源"，中国馆以"未来能源、绿色丝路"为本次主题，着重展示传统能源转型、新能源开发、绿色环保和可持续发展等方面的新理念和新成果。

此次展示陈列一"过去、现在、未来"为展示主线，运用通俗易懂、符合国际化语境的方式，将中国馆的展示方案依次分为"序厅""能源走廊""智慧能源的一天""未来能源梦剧场""全球使命与伙伴"等五大展区。

序厅以播放中国馆宣传片开篇引导；能源走廊展区代表"过去"，以实体模型和数字媒体影像展示中国在能源领域发展过程中的代表性成果；智慧能源展区的一天展区代表"现在"，采用全沉浸式互动、实体造型、影像互动、实物装置、机械沙盘以及虚拟现实互动等展出形式让观众直观体验风、光、核、水四种能源的生产过程；未来能源梦剧场展区代表"未来"，也是中国馆的核心亮点，在这个区域内播放中国馆主题影片来诠释我国对未来能源的探索与实践；最后一个展区是以实物模型的方式来展示我国与其他国家能源技术的合作成果。

从此次的展览陈列方式与米兰世博会中国馆相比的基础上又进了一步，鲜少能看到标志性的"中国元素"，大部分都将中国元素融入展品中并通过新媒体技术展现出来。并且观展顺序不再是由"天、地、人、和"这样哲学性文字来表述，而是以时间轴的方式来表达，更利于国际化语言理解。与2010年上海世博会、2015年米兰世博会的中国馆相比较，可以看出此次新媒体技术的运用数量与往届相比达到了新的高度。笔者认为这样的进步对于我国来说是不可忽视的，但就有关于新媒体技术的如何更好的运用还有待学习与借鉴。

2　世博会展览设计的平衡化传播

2.1　展示新媒介新技术引用

20世纪90年代中期，互联网开始登上历史舞台，科技对艺术的推动作用显得更加迅猛，数字技术和现代媒体的发展为艺术提供了广阔的表现空间。新兴的数字媒体艺术的注入让愈来愈多的人们开始关注这一个话题。且新媒体技术的融入让展示设计从观念到形式都发生了巨大的转变，让观展变得更加直观并赋有时代气息。

展示设计中数字媒体技术在现阶段已经进入了深入发展时期，以前在展示设计中担任文字介绍的传统文字示牌已经落伍。2000年汉诺威世博会上中国馆就采用了全方位环幕电影。北京奥运会、上海世博会等大型科教文娱活动都体现了新媒体技术近十年在我国发展的迅猛态势，我们需要同别国先进的数字媒体技术学习，将这样一个良好的发展趋势维持下去。

2.2　传统文化符号的继承与发展

2.2.1　中国元素的国际化表达与转变

"中国元素"的提出由来已久，在2008年北京奥运会中就将中国元素广泛传播，2010年上海世博会我国为主办方，我国想要通过这次科学文化上的"奥林匹克"盛会，再次全力地将"中国元素"广泛的推广出去。

但是其实真正走红是在近些年,就如现世界各大牌的服装设计都在尝试将"青花瓷"图案、旗袍款式、传统纹案等赋有"中国元素"的元素赋予衣服新的生命；在国际影视作品中，中国功夫、中国语言、中国音乐也添加得越来越多；中国的古建筑文化、古戏曲戏剧演绎、独有的美食文化都无一不彰显着中国元素带来的国际化认可及国际化表达方式。我国是四大文明古国之一，有着丰富的历史文化，不论是从衣食住行，还是从经济、政治、文化等方面谈起，"中国元素"都可谓是数不胜数。

在 2010 年上海世博会中，中国元素的传播达到了新的高度，在各个领域应用与追捧。但随着中国元素的研究与分析，如今的中国元素多体现在广告设计中，只有一小部分涉及跨文化传播。可以看出我们需要将属于我们自己的传统元素经过一系列载体转换成国际上能够认可的，却又独属于中国的事或物，不能仅仅直观地、刻板地将传统元素表达出来，教科书般的说教更不能让外国观众接受。

但是我们若不将这些"中国元素"进行提炼简化便会带来对展品理解上的问题。而 2010 年上海世博会中国馆的展览中"中国元素"的呈现正是出现了让参观者有硬性的堆积感与参差的平铺感这样的问题，而这样的问题带来的不仅达不到想要的传播力度，还会造成因记不住、难理解而造成的地狭人稠的问题。

那我们不禁反思，为什么中国元素可以很好的被别国所用。GUCCI2017 春夏女装秀中展出的包包巧妙搭配了中国原色，除了龙图腾等中国图腾刺绣之外，印花图案也有了旗袍般的质感。近些年来呈现中国元素的单品还有很多，如牛皮公文包、手工刺绣、真丝衬衣均为 Louis Vuitton；织锦乐福鞋 Bing Xu；麻将 Prada；手工题字蜡烛、茶杯均为 The Shop；拖鞋 Marc Jacobs。耳熟能详的美国迪士尼出品《花木兰》也同样改编自中国民间乐府诗《木兰辞》。

2.2.2 中国元素的弱化与新媒体技术的结合

这样的现状不禁让笔者分析与反思，我们一直引以为豪的中国元素却被他国巧妙的运用，我们却停滞于单一的传播手段与途径。

总结出我们的展示方法与内容需要结合现代新媒体技术与中国元素的提取简化，提炼后的中国元素加之新媒体互动展示技术会将中国元素的传播广度与展览设计能力提升到一个新的层次。这也是笔者对中国展览设计传播所提出的建议。

希望，中国在 2020 年迪拜世博会的展览设计中越办越好。

参考文献:

[1] 王新萍 . 习近平将对哈萨克斯坦进行国事访问并出席上海合作组织成员国元首理事会第十七次会议和阿斯塔纳专项世博会开幕式 [N]. 人民日报,2017-06-06（001）.

[2] 郑玮 . 从中国元素看中国广告对外传播 [J]. 东南传播,2010（08）.

[3] 张莎 .2010 上海世博会中国馆中国元素的传播研究 [D]. 河北大学,2011.

[4] 刘晶晶 .2015 米兰世博会中国馆设计 [J]. 装饰,2015（06）:46-52.

[5] 周志 . 设计无界——清华大学美术学院 2015 米兰世博会中国馆设计团队访谈录 [J]. 装饰,2015（06）:53-61.

[6] 苏丹,张月,杜异,等 .《2015 年意大利米兰世博会中国馆整体设计》环境艺术设计 [J]. 美术,2015（02）:27.

[7] 王飞,陆轶辰 . 场域、田野、在场 2015 年米兰世博会中国馆三读 [J]. 时代建筑,2015（04）:68-77.

[8] 王莉莉 .2017 年阿斯塔纳世博会中国馆亮点纷呈 [J]. 中国对外贸易,2017(02):32.

[9] 尚玮 . 多媒体技术在展示设计中的应用与发展 [D]. 大连工业大学,2014.

[10] 高颖 . 数字媒体艺术在展示设计中的应用研究 [D]. 陕西师范大学,2011.

[11] 雷月 . 数字技术在展示设计中的辩证思考 [D]. 东华大学,2014.

[12] 裴珺 . 现代空间展示设计形式的研究 [D]. 山东轻工业学院,2009.

[13] 朱志超 . 虚拟现实展示设计的应用研究 [D]. 西安理工大学,2007.

[14] 高颖 . 数字媒体艺术在展示设计中的应用研究 [D]. 陕西师范大学,2011.

[15] 兰钰 .“一带一路”框架下艺术博物馆对大学美育的推动引领 [J]. 美术教育研究,2017,（18）:129+131.

[16] 金丹元,周开娅 2015 意大利米兰世博会中国馆的艺术创新及其延伸思考 [J]. 艺术百家,2015,31（03）:85-91+43.

展馆中多媒体展示设计形式研究
——世博会展览馆展示设计浅析

Study on the Design of Multimedia Display in the Pavilion —— Take the Exhibition Design of the Exhibition Hall as an Example

刘晓梦 Liu Xiaomeng

【摘　要】　世博会不仅是展示各国家经济、文化、科技的大舞台，也是全球展示设计的大会演，引领了当今展示设计的潮流。2010 年上海世博会告知我们，现代展示设计的方向已经发生了很大变化，多媒体技术已经深入展示设计行业，增加了展示的参与性和可看性，已经成为展示设计的发展趋势。近年来国内多媒体发展突飞猛进，但还是有一定的不足，这也促使展示设计师们进行新思考，即多媒体技术应用需要与设计主题完美结合；需要找到人机互动的最佳兴趣结合点；杜绝多媒体硬件攀比，合适的才是最好的；最好能与展品虚实结合，互为补充；应具有更强的“故事性”以及播放节奏安排要合理。

【关键词】　世博会；多媒体；展示设计；应用

进入信息时代，新技术层出不穷，多媒体进入了高速发展时期[1]。多媒体设备通过视听等技术，将活动的影像和音效，“声画并茂”的展示出来，较传统的展示设计手段具有更强的优越性[2, 3]。在 2010 上海世博园区各个展馆内多媒体应用占据了非常大的比例，多媒体技术已经成为世博会上最常见和最具亲和力的展示手段。在欣赏展馆的同时，观众不但可以借助多媒体技术了解相关的信息，更可以互动的参与其中，能够深刻体会到多媒体技术在现代展示应用中给人们生活带来的改变。大量先进的多媒体展示技术如 360°全息成像、IO2 空气投影系统等前沿技术相继运用其中[4, 5]，带给观众强烈的视觉震撼。

1 上海世博园上演"多媒体秀"

在上海世博会开幕式上出现的灯光、激光、超大屏幕、喷泉、烟火等交相辉映的户外多媒体表演，已经预示了这也将是一届多媒体的世博盛会。借助多媒体技术，世博会开幕式已经不仅仅局限在世博演艺中心一个展馆，而是以黄浦江为中心，在南浦大桥到卢浦大桥近 3.5km 长的范围内构建出的巨大演出舞台。而在舞台表演时采用的一些多媒体技术，譬如随着音乐节奏上下优美摆动且收放自如，并随着灯光变幻各种色彩的凌空浮球，也让现场观众啧啧称奇。

世博园区各展馆同样也给观众带来了强烈的视觉震撼和不断的惊喜，其中最引人注目的是各个展馆都采用了大量先进的多媒体展示技术，这些代表性的新型多媒体技术，可以总结为以下三大类：

（1）显示式多媒体。此类多媒体也是在各展馆得到最广泛应用的多媒体，包括大屏幕、等离子、液晶显示、环幕等。代表性作品如韩国馆的三维电视机、中国船舶大型环幕剧场、巴西馆中展示巴西风情的 360°环形屏幕等。

（2）演示式多媒体。此类包括幻影成像、全息技术等，代表性作品如堪称上海世博会中国馆镇馆之宝的《清明上河图》、浙江馆中变幻万千的青瓷碗、沙特阿拉伯馆 360°全景融入式 IMAX 影院的 1600m^2 曲面巨幕等。

（3）交互式多媒体。此类多媒体也是在各展馆中最具人气的多媒体，包括虚拟系统、仿真技术、触摸屏、语音识别、体验游戏、电子书、智能中控系统、机械互动等，代表性作品如国家电网馆的"魔盒"六面影像悬浮体验、中国航空馆"开飞机"看世博、上汽 - 通用汽车馆坐"未来汽车"穿梭时空等。

2 多媒体技术已成为现代展示设计的发展趋势

随着计算机技术、网络技术和数码技术的飞速发展，多媒体技术和其他一些高新技术凭借声、光、电多媒体技术和自动控制手段，正逐渐进入展示空间，增加了展示的可看性和参与性，已成为现代展示设计的发展趋势。多媒体一般理解为多种媒体的综合，是一种把文本、图形、图像、动画和配音等形式的信息结合在一起，并通过计算机进行综合处理和控制，能支持完成一系列交互式操作的信息技术 [6, 7]。简言之，多媒体技术就是具有集成性、实时性和交互性的计算机综合处理声、文、图信息的技术。

上海世博局信息化部部长周卫东在 2010 年中型企业高峰论坛上，揭示了多媒体在上海世博会备受宠爱的原因。认为 2010 年的上海世博会和信息技术之间有 3 个关系：一是信息社会的快速发展，需要进行集中的成果展示；二是新时代举办世博会，需要信息技术的支撑和创新；三是本届世博会的主题，"城市，让生活更美好"，也为信息技术的大量应用提供了极好的舞台。他表示 2010 年世博会预示着人类开始进入信息社会，下一代互联网、4G 等各类未来信息化新技术的提前运用，都显示了这一届世博会将成为下一代"聪明城市"出现的里程碑 [8]。

3 多媒体趋势给展示设计人员带来的新思考

近几年国内的多媒体行业发展异常迅猛，但由于基础不够坚实，与欧美国家相比在创意构思和细节等方面还存在不足。以下几个方面需要引起足够的重视：多媒体技术应用需要与设计主题完美结合。设计是为主题服务的，展示的核心是展品，而多媒体技术只是信息时代展示设计的一种手段，展示设计成功的关键在于如何将多媒体技术与展示设计主题完美结合在一起，这就要求在设计之前形成合理的、贴切的展示设计理念。展示设计理念的形成源于对展示内容的理解，是对观众心理、展馆环境等因素的综合把握。多媒体设计、实施必须以得到确认的展示设计理念为指导。

多媒体技术应用需要找到人机互动的最佳兴趣结合点。互动性是多媒体较传统展示手段的最大优势，设计师应考虑到目标参观者的参观兴趣，选择最能吸引他们兴致的因素，在多媒体和观众之间找到结合点。德国馆动力之源大厅中的巨型 LED "能源之球"，能够随着现场观众的欢呼呐喊摆动，并发出耀眼的光芒，哪边呼喊的声音大，圆球就向哪边转动，在现场巨大的声浪中，能源之球迅速转动，与观众形成完美互动。

杜绝多媒体硬件攀比，合适的才是最好的。衡量一个展馆或展位设计是否成功，不在于你用的屏幕有多大，也不在于你的多媒体拥有多高的技术含量，而恰恰在于用得是否恰到好处，是否起到了画龙点睛的作用，是否实现了对传统展示手段的有效突破，达到了传统展示设计手段所达不到的良好效果。大有大的优势，小也有小的妙处。震旦馆中展示玉文化时采用的多媒体全息投影成像技术，以360° 全景呈现，虽然没有超大屏幕的气势，但是相关展品却得到了淋漓尽致的展现。

多媒体技术应用最好能与展品虚实结合，互为补充。在笔者参观过的世博园场馆中，像泰国馆、卢森堡馆、希腊馆、摩纳哥公国馆等，完全依赖多媒体的场馆为数不多，甚至有些场馆中没有一件实物展品，全部采用多媒体展示，观众走入馆中，就是看几场"电影"。这些多媒体视频短片虽然制作非常精美，但由于观众在园区中看到了太多的类似的展示形式，难免会有些视觉疲劳，因而难以留下深刻印象。而像丹麦馆中的美人鱼雕像、捷克馆中查理大桥上的幸运浮雕等著名标志性符号的实物呈现，不但能为他们的展馆增加更多的人气，更有助于加深观众在欣赏之后对该展馆的记忆。

多媒体创意应具有更强的"故事性"。"故事性"通常是由事件的冲突性、戏剧性组成的。如果要展示的项目中缺乏这几个元素，那一部影片即使在视觉技术手段上拍摄得再好，也无法引起参观者的兴趣。美国馆中的 4D 电泳都市童话剧《花园的故事》是美国馆中的亮点，讲述了一个美式都市童话，小女孩的梦想是将一片荒芜的土地变成繁茂的花园，虽然遭到了邻居的漠视和一些人为的破坏，小姑娘仍旧坚持了下来，最终打动了周围的人，纷纷伸出援手，当一夜风雨过后，原来灰暗颓废的家园终于充满花香。由于具有极强的"故事性"，即使在高科技云集的美国馆，此片仍旧给人留下了深刻的印象。而我们很多展示设计项目本身是不具备这些元素的，所以即使运用了多媒体技术，也还是很难达到展示的目的的。

多媒体播放节奏安排需要合理。世博园开园初期，沙特阿拉伯馆曾创下了排队 9 小时方能进馆参观的记录。这一方面说明该馆人气确实很旺，具有超强的吸引力，但从另一角度来看，让观众花如此长的时间排队，看几十分钟的节目，沙特阿拉伯馆在多媒体播放节奏以及观众人流路线设计等方面存在明显不足。展馆为了获得更好的视听效果而控制人流量，做法无可厚非，但把观众在一个固定的时间控制在一个固定的场所内，这样其实是非常耗时的。同样的场景，笔者也曾在澳大利亚等馆遇到。如果所有的场馆视频内容在休息区、走廊灯处不断播放，相信观众的排队时间必将会大大减少。

如今，多媒体技术已经深入展示设计行业，并且随着现代科技的发展，新的多媒体形式必将源源不断的开发出来。作为展示设计师，也需要在这场全球高科技展示的盛宴中充分掌握国内外最先进的展示技术和方式，勤于思考，开拓创新，让多媒体技术成为展示设计的强大武器，更好地为展示设计行业服务。

参考文献

[1] 武楠 . 论多媒体展示设计在上海自然博物馆的应用 [J]. 设计，2017（19）：117-118.

[2] 傅兴 . 展示设计中应用多媒体交互技术出现问题的反思 [J]. 艺术与设计（理论），2016，2（Z1）：60-62.

[3] 董斐然，徐喆 . 情绪的物化释放——互动多媒体技术在装置艺术中的应用 [J]. 设计艺术研究 .2014（03）

[4] 颜成宇，孙博 . 浅析展示设计中的互动多媒体装置艺术 [J]. 艺术教育，2015（12）：269.

[5] 尚玮 . 多媒体技术在展示设计中的应用与发展 [D]. 大连工业大学，2014.

[6] 钱小轮 . 多媒体交互技术下展示设计发展趋势的分析 [J]. 经济研究导刊，2013（11）：68-69+98.

[7] 邹旭，王汐瑶 . 多媒体交互设计在博物馆展陈中的应用 [J]. 美术大观，2015（02）：103.

[8] 王争 . 展示形式的重构对现代展示空间中多媒体交互界面设计的思考 [J]. 上海工艺美术，2012（02）：59-61.

从彰显到消隐

——中国元素在历届世博会中国馆设计中的表达

From Highlighting to Disappearing: the Expression of Chinese Elements in the Design of Previons World Expo China Pavilions

杨　璐　Yang Lu

【摘　要】　世博会是弘扬国家形象的平台，也是综合展现国家硬实力和软实力的媒介。长久以来，中国在世博会上所展示的形象都拘泥于传统的形式，某种程度上疏离了时代发展的方向，及至近几届世博会才有开创式的发展，开始糅合更多科技创新和时代发展的因素，以一个新的朝气蓬勃的形象面向世界。当前阶段，我们在世博上的形象输出虽取得前所未有的成就，但砥砺而行，持续创新仍是必要的。同时，这也意味着我们的审美和创新教育必须不断的加强，以更好的培育出具有审美能力和创新能力的设计师。未来，我们应该借着世博会的平台以高科技的手段来加持有创意的中国文化，从而构造出一个生动而立体的中国形象，向世界展现出一个对未来的发展充满信心的中国形象。

【关键词】　世博会；中国馆；中国元素；审美和创新教育

世博会于一个半世纪前问世之时，就被世界各国作为展示本国经济社会发展成就、展现自身综合国力的大舞台。历史上，中华文化与世博会的渊源很深，早在 1876 年，清政府就曾参加美国费城世博会，并以世博会为平台来宣扬国威，进行文化输出。随着中国综合国力渐增，经济持续高速运转，对外输出中国文化和中国元素越来越成为国家的需求。尤其是近些年来，中国逐渐崛起于世界之林，世博会这一平台更是寄托了中国人百年来的复兴梦想，被赋予了许多超出其自身的内涵，大量的中国元素和中国文化出现在世博会展台上，许多国家和民族都借世博会的平台来展示自身的文化与魅力，有一些国家也确实做到了。但世博更像是一张考卷，考验着各国设计师的艺术设计能力、创新能力以及国家的综合国力。一直以来，中国表现都是出彩但不精彩，艺术设计尚未跳脱出传统中国元素的束缚，因此，对于当代中国形象的探索仍停留在回顾和摸索的阶段，这种情况直至近几届世博会才有所转变。

1 世博会中国馆中国传统元素的继承（以 2005 ~ 2015 年世博会中国馆为例）

1.1 中国传统元素的拼接与堆砌（2005 年之前世博会，以 2005 年爱知世博会为例）

世博这一舞台，长久以来都被误解为仅展示中国传统文化的平台。以 2005 年的爱知世博会来看，中国场馆的建设更多停留在拼接中国传统元素，堆砌中国古典文化之上，缺乏时尚前卫的大胆创新。

"自然、城市、和谐——生活的艺术"是爱知世博会中国馆的主题。此次中国馆的构建自始至终渗透着中国古典文化"天人合一"的思想精髓。当然，这种文化的展示不可避免地需要借助现代化的技术支持，让每一个观众可以在世博会中国馆这个空间艺术场域中身临其境地体验和感受中国精神和文化。事实上，爱知世博会中国馆更像是一个集中各色中国传统大型装置艺术品的浓缩馆，无论其外观还是内饰，都是对中国传统形式和元素的一种原封不动的再现。场馆设计上双曲螺旋线原理的运用使得中国馆形成了一个运动、立体、开放的空间，仿佛荷叶上的一滴露珠在阳光的反射下滴落到静止的湖面，刹那间形成的涟漪被凝固在展馆中，将中国古代历来追崇的意味深长、娴静优雅、生生不息的传统文化精髓贯彻其中。场馆顶层的圆形艺术造型在阳光和馆内流水掩映下，再现了诗句中"疏影横斜、小桥流水、暗香浮动、万物竞相"的高雅意境。场馆外观的设计上，传统元素的拼接较为出彩，十二生肖的艺术化处理，既将中国古代的剪纸和皮影融为一体，又具现代感（图1）。在外观上，中国馆通体采用鲜艳的中国红，饱含中国特色的喜庆感，将中国的烙印深深的刻画其中。剪纸、皮影、十二生肖、中国红、圆顶等的中国元素创意拼接成的中国馆，固然是热闹的，但纷繁的元素并未展现时代前进的步伐。

早期世博会中国馆的建设上，中国传统文化的精髓力透其中，以至于中国场馆的辨识度很高，中国意象是显而易见的。大量的中国元素不断地重现在中国场馆之中，它是代表中国五千年传统文化的名片，让悠久厚重的中国文化以浅显粗糙的方式在世界的舞台上崭露头角。缺憾的是，这种传统的堆砌，似有一种固守旧俗的怠惰感，不能实事求是地反映时代变迁中的中国。历览世博会的中国场馆建造，我们发现当代中国对艺术性的追求似乎存在认知上的偏差，艺术性一定程度上被等同于民族风格和传统文化，同样的，传统中国建筑形式和传统文化元素被过分强调新建筑设计很少有对新的中国形象的考量和中国元素的运用。大批雷同的中国形式层出不穷，大批中国元素被堆叠，其结果就是所谓的中国特色越来越失去了其原有的深厚底蕴，变得浅薄单调，千篇一律。

1.2 中国传统元素的抽象和重组（以2010年上海世博会中国馆为例）

现代以来，中国传统建筑元素频登世博舞台，但这种登台很大程度上只是古代中国建筑元素的形式上的堆叠，或者是古典建筑的翻版，文化内涵匮乏。某种意义上说，它造成了审美疲劳。及至2010年上海世博会，这种中国元素的刻意堆叠的痕迹逐渐减少，取而代之的是传统元素的抽象和重组，不得不说，这是一种进步。

2010年世博会的中国馆外形酷似一顶古帽，因而被命名为"东方之冠"。"东方之冠"通体采用富含中国意味的大红色，整体造型以抽象叠加的斗拱为主，由四根粗大的方柱托起（图2）。相对于前几届世博会，中国馆的建设在建筑工艺上已有巨大的进步。在设计和创新上，中国馆大胆地将鼎和斗拱的造型抽象组合，既美观又精巧。众所周知，斗拱是中国古代建筑上特有的构件，由方形的斗、升、拱、翘、昂组成，是较大建筑物的柱与屋顶间的过渡部分。早在中国古代的汉族建筑中斗拱就被广泛地用于柱顶、额枋和屋檐或构架间，它的产生和发展有着非常悠久的历史。斗拱的功能在于承受上部支出的屋檐，将其重量或直接集中到柱上，或间接先纳至额枋再转到柱上。抛却斗拱的实用功能来看，单看它的造形，如盆景，似花篮，在美学和结构上也拥有着一种独特的风格，是很好的装饰性构件，能够使人产生一种神秘莫测的奇妙感觉。从"东方之冠"的整体造型来看，我们不得不赞叹中国馆造型的进步：同样作为中国传统文化符号的斗拱和鼎状结构被抽象地组合在一起，兼具美感和主旋律意义，与前几届的世博会相比，世博会中国馆的建造已走出了完全套用中国古代元素的老路。令人称道的是，这种抽象的组合在美观之余富含更深层次的时代意义。一般而言，斗拱的安置必须是在非常重要或者是带有纪念性的建筑物身上。世博会中国馆的斗拱造型最大程度地表现出了"东方之冠，鼎盛中华，天下粮仓，富庶百姓"的中国农业传统心理，贴合了大国崛起的政治需求。站在时代发展的角度上考量，中国馆的建造符合中华崛起的需求，为后续的中国文化输出提供了新的发展路径。斗拱建筑和方柱构造抽象的堆叠和组合，完美地展现了古代中华民族的勤劳伟大。稍显欠缺的是，从世博会的主题上来看，"东方之冠"在展现"城市让生活更美好"的主题理念上有所偏颇，没有给大家带来全新的城市生活理念。

虽然相比较之前的世博会，中国已经逐步意识到创新和发展的必要性，生拉硬拽的那一套显然不能满足需要。抽象和艺术性的组合虽说难逃中国古典元素的束缚，但这昭告了中国开始探索新的国家形象。设计界也开始反思如何更好地在现代建筑中合理地融入中国元素，避免被传统元素的形式捆绑，失去创新和发展的动力，从而实现真正的文化传承与文化创新，最终建造出紧密结合时代的新作品，让建筑更好地向世界讲述中国故事。

1.3　中国传统元素的创新和写意（以 2015 年米兰世博会中国馆为例）

直至 2015 年米兰世博会，在反思"东方之冠"的意识携裹之下，中国馆的建设开始寻求突破，不再一味地强调旧有的中国元素，希望借此探索形成崭新的中国形象，总体上较2010年的世博会中国馆建设有新的创意和形象展现。

米兰世博会上，中国国家馆以"希望的田野，生命的源泉"为主题亮相于意大利，整个国家馆建筑外观如田野上的"麦浪"（图3），设计靓丽清新，大气稳重，它的设计灵感来源于传统建筑结构和形态——歇山式，歇山建筑屋面峻拔陡峭，四角轻盈翘起，玲珑精巧，气势非凡，既有庑殿建筑雄浑的气势，又有攒尖建筑俏丽的风格，屋顶覆盖了独具中国特色的竹编材料，从远处看，就像被风吹过的阵阵麦浪，十分吸引眼球。白天，阳光可以透过竹编表层的屋顶，漫射进室内，在馆内的PVC防水层上散布下斑驳投影，这种光影可随季节和时间变化，艺术浪漫气息浓烈。从2010年世博会到2015年世博会，中国国家馆的建造在一定程度上实现了新的突破。虽然整个场馆的建造形式依然围绕着"中国式"的传统风格，但彼时的场馆建设已经不再是简单地对中国传统建筑元素和建筑风格的临摹，而是突破具象的形式、符号、颜色的束缚，更多辅以现代化设计语言，现代感十足。米兰世博会中国馆的外观上还实现了建筑形式上的创新，它的整体造型取材于北京的天际线和桂林连绵不断的群山，并兼收并蓄民族性的的结构和形态，连接现代技术，以此形成流动的线条，从正面看，整个场馆如同自然山水的天际线，从背面看，又似乎是城市的天际线。

虽然说米兰世博会中国馆摆脱了固有的"中国红"和中国元素等的捆绑，对中国传统元素进行了一系列的加工和创造，同时大胆地运用现代技术的加持，实现了建筑形式上的创新和审美上的提升，但这并不意味着米兰世博会中国馆的构建是无可指摘的。总体上看依然没有跳出中国传统建筑形象的思考路线，无论是建筑素材上，还是结构形式上都有沿袭着中国传统建筑的痕迹。虽然中国结、斗拱、中国红、灯笼等具象的中国符号没有出现在米兰世博会的中国馆中，但是中国馆依然"中国味"十足，被刻上了深深的中国烙印。中国馆再次运用中国古典建筑的木质材料，在整体构造上也刻意凸显了中国传统建筑所讲求的意境，着重将"天人合一"和"空灵"的哲学意境淋漓尽致的再现。遗憾的是，一味地追求高雅的意境，反而落入失去特色的"窠臼"，虽然相较之前几届世博会，中国馆的建造实现了一定程度的跨越式发展，但却依然没有探索出新的符合时代发展方向的中国形象。

2 世博会当代中国元素的创造（以 2017 年阿斯塔纳世博会为例）

伴随着中国经济和科技地快速发展，探求中国新形象的世博之旅继续前行。可喜的是，时代发展的方向和中国发展的步伐终于成为 2017 年阿斯塔纳世博会的聚焦点。纵横神州大地的高铁网络，全超导非圆截面核聚变"人造太阳"实验装置，绿色能源装置等相继亮相于阿斯塔纳（图 4）。

2017 年阿斯塔纳世博会以高铁模拟驾驶舱、"人造太阳"核聚变、未来能源梦剧场为三大亮点。值得一提的是，本届世博会的中国馆始终紧扣了"未来能源，绿色丝路"主题，跳脱了关注建筑外观的表达，不注重场馆内在设计和展项设置的窠臼，充满自信地向世界展示了中国能源发展的新主张及对未来能源发展的新思考，并向世界表明了中国坚持绿色发展的态度。在科技的支持下，中国馆更是将中国现今的飞速发展展现得淋漓尽致，每一个徜徉在中国馆里的游客都能够深刻地体验到中国高速发展的科技，并感受到中国关于能源发展的绿色环保理念，至此，中国当代的创造和发展开始被关照。在阿斯塔纳世博会上，我们终于看到了一个符合时代发展的中国，它摆脱了旧的以中国红、中国结等为世人熟知的中国形式，凭借着场馆内在的项目设置——高铁、"人造太阳"、绿色能源装置，探索并展现了新的中国形象。此次展会上，中国馆以"过去、现在、未来"为主线，用实例向世界展示了中国在传统能源转型、新能源开发、绿色环保和可持续发展等方面的全新成果，也向世界展现了中国与世界各国、"一带一路"沿线国家、哈萨克斯坦在能源及经贸领域的务实合作。阿斯塔纳世博会是古老的中国从沉醉"自我"到追求"忘我"的跨越，它展现了中国愿与世界各国一同携手未来的决心。从过分强调历史形象和形式的世博会到重新考量新的国家形象、糅合时代发展的世博会，不得不说阿斯塔纳世博会开启了国家形象探索的新方向，它带来的不仅仅是形式上的变化，更深层次的是我们观念上的提升。

众所周知，世博会是一个增进双向了解的绝佳舞台，它为中国提供了一个开眼看世界的机会，也为世界提供了一个看中国的舞台。因此，我国在世博会这个平台上必须要突出中国形象，展现出有鲜明特点的中国元素，同时这种元素必须是与时俱进的。对于处于信息时代的中国来说，我们对于新的形象的探索需要兼顾历史，也要有高速发展的现在。或许中国的高铁、国产大飞机、航母、天眼、量子通信等高新科技可以成为下一个中国形象塑造的形式参考。当前，我们已然进入高速发展的时代中，世博会的中国形象展示是中国形象输出的一部分，因此，展现新型的强有力的大国形象，是一种必然。当代中国形象的输出本质上要召唤一种回归，回归人的本身，关注千千万万中国人民的生活。建筑是为人所设计的，我们的建筑必须始终围绕着人来创新，世博会的建筑设计更需要关注人的发展，向世界展示一个既有文化底蕴，又有现代科技，关怀人民的强国形象。

3 反思与展望——审美和创新教育的重要性

世博会是一场展示文化、展示文明、共享发展的视觉盛宴，也是人类社会发展进程中记载新科技与新文明的实录，是一场汇集新思想、新理念、新体验、新创造的全球性展示会。一直以来，创新都是世博会的灵魂，每一届世博会都曾为世界贡献出创新的力量。然而，反观我国的世博历史，虽有跨越式的进步，但仍不乏遗憾：在世博的舞台上，传统中国元素展示的比例过大，现代化元素则严重不足，中国似乎热衷于古老的文化展示，而对展现现代中国缺乏自信与认知；世博会上所展现的中国元素缺乏整体的美观，刻意拼凑的痕迹较明显，这种局部的拼凑只展现出了中国意味的琐碎图像，却使得中国文化的整体精神在拼凑中荡然无存。另外，拼凑的中国元素和科技化的处理缺乏自然的融合，从而剥离了中国元素本身所处的文化环境，使传统中国文化和现代中国无法完整的结合在一起，而是作为两个相互区隔、相互独立的个体生拉硬凑而成。许久以来，中国作为四大古文明之一，凭借底蕴深厚的历史声名远播。相比较之下，经由丝绸、茶叶、瓷器等物质符号展现的中国形象显然不能满足时代发展的步伐。在政治、外交、文化等综合性的原因浸润之下，中国的现代形象更是被描摹得朦胧不清，与其真实形象有不小的差异。因此，更好地展现中国传统文化、展示飞速发展的中国，成为世博会上中国形象塑造的一个诉求。

这种诉求从另一方面展现了我们当代的创新教育和审美教育的缺失。一直以来，标准式的应试教育将纷繁的审美同化成统一的风格，每一个人、每一栋建筑都像是流水线生产的物品一样，毫无新意。诚然，我们不否认中国五千年的悠久历史是深厚的，是值得我们骄傲的，但是我们不应该只重视历史的教育，而丧失培育创新的信念。当下我们的教育更不能有失偏颇，既需要关注历史，又需要关注创新。对于每一位设计师来说，在进行创新设计的同时，我们应当牢记提升审美的意愿和能力。教育于我们每一个人，绝不是要培养一个只能应试的书呆子，而是培育我们色彩斑斓的生活情趣和独立思考的能力，唯有这样，才能创造出真正独特的美的事物。

未来，我们应该借着世博会的平台以高科技的手段来加持有创意的中国文化，构建一个生动而立体的中国形象，向世界展现出一个对未来的发展充满信心的中国形象，期待未来的世博会中国馆能交出完美的答卷。

参考文献：

[1] 郭可，吴瑛．世博会对提升中国国家形象的作用——基于多语种国际舆情的研究 [J].外交评论（外交学院学报），2010，27（06）：76-90.

[2] 余悦．中国文化与上海世博会 [J].江西社会科学，2010（08）：14-23.

[3] 金丹元，周开娅．2015 意大利米兰世博会中国馆的艺术创新及其延伸思考 [J].艺术百家，2015，31（03）：85-91+43.

[4] 李贺．被"中国形式"捆绑着的现代中国建筑——从 2010 年上海世博会中国馆谈起 [J].美与时代（上），2010（10）：24-26.

[5] http：//jz.docin.com/p-1878442964.html.

[6] 史琳杰．民族文化元素的当代演绎——浅析上海世博会各场馆民族文化元素的运用 [J].大众文艺，2011（17）：122.

[7] 曾军．上海世博的中国元素与中国国家形象的建构 [J].学术界，2010（07）：5-14.

[8] 邹林．解读上海世博会中国馆"东方之冠"[J].大众文艺，2009（23）：137-138.

图片来源：

图 1，2005 年爱知世博会中国馆 http：//www.expo.cn/

图 3，2015 年米兰世博会中国馆——麦浪 http：//www.expo.cn/

图 1　爱知世博会中国馆

图 2　2010 年世博会中国——东方之冠

图 3　2015 年世博会中国馆——麦浪

图 4　2017 年世博会中国馆

以展促学的生动实践

——上海美术学院设计学科学生参与 **2020** 迪拜世博会中国馆整体方案设计的体验与思考

The Vivid Practice of Participating in Exhibitions to Promote Teaching and Studying: Experience and Thinking of Students in Desigh Discipline of shanghai Fine Arts Academy, Who Participating in the Overall Desigh of the 2020 Dubai World Expo China Pavilion

关雅颂　Guan Yasong

【摘　要】 在国际交流日益频繁的当下，世博会作为一场世界人民智慧的大集会，以其广泛的影响力和超越国籍、文化、宗教各方面限制的世博精神在世界交流中独树一帜。笔者作为学生，在参与 2020 迪拜世博会中国馆整体方案设计过程中，对于世博会设计教育格外关注。只有通过世博会展览设计中教育内容的植入，才能更好的实现世博会的价值。同时世博会设计也同当代艺术高校的专业设计教育相辅相成，并对于未来教育发展具有重要意义。

【关键词】 世博会；展览设计；教育；国际交流；文化交流

1 引言

世界博览会作为一场世界性质的博览会，自从 1851 年起就一直致力于站在全球性的角度上，展示属于全人类的科技、经济、文化、艺术等各领域进步成果。随着时代发展，世博会的展览形式也在不停地跟随时代背景、科技进步、全球关注问题而更新，带给参观者全新的感官体验。更重要的是，世博会真正探讨了全世界共同面临的问题。每一届世博会都致力于提出问题，参观者不只是在享受视听盛宴，更是在重视问题、思考问题，以求集合人类智慧找到解决办法。

世博会因其特殊的全球性和极其庞大的参与国家数量及参观者数量独树一帜。在当代，世博会已经不仅仅是一种展示，更是一场全球人民共同接受文化教育的大集会。这对世博会中的展览设计提出要求，将更为重视参与其中人员的教育。

2 世博会历史发展与教育

最初的世博会更像是一场科技发明的展示会，各国在世博展厅上展出自己国家最为自豪的科技、文化成果。随着工业革命的发展，人们需要基本的知识才能完成工作。出自对于知识的渴望，让人类迎来了大众教育的时代。19 世纪末，世博会就开始关注这一问题，并且成为了促进教育的大众化与制度化的重要平台。

1873 年维也纳世博会的主题为"文化与教育"。同时代 1876 年，"教育与科学"成为了费城世博会七个大类之一，教育成为了世博会关注的全球问题。在 1889 年，巴黎世博会的文科馆专门展示了来自法国的初级教育模式，这也是当今社会大众教育的早期模式（图 1）。由此全世界对于大众教育的普及化问题都开始重视起来。教育本身在世博会中完成了提出问题到解决问题的过程，这也是全球智慧结合的体现。1928 年签署的《国际展览公约》第一条则明确地指出：世界博览会是一种展示活动，无论名称如何，其宗旨在于教育大众。教育作为世博会宗旨之一，与世博会共发展、共促进，一直延续至今。

2017 年 11 月 3 日，由上海大学上海美术学院主办的世博论坛中，中国国际贸易促进委员会世博会事务处处长阮炜先生再次提出："世博会是一个高科技的、有教育意义的嘉年华。"这也再次重申，教育正是当代世博会展览的重点。

3 世博会对于不同对象的教育

早期的世博会主要交流内容、人群受到许多限制，主要为科学技术方面的交流，人群也因为地域、交通发展程度受限。当代的世博会参与对象与交流内容则一直在更新扩展中。这也就对世博会展示中教育如何贯彻提出要求。

3.1 世博会对青少年的教育

随着时代的发展，世博会参观者中，青少年的参与程度正在不断的提升。世博会对于儿童来说，是一本展现世界各国的百科全书，一次地球文明和世界智慧的生动演示，一次极好的世界启蒙教育。在展览设计中，对于儿童的需求必须有所体现，比如展馆的吉祥物设计、标识等设计。这些设计都必须让儿童可以理解，同时也符合大部分参观者的审美需求。在往届的世博会中，如 2005 年爱知世博会的"森林小子、森林爷爷"；2010 年上海世博会的"海宝"，都选择通过一些卡通形象，建立场馆与儿童的沟通，这也是一个优秀的世博场馆必不可少的部分。

对于儿童来说，世博是科学素质教育与科普意识的初步启蒙。世博会有大量的高科技甚至未来科技的展示与探讨，这种探讨不应该仅限于科学技术的交流，更应该作为儿童初期科学启蒙最好的课堂。儿童就是未来科技发展的力量，因此，在展览设计中，如何展示一种科技，使得观众产生好奇、共鸣也是一个重点，这也就要求展示中高科技产品的体验感。通过体验，初步建立儿童对于科学的喜爱，是很好的展览方向。

世博会是初步帮助儿童建立世界观念的好时机。减少复杂的概念、文字，通过世界性的图片、故事、音乐等帮助儿童建立一个和谐有爱的世界观，让青少年直接感受时代进步，认识到不同人种、不同国家的人们都生活在同一个世界，应该学会和谐相处、团结一心来解决人类共同面临的问题。

优秀的世博场馆更要能让青少年从参观世博场馆中体验到创新发明的可贵。从主题、建筑、展示空间、标识提示等各个方面，不同的世博场馆蕴含着自己国家的文化与设计师的独特巧思。对于儿童来说，参观世博展览更是一场头脑风暴，丰富的场馆设计丰富了儿童的认识与思想。

世博会展示了世界的多面性，也激发了儿童对未知世界的求知欲和想象力。培养儿童基本的学习习惯和能力：发现问题、提出问题、研究问题、解决问题。世博场馆传达给青少年的印象，就是青少年对于世界的初步认识与思考。因此，在展览设计中，必须重视对儿童的教育。

3.2 世博会对于成人教育

世博会人流量巨大，主要的参与者是普通的民众。其中"不普通"的地方是，无论是大小馆，面对的都是来自于世界各地的民众，年龄跨度极大且各自拥有不同的文化背景。世博教育，不可能是一种说教，也不应该将自己国家的一些文化思想强行植入。世博会的参与对象不论长幼、不计贫富、不分信仰，都在平等地呈现自己的精彩。世博教育应该也建立在此前提下，从展览设计中体现出对于各国民众的尊重，体现出一种全球意识。

世博会对于成人来说，是培养世界胸襟的一次教育机会。当代的世博会，作为一场世界人民大集会，召唤人们一起来探讨人类未来的发展愿景，共同促进世界各国人民之间的相互理解与合作。世博会的展示内容也应当"求同存异"，将"人类命运共同体"的概念，植入展示内容的方方面面。展览设计既要符合世博会要求，展示各民族异彩纷呈的文化，又要将世界意识传达到大家的内心：和而不同、求同存异、合作共赢，是人类社会不断进步的永动力，也是建设和谐幸福世界的基础。

在世博会中，应该让成人对于国家自信有更加深刻的体会。这种国家自信一是通过展馆中的展览设计表现出来：展览设计应该符合民族精神和时代精神，能展示自己民族特有的文化和特色。二是应该从整体的世博园区的设计中体验出来，从细节设计中提醒观众文明参展，互相尊重文化内涵。各国人民既要在参展中体验到"地球村"的伟大，又可以在参展中体会到自己国家对于世界问题的思考。

世博会教育人们最重要的就是对于知识永不停止追求的精神，对于人类无穷的智慧的相信，以及勇于创造的决心。这样的精神启蒙了当代教育，也是未来世界发展的宝贵遗产。

3.3 世博会对于艺术教育

一场世博会是由无数的专业人士的智慧集合而成。无论是科学家、艺术家、设计师，都能在世博会中学习、交流。这里的教育，并不能狭义的理解为接受知识，而是通过世博会建立的平台，进行知识、理念的交流。

作为艺术院校中设计专业的学生来说，在此次参与世博会设计中，更是深刻体会到了世博会的教育意义。此次集合了环境设计、平面设计、建筑设计、美术史论，以及历史学、生态学等各个专业的同学，共同学习、共同创造我们自己心中的"中国馆"，表达对于"沟通思想、创造未来"的理解。

这是一次完整的国际性展览设计项目体验。从2017年暑期我们就开始了关于世博会的基础调研，聆听了充满智慧的世博讲堂，加入了长达2个月的实战工作营。我们立足于2020年迪拜世博会中国馆的整体设计，实现了从虚拟项目讨论到现实的设计过程，最后将我们的设计成果变成一次丰富多彩的成果展。对于当代艺术院校环境设计专业同学来说，这次的体验突破了以往，是我们的学习从理论到实践的一次转变（图2）。

在前期的调研、世博讲堂之中（图3），我们了解了世博会的发展与使命，看到了在世博中集合的当代最前卫的建筑设计，引领时代发展的最新科技成果，以及蕴含其中的进步思想内涵和先进文化理念，增加了我们专业上的见识与审美。而在讲堂中，我们接受到的不仅仅是专业设计教育，世博会的特殊性质让我们也要去关注社会，关注国家的需要与命运，以及全世界、全人类共同面临各种问题的思考。作为当代的高校学生，这是一次难得的关于人类命运与国家形象的思考与学习体验，让我们不仅要抱有对于自己的国家形象的宏大思考，更要站在全人类的层面，为真正的如何实现"沟通思想"，以及"创造怎样的未来"提出可能性的想法并深入自己的设计当中。

在世博工作营中，我更清楚的认识到，如世博会一般的大型设计项目，还有跨专业的交融才能实现它的丰富性。世博展示设计建立在多专业的人才的共同沟通合作下，一座优秀的世博场馆是由各个行业最杰出的专业人士创造。世博会展示中重要的创新部分，也是各行各业的创新思维、创意产品的交集。在世博教育中，作为艺术高校学生，笔者体验到只有学会沟通、合作，才能创造出跨越文化的新兴事物，才能呈现优秀的世博展示。

在2017年11月3～4日，由上海大学上海美术学院承办的第一届"未来畅想，沟通桥梁——世博语境下的展览创意设计"学术论坛，是一次设计大师聚集、文化交融的世博教育讲堂（图4）。论坛以世博会为视角，由国内外各个设计行业的专家共同探讨了世博展览设计的最新成果与发展趋势，这对于笔者来说，是一次宝贵的学习机会。这也是世博会为我们带来的令人惊喜的教育体验。

世博语境下的教育对于艺术高校来说，表达了对于学生综合知识学习提升的要求。不仅是专业上，更要求学生能具备更优秀的与人沟通的能力、更丰富的知识面、对人类问题的思考高度等多方面的能力组合。

4 世博会对于艺术教育未来发展前景的影响

世博会对于教育一直都很重视，在今天也不断根据时代变化继续推动教育行业的革新，对于艺术高校专业设计教育更是具有重要的指导意义。从世界性的设计思想、创意层出的设计方法，到最新型的设计方式，都是设计院校师生们的课本。这种指导意义同时也可以衍生到其他的教育行业。世博会"理解、沟通、欢聚、合作"的理念同时也是教育行业的重点。通过世博创造属于全世界的智慧，正是世博会对于专业人士的主要教育意义。

世博会是一场盛会，它展现了世界各国各种文化的精彩，同时也为未来教育发展提供了多种创意。在未来发展中，教育与世博会的相互影响力会更加扩大。世博会超越了国家、民族、宗教、文化的界限，给全世界人民留下了许多的文化遗产。未来的发展也正是一种多元文化融合的发展，需要真正拥有宽广视野和开放心胸的人，真正关注人类未来发展命运的人，具有国际交流、理解、合作和竞争能力的人才。世博会正是这样的人才的培养皿。

对于艺术高校来说，世博会是一次实现高校设计人才培养的绝佳机会。扩大世博语境下的教育意义，让艺术院校的学生可以参与到世博设计中，培养符合新时代下"人类命运共同体"世界观的优秀学生，也让学生们丰富的创造力可以为世博所用，共同促进发展，为未来世博与艺术高校教育发展创造更多的可能与精彩。

5 结语

在国际交流日益频繁的今天，世博会教育显得格外有价值。一个优秀的世博场馆应该引起世界观众对展览主题的关注和思考，促进各国人民对相关话题进行有效的沟通和互动。通过展览，让人们开始认识问题，而认识到问题正是教育或被教育的第一步。这种教育应该是润物细无声地植入在各个展览空间内，做到世界性、普及性。这也对当代的艺术教育提出了要求，也创造了更多的机会。作为参与其中的一员，笔者非常珍惜这次机会，也希望这样的机会能继续受到艺术高校教育的重视，让更多同学、老师们参与其中，真正做到以展促学，推进世博设计与设计学科的共同发展。更希望通过高校与世博会的协同努力，能够创造更多让人们真正欣赏到科技之美、艺术之美、文明之美、创新之美的美好盛会。

参考文献：

[1] 傅禄建 . 世博会让教育更美好 [J]. 上海教育，2010（09）: 37.

[2] 李炳训 . 国际视野下的设计艺术教育—2010 上海世博会启示 [J]. 艺术教育，2010（11）: 10+5.

[3] 管建华 . 21 世纪艺术教育发展的三点趋势 [J]. 艺术教育，2009（12）: 6-7.

[4] 胡以萍 . 论世博会展示设计的多维表达 [D]. 武汉理工大学，2012.

[5] 黄维拥 . 上海世博会对高校设计艺术教育的启示 [J]. 艺术探索，2010,24（05）: 106-107+144.

图 1　上海市博物馆中法国大众教育普及中早期教室的模型

图 2　2017 年 9 月，设计小组讨论方案

图 3　2017 年 7 月，世博讲堂

图 4　2017 年 11 月 3 号，世博论坛

四、世博会与媒体视觉

Word Expo & Media Vision

巧、简、精、熟

——阿斯塔纳世博会多媒体视频演绎简析

Ingenious, Concise, Delicate and Proven——a Brief Analysis of Multimedia Video in Astana World Expo

汪　宁　Wang Ning

【摘　要】 本文分析了阿斯塔纳世博会各场馆中多媒体影像演绎的表现方式与特点，对其进行了归类和梳理，并对世博会多媒体影像的发展提出了建议。

【关键词】 多媒体；影像；体验

1　引言

　　按照不同的性质、规模、展期以及举办频率，世博会可以分为两大类。一类被称为"注册类世博会"，也称综合性世博会。其展期通常为 6 个月，每隔 5 年举办一届；比如 2010 年上海世博会，2015 年米兰世博会，均属于此类。另一类被称为"认可类世博会"，也称专业性世博会。其展期通常为 3 个月，在两届"注册类"世博会间隔期内举办一届。2017 年阿斯塔纳世博会就属于第二类。阿斯塔纳世博会在哈萨克斯坦的首都举办，这也是首次在中亚国家举办的世博会。

　　从 2017 年 6 月 10 日～ 9 月 10 日，共历时 3 个月的阿斯塔纳世博会以"未来能源"（Future Energy）为主题，共有 115 个国家和 22 个国际组织参展，累计接待各国参观者 400 万人次。围绕此届世博会的展览主题，各国展馆运用多种不同展示语言，倾尽全力向来自世界各地的参观者诠释其对"未来能源"的思考。有的展馆着力于表达某种理念和观点；有的则彰显其取得的成就；还有的则两者兼顾。它们以其各自特有的视角演绎出一幕幕精彩的篇章。不同的场馆在演绎手法上也各不相同。而通常最受参观者瞩目和欢迎的莫过于"主题秀"，它们往往是某个国家馆的核心展项，是整个场馆中最令人印象深刻的亮点，甚至成为这些展馆的代表性符号。不论各国家馆的主题秀是演绎一个故事，还是阐述某个概念，多媒体影像技术毫无悬念地成为首选的表现手段。

2 世博会多媒体视频实现方式

随着多媒体影像技术的不断发展，近 10 年来，已经成为大型展览和公共空间艺术的主流表现手段。从多媒体影像实现的手段来看，大致可以分为三类：影像通过屏幕展示，影像通过投影展现，屏幕和投影相结合的方式。

2.1 影像通过屏幕展现

放映影像的屏幕可以分为很多种，传统的屏幕多是平整的一面方形，除此之外，现在各种异形屏诸如：多屏、环幕、球幕、穹幕、地幕、彩砖、彩晶、透明液晶显示屏等屏幕也逐渐登上舞台，成为展现的主要方式。从本届世博会的场馆来看，异形屏的使用在各个场馆中非常突出。

美国馆是其中一个代表。这次世博会，美国馆的主题秀就是一个用三块屏幕构成的"舞台"，通过摄影机的机位透视，使得屏幕中的演员产生在真实舞台上表演的错觉（图 1）。中国馆的热门展项《体验高铁》也是采用屏幕 + 场景道具的模式，让观众沉浸式体验中国高铁的速度和沿途美丽的风光（图 2）；而《热核发电》通过球幕、透明屏等技术形象地将热核发电的内部反应展示给观众（图 3）。

2.2 影像通过投影展现

可以承载投影的载体有很多，只要参数调整合适，任何事物都可以作为影像投放时的载体，我们现在见到的有普通的投影幕布、水幕、烟幕、丝幕、墙幕、建筑幕等。在本次世博会上，投影技术因为比异形屏幕成本更低、技术也更成熟，使用的几率也就更大。

中国馆的主题秀《寻找清洁能源》就是一场标准的弧幕投影（图4）。本次世博会的热门场馆之一韩国馆，入场的欢迎视频就是用投影方式打在序厅与主展厅之间的大门上，这样充分节约了空间，而且当欢迎视频的尾声视频中大门缓缓打开与真实世界的大门打开融为一体的时候，让人恍然间分不清梦幻与现实，用最低廉的成本制造了效果优良的沉浸式体验感受（图5）。上海世博会时中国馆的镇馆之宝《清明上河图》采用了异形幕投影技术，在当时是非常前沿的新事物。经过10年的发展，这项技术已经充分普及了。这次世博会的沙特阿拉伯馆也采用了这样的投影技术，已经不足以让人惊艳了（图6）。

但是在这些投影的基础上加入交互技术或与真人表演、道具结构联动的话，就会带来不一样的出彩效果。法国馆通过光触发的方式设计的关于能源的互动体验项目结构简单，但是动画生动，吸引了不少人流的驻足（图7）。值得一提的是摩纳哥馆的一个展项，其本身并没有复杂的技术，也没有互动，而是设计了一系列镜面棱柱，按照特定的频率依次翻转，而投影在棱柱上的影像就会产生奇妙的动态效果，也算是另辟蹊径的创意（图8）。另外，色列馆的主题秀也给人留下了深刻的印象。它是由白色半透明幕布围成一个方形的封闭舞台空间，舞者在其中表演，幕布上伴随着舞者的动作和音乐节奏，投射出不同的影像。黑暗的场景在很大程度上削弱了幕布的边界感，而从四个方位投射的影像与舞者形成了有空间层次的视觉效果，舞者的动作与视频影像精准的配合更令人分不清真实还是虚幻，即使是抽象的理念也演绎得美轮美奂（图9）。

2.3 影像通过屏幕和投影结合的方式展现

影像通过两种方式结合来展现，带来的效果则更加炫酷，打造的沉浸式体验则更佳。本次世博会热门场馆德国馆最后的多媒体展项就融合了屏幕技术与投影技术：中央带凹洞圆盘的视频是由投影方式实现，作为主要内容和视觉效果呈现的平台，在观众身后竖起的大型屏幕围成了一个松散的圆形。观众随着参观流线就会不自觉地进入这个包围式的体验空间里，全方位的视觉效果让观众深深融入了场景之中（图10）。毫无疑问，多展现方式的融合，不仅对技术本身的要求更高，对于展项的设计与剧情的表现也提出了更高的挑战。同样是投影与屏幕结合的表现，意大利馆展项设计中投影和屏幕的内容各自为政，缺少联动，沉浸效果就有点差强人意了（图11）。

3　世博会多媒体影像表现特点

3.1　巧妙而精简的创意

不论是作为国家馆核心内容的"主题秀"，还是暖场秀或某个次要视频展项，阿斯塔纳世博会的多媒体视频都需要解决一个共同的问题：如何在短短3～7分钟的时间内、没有母语翻译的情况下，向来自世界各地不同文化背景的参观者演绎深奥的未来能源这个主题。这就对多媒体视频的创意提出了很高的要求。事实上，比较这次世博会所有场馆的多媒体视频内容，是有高下之分的。凡是有出彩的多媒体影像的场馆如德国馆、中国馆、以色列馆等，无一不成为众口称赞的热门场馆，而演绎不到位的作品，则让人有不知所云的感受。

由于世博会是流动参观的模式，各场馆希望在合理的展线内尽可能多地吸引参观者，决定了世博会场馆的各类视频创意必须是巧妙的，内容必须是精简的。调查也表明，观众可以接受的视频参观时间基本在3～7分钟之间，再长的时间，观众就会失去耐心，场馆人流的更替效率也会大大下降。所以，各场馆都在多媒体影像的创意上绞尽脑汁。

其中韩国馆是在创意表达上比较出彩的场馆之一。韩国馆的展项设置里一共有两场视频：欢迎的暖场秀和主题秀。在暖场秀中，馆方巧妙地利用了序厅和主厅之间的大门作为投影的媒介，通过视频中大门打开与真实大门打开的融合令观众产生了强烈的代入感。在内容创意上，视频选择了韩国国宝级漫画家金政基绘制韩国各种能源利用的场景。画家作画的过程和精彩的画作进行平行剪辑，最后所有的画面汇聚出一张人的侧脸，点题"人才是未来能源的核心"这一主题，巧妙而不花哨。而随后的主题秀则更显韩国的匠心。从主题来讲，是一场梦幻的"爱情穿越故事"，从表现形式上，则采用了低模化三维角色动画加真人舞台表演结合形式，使得观众不断在真实与魔幻的场景中来回切换，不断调动观众的情绪,即使韩国馆的主题秀时间相对来说是比较长的(约12分30秒),但是观众并没有不耐烦的感觉。采用这种形式的另一个好处是可以适应世博会长达三个月的展期。因为整个视频的角色设定是固定的,不同场次表演可以派不同的小组上场,演员可以轮替休息,在12分钟的主题秀中演员出场表演的时间大约在1/3,因此不会过于疲劳。整个主题秀是以动画方式铺陈情节的,演员的出现是在适当的环节调节气氛,实际上对演员舞蹈的专业性要求并不是很高,所以可以找到更多更廉价的演员来替换。如此种种,都可见创作者为了适应世博会的特殊性的巧思妙想。

另一个创意绝佳的展项是德国馆的"光电秀"。这是德国馆整个展线的最后一个展项,也是高潮所在。在观众排队入场的时候,工作人员会发给每个观众一根带正负极的"能量棒",参观者在场馆中,可以将"能量棒"放置到很多展项特制的"能量槽"里,就能激活周边的显示内容,浏览相关知识。学习的知识越多,"能量棒"中储存的能量也越多。最后,当大家来到最后的核心展项并共同激活中央圆坛的"能量漩涡"时,每一个"能量棒"都在向中心输送之前存储的"能量",这些能量汇聚成一股"能量风暴"时,精彩的"光电秀"就成为对大家共同付出努力之后的馈赠,所有人都会体验到自豪感和成就感,从而达成整个观展的高潮。通过对德国馆主题演绎手法的分析,可以看出,某一个展项的成功不仅是它本身技术与表达的优秀,更是在整个展馆展项的设计上环环相扣、步步提升的结果。

3.2 精良而成熟的技术

与我们观摩前预计的不同,阿斯塔纳世博会的多媒体视频展项上并没有出现让我们"眼睛一亮"的"黑科技",虽然演绎的技术手段有了一定的升级,但是核心技术并没有发生革命性的突破。但是,充分利用现有技术来实现效果最大化,依旧有一些展项的表现值得我们思考。

韩国馆主题秀中的低模化三维动画演绎就是一个案例。创作者故意将角色设计做成了低面数的模型(低模),整个角色和场景风格呈现了一种卡通感的几何体形态,简洁但丝毫不显得粗糙。众所周知,三维动画模型的精细程度很大程度上决定了动画制作的成本和时间。韩国馆充满创意性的表现手法,其一,大大节约了三维动画制作的成本;其二,经过精心设计的低模角色形成了独特的视觉风格，令人耳目一新；其三，当观众欣赏完主题秀进入后续的展项中时，故事的演绎并没有结束。观众会得到一个平板电脑，之前影片中提到的技术和场景被编成了 AR 游戏，而 AR 互动部分的场景风格和之前主题秀的动画风格是一致的，很好地完成了整个主题的延展，观众也不会产生观感的跳脱（图 12）。

无独有偶的是，西班牙馆的主题视频也采用了低模动画的方式，演绎人类利用能源发展的历史。同样简洁明快的风格，设置巧妙的循环动画，让人不忍离去。

电影特效技术领先全球的美国，在世博会的展项上却令人意外地采用了最普通的三屏联动形式的主题秀，甚至还没有 2010 年上海世博会美国馆多异形屏的科技含量高（图 13）。但是当我们看完整场视频之后，仍旧会被巧妙设置的摄影机机位和多画面穿插自如的表演所吸引，虽然只是简单的三个屏幕，但是当它们和舞台结合起来，在适当的摄影机视角下，演员仿佛是在舞台上直接进行表演，而倏忽间人物在不同屏幕间的跳跃，让人有不断穿越的感觉。可见，即使使用成熟的现有技术，只要精心设置剧情，仍旧能够制作出打动观众的优秀作品（图 14）。

4　小结

多媒体影像技术发展日新月异，但是纵观整个阿斯塔纳世博会各个场馆的展项，真正能吸引观众，成为热门展项（场馆）的，都做到了展项内容表现和技术设计达成完美的融合。在世博会场馆这样整体性展示的空间里，无论是打造沉浸式的体验，还是宣传历史文化的内涵，展项与展项之间的关联与转场、实体与虚拟之间转换与融合，都必须做到环环相扣，每个展项不再是孤立的单体设计。只有在这个前提下，选择最合适的技术来呈现内容，才能产生优质的效果。

在世博会这样历时 3 个月到半年的综合性大型展会中使用多媒体技术也必须考虑到使用的"安全性"。在长时间、大人流、多次数的观展环境下，对于多媒体的技术和设备的考验都是严酷的。所以在世博会上采用的技术往往都是非常成熟的、适合多人同时体验的，而且体验的操作不能复杂，最好在没有翻译或协助的状态下独自完成。因此，在阿斯塔纳世博会上，真正强调互动性的多媒体展项其实并不多，德国馆的"能量棒"可以算是一例，更多的是偏重体验感的沉浸式展项，观众还是以接受信息为主、反馈信息为辅。笔者认为，这其中固然有设备成本与运作安全性的局限，但也为以后的世博会多媒体互动演绎留下了发展的空间。

在世博会参观期间，我们也与中国国际贸易促进会（简称"贸促会"）的领导进行了会晤。作为世博会项目的官方主管单位，贸促会参与、指导了从1995年爱知世博会到今天所有世博会，积累了非常丰富的经验。贸促会世博处的领导指出了这十年来世博会展项的一个问题：越来越多的国家把多媒体视频秀当作主展项而不遗余力地进行开发。但是当观众渐渐熟悉了新奇的视觉效果之后，并不能真正收获到什么。宛如"繁华落尽，白茫茫一片大地真干净"。关于最终收获的这个问题，上海复旦大学新闻学院的讲师邓建国博士，在他的文章中也提到，"作为一种辅助性展示手段，视频只能在短时间内为观众提供虚幻的多媒体感受，却不能代替实物展品，否则观众虽然因处于多媒体空间而受到强迫性注意，却不能对信息产生理解，更难留下深刻具体的记忆。"所以，多媒体影像未来将会以更加贴近自然、更加接近受众的表现形态展现出来，设计者也将更多地思考展示形式背后的深远内涵。

图 1　美国馆的多屏幕主题秀

图 2　中国馆《体验高铁》展项

图 3　中国馆《热核发电》展项

图 4　中国馆弧幕投影主题秀

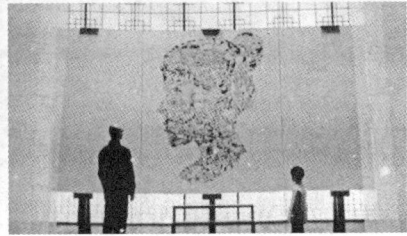

图 5　韩国馆欢迎秀用投影技术和实际的门结合起来制造体验错觉

图 6　沙特阿拉伯馆的异形屏幕投影视频

图 7　法国馆的互动项目，以投影方式呈现

图 8　摩纳哥馆的投影和道具结构产生联动，形成独特的视觉效果

图 9　以色列馆真人与投影结合的方式演绎抽象的理念

图 10　德国馆屏幕与投影结合的展项，产生了充分的沉浸感

图 11　意大利馆的投影和屏幕技术虽然同时采用，但是并没有很好地进行融合设计，所以效果一般

图 12　韩国馆多媒体展项中的低
模动画（AR 互动部分）

图 13　西班牙馆多媒体展项中
的低模动画

图 14　2010 年上海世博会美国馆
异形屏主题秀

图 15　西班牙馆多媒体展项中
的低模动画

平面视觉元素对空间设计的影响和作用

——第一届"未来畅想 沟通桥梁——世博语境下的展览创意设计"学术论坛多媒体艺术家阿里克谢演讲侧记

The Influence and Role of Plane Visual Elements on Spatial Design——the 1st "Imaginary Communication Bridge in the Future – Exhibition Creative Design in the Context of the World Expo" Academic Forum Side Notes of a Multimedia Artist Aleksej Schoen

葛天卿　Ge Tianqing

在第一届"未来畅想 沟通桥梁——世博语境下的展览创意设计"学术论坛针对媒体和视觉的板块,国内外知名艺术、设计专家探讨了世博语境下设计的前沿问题,并给出建议性的启发与创想。

随着各种表现技术和形式手段的创新与发展,数字时代背景下信息传播媒介的不断更新,平面设计的概念已经不能只局限于二维的空间限制,他已经具有了相当大的模糊性和拓展空间的功能。就如文字、图形、图片等视觉要素在新数字媒体时代背景呈现一个多样化多维化应用的趋势。新媒体艺术将展示内容由物质转为非物质,使得展示形态发生转变,由静态转化为多维度动态展示,实现了人们对于艺术多样化的需求。

波茨坦广场皇宫 YMA 秀以及阿斯塔纳城市节庆新媒体艺术家、导演的德国艺术家 Aleksej Schoen 运用视频播放的方式带来了设计和主题运用上新科技所带来的创意和概念,展示了"增强形象馆"(AIP)项目当中的一些技术亮点。项目中其建筑结构方面完全考虑到节省能源的循环环保主题和流线型感官效果的美感，表面有马赛克的图案，注重表现了表面设计和图案设计。并且通过 AR 技术去做一个场景的模拟，将实体和虚拟进行整合，打造真实沉浸式的感官体验。

虚拟现实技术推动了展示设计向着更为人性化的方向发展，它提供了人与信息之间的互动，真正的强调了人的参与性与主导性。其最鲜明的优势便是能在极大程度上节省时间、空间，使展示设计有更多可能性。

Aleksej 还提到在一些现代项目里，AR 技术的运用带来非常好的一些体验和效果。

球体的表面也可以成为一个投影的对象，它的转动可以带来不同的成像，还有其他个性化的技术手段，很多观者觉得这样的互动体验焕然一新。还有项目中会设置听觉的系统技术来捕捉观众的反映，打造 360°的体验。这种媒体技术给每个观者以及团体带来自由和特别的体验，感受到属于他们自己的体验。AR 技术在 Aleksej 的项目中得到了充分的运用，它主要是提供高质量的内容以及一种娱乐体验形式，而且这种展示技术能够将虚拟跟现实进行融合再创造。

技术是艺术创作方式革新的基础，而艺术的进步又将催生新型展示的科技手段。在当代新媒体艺术环境下，在展示设计中把平面视觉元素同主题内容相结合，运用新的数字媒体技术，拓宽设计空间、丰富设计手段、升华设计思想，更直接地达到展示效果，使信息更直观且新颖地传递给观者。

最后 Aleksej 也简单提及 3D 打印技术，通过一些图片形式的表达 3D 打印技术可以在有限的面积内变化出不同的空间形态，这在很大程度上节省了空间、材料、运输上的资源，让观者在有限的空间里获得不同感官上的沉浸式体验。3D 这种技术将在未来有很大的应用趋势，能够改变设计上的思维方式以及理念，可以解放我们设计上的桎梏。

视觉平面其独特的形式语言、表现手法和空间之间的结合变得越来越紧密，形式语言的设计能够渲染环境、构成空间，空间的主题塑造和氛围需要平面手法来实现。视觉元素在空间中的拓展运用是今后视觉综合设计的发展趋势。平面视觉形式打破传统的二维媒介上的表现，渐渐转向为作为多维空间的媒体控制手段对于空间的主题演绎起着非常重要的作用，建立了空间气氛上的视觉美感，也加强了整个展示效果的视觉冲击力。

阿里克谢演讲侧记

后世博时代下展览空间新媒介艺术研究

Research on New Media Art of Exhibition Space in Post Expo Era

郑赛日　Zheng sairi

唐　强　Tang qiang

【摘　要】 上海世博会的成功举办对于我国会展、城市规划展览馆、历史馆以及包括商业环境设计等在内的会展行业具有划时代意义。世博会之后的中国展览设计被称为后世博时代。为加快展览设计市场拓展的步伐，各地一些城市规划展览馆如雨后春笋般快速涌现。在全国范围内，建筑展示厅和展览的热潮兴起。本文介绍了中国展示展览空间发展现状，并阐述了新媒介的概念和特征，特别对展示空间中新媒介的叙述语言与形态表达进行深入探讨研究。

【关键词】 后世博时代；展览空间；新媒介；艺术

1　中国展示展览空间发展状况

随着我国城市经济发展和现代化步伐的加快，城市展览馆设计越来越高端。上海世博会之前，我国展览空间在形式、方法方面保留相对简单统一的模式，特别是设计和表现手法上大同小异。首先，单一的表达形式，规划布局如同出自同一模板，采用图片和文字的方式解释展示内容的设计，展览空间主要采用信息传递的形式；其次，少数有先知先觉的设计师较早接触新媒介方式，开始采用一些新颖的虚拟现实手法应用于展览，随后全国各地的展览争先效仿，一时间多媒体显示技术风靡各种展览。但同时，浅薄的模仿也很快形成了较多如出一辙的设计。

2　新媒介概念及特征

2.1　新媒介的概念

20 世纪共发生 5 次有关信息变革活动，人们把第 5 次信息革命称为新媒介。信息传播形式的戏剧性变化已成为 21 世纪最具代表性的象征，它普遍应用到了包括艺术在内的众多领域。

新媒介的概念尚没有明确的严谨定义，主要可以分两方面解读。一方面，"新媒介"不再是单独存在的某一个个体，而是指从事信息行业的群体。这一点可以从英语"New Media"，其中"Media"是媒介的复数形式得到证实。新媒介是一种集文字文本、声音、图像、动画、视频和计算机编程技术于一体的媒体技术。如虚拟现实、互动媒体、电脑游戏等均属于新媒介范畴。另一方面可以从"新媒介"的"新"字来解读，"新"是一个相对的概念，从时间向前推进，"新"更像一个丰富的哲学命题词汇，通过某一点时间前后对比进行分类，而电脑与电视而言可以称为是一种新媒介。以此为依据可以认为，所有在时间上出现较晚，形式上与现有媒介不同，都是"新媒介"。结合两种观点，我们可以定义"新媒介"：一个相对较新的时代到来，在技术上有一些进步，信息传播是互动的，媒介形式具有链接性被称为"新媒介"。

一方面，新媒介代表着新的形式和内容，另一方面代表着一种看待传统内容的新方式。

2.2　新媒介的语义化与情景化

世博会之前的展览空间设计可以形容为容纳展览内容的一个容器，而后世博设计语言创新为语义化与情景化全新理念，这一理念的寓意在于每次展览空间主题要统一，凡是本次展览范围内的各个部分空间，或者各个不同的区域空间，都要围绕一个主题体现出整体化效果。在整体中，各个部分通过采用语义化与情景化设计方式，从各个不同角度、不同层次全方位立体展示主题，建立一个全新且特征鲜明的展览空间。[1] 各个展位的设计方案在选材和制作方面首先遵循环境保护、节能减排的可持续发展理念，然后明确各自设计的象征意义，再从内容创造力、国际包容力以及科技研发力等方面促进会展行业的产业升级。后世博时代设计语言的创新为新媒介技术的发展奠定基础的同时，对后来媒介技术开发产生实际的和深远的影响。在设计语义化与情景化理论指导下，展示设计传统简单的设计模式得到了优化，开发出多元化设计链。[2]21 世纪的人类社会科技理论想象力无限，人类社会将跨入崭新的智能时代——互联网智能，互联网智能作为一种信息技术趋势，向着超级智能、感知、节能的方向发展。

3　展示空间中新媒介的叙述语言与形态表达

3.1　虚拟场景

新媒体技术的快速发展，让人们可以完成任何可能的空间场所的实现，利用虚拟影像对空间进行展示、叙述。这种虚拟影像是在数字技术的基础上成长起来的一种新的媒体展示手段，它常常利用真实的影像、规模宏大的展览空间来构造出可能的未来或曾经的历史，从而形成一种具有沉浸式体验感的叙述语言和展示空间，在这里情节、时间、空间都在某种程度上具有了他们最广泛的自由。

真实的展示空间经常是以线性的叙事方式对空间进行表述，时间和空间对人们的观览加以了限制，而在虚拟场景中，情节是用非线性的形式进行展开的，同时也使时间变得可以掌控，甚至可以利用蒙太奇的手法，在人为虚拟的空间里进行一段一段的重构，这样就可以让同一时间段里发生的各不相同的各个事件用相同的节奏和频率展现在观众面前。[3]

3.2　界面传感

当今社会，一种新的视觉影像的操作系统已初具规模，它就是利用界面显示器和投影，通过传感技术来实现新媒体界面传感。利用显示器来作为展示界面视觉操作的载体，观众可以通过比较简单的触摸、划动、点击来完成对基本信息内容的阅读，触摸传感屏幕可以根据人的不同行为动作来进行实时感应，从而实现从单点、双点及多点到透明的、墙面的及地面的等多种操作界面形式的感应。这种界面传感的新媒体可以对所展示的内容起到一定的扩充表达作用，从而使观众对所展示的展品进行更深度的解读，随着现代科学技术的快速发展，人们已经逐渐熟悉并认可了这种触摸点击就可以进行阅读的形式。因此，让广大观众以什么方式、用什么角度进行切入就成了这种展项的关键问题。

3.3 影像剧场

1967 年，在加拿大的蒙特利尔市举行的以"人类与世界"为主题的世界博览会，被评论为电影胶片构建的城市，在这里，每一个展馆的观众都成为投影仪的目标。2010 年，上海世博会被认为是数字影像构筑的乐园，在这里，各种形象都是以数字影像的形式展示出来的。我们可以发现，在展示活动中影像剧场是非常重要的一个组成部分。

影像剧场的幕屏的不同包裹程度所带来的沉浸式体验感是不相同的，大体可以分为以下几类：单面影像式、半沉浸式、完全沉浸式。

单面影像式是指影院幕及中心影像零散包围影像，这种多维单面或部分围合幕屏所产生的沉浸感和代入感最弱。

半沉浸式：像三面折幕、120°弧幕、180°弧幕、地幕及顶面半球穹幕等多为半开放式围合屏幕，这种幕屏所产生的沉浸感和代入感次强。

完全沉浸式：像四面幕、360°环幕、矩形六面幕屏、球幕等则是镜像全包围幕屏，这种幕屏四面围合，他们所产生的沉浸感和代入感最强。

3.4 拓增现实

在展示空间中，"虚拟现实"（Virtual Reality）技术整合了听觉、视觉、触觉的多重混合技术手段，它包含了广角 3D 显示，计算机三维处理技术，对观众的眼、手、头部进行追踪等输出输入技术手段。在所展示的空间叙述中，"虚拟现实"技术能更有效地展示出各种实体展物，通过对所展物体进行数据影像采集，建立 3D 模型数据系统，最大限度地保留了展物的各项特征，同时可以做到精准复制，从而打破了一些展物的地域限制，让所展物体更加形象、逼真、完整的展示在观众面前。通过计算机网络与虚拟现实展示空间技术相结合来实现网络的 VR 展示，主要是构建虚拟 3D 场景，让广大观众以第一视角行走在场景中，形成与空间的交互，并通过无线传感技术、头盔式显示器跟踪技术、无线收发器动作捕捉技术来实现观众实时空间互动，从而达到身临其境的真实体验感。在虚拟漫游及虚拟展示中都大量运用了这种技术，例如房地产行业的漫游展示。

拓展现实是虚拟现实展示方式的延伸，也称为增强现实，是指把难以体验到的声音、颜色、形态、质地等具体信息，用模拟仿真的形式，置入并叠加到此时此刻的空间中。

3.5 空间漫游

空间漫游展览形式，是指可以使整个观览的体验具有很强的节奏感和连续性的一种展示方式。[4] 整个体验就像是在看一场空间电影，利用镜头式的视觉转换来进行空间的叙述，通过空间距离的远近、镜头的快慢让人们感受到时间节奏的变化发生。不同于电影的是，观众是一种运动状态。[5] 正是这个特点，可以使展示空间的情景，利用人的情绪节奏、视角转换、心理体验等对展项进行设置，从而达到移步异景的全新神奇感受。

4 结语

综上所述，上海世博会的成功举办之后的中国展览设计的后世博时代，为跟进时代的步伐，必然要在展示空间中将新媒介的叙述语言与形态表达方式普及应用。在各种会展展厅的设计过程中，注重对各种媒介的判断取舍，既要注重以计算机为载体的新媒介的应用，普及科技新技术，采用后世博会展设计的语义化与情景化方式，以多元化设计链方式取代传统单一雷同的模式，同时也要不放弃传统媒介的作用，有效地增强民族认同感和凝聚力。在节能环保、可持续发展的基础上，实现区域文化特色的整合，实现艺术展览空间的协调功能与布局，也有利于艺术展览空间文化的交流能力。有针对性地利用各种媒体，才能在展示中表现出最佳效果。

参考文献：

[1] [荷] 米克巴尔 . 叙述学 [M]. 谭君强，译 . 北京 : 中国社会科学出版社，2003.

[2] [加] 麦克卢汉 . 理解媒介——论人的延伸 [M]. 何道宽译 . 上海 : 商务印书馆，2000.

[3] 王蕊，李燕临 . 数字媒体设计与艺术 [M]. 北京 : 国防工业出版社，2012.

[4] 虚拟现实与沉浸式传播的形成 [J]. 现代传播 : 中国传媒大学学报，2007（6）: 25-28.

[5] 郭庆光 . 传播学教程（第二版）[M]. 北京 : 中国人民大学出版社，2011.

[6] 彭彪，莫梅锋 . 媒介迷的形成与特征 [J]. 当代传播 .2007（3）: 32-34.

吉祥物的情感表达与边界

The Emotional Expression and Boundary of the Mascot

汪　宁　Wang Ning

伏　天　Fu Tian

【摘　要】 本文从心理学家唐纳德·A·诺曼提出的受众体验三层次模式入手，探讨吉祥物与受众的情感连接作用，以及其情感表达的方式。并对吉祥物设计极简化的趋势和案例进行了分析，试图寻找吉祥物极简化设计的边界。

【关键词】 吉祥物；情感；极简化

1　吉祥物的情感连接作用

卡通吉祥物是指包括一定文化内涵的形象，象征活动、事件、企业或商品的漫画性人、动物、植物乃至非生命物，并有特定名称的卡通形象。它（们）是活动、企业、商品与受众密切交流的恒久性亲善大使和宣传员。兼备商标、平面模特、宣传推销等多方面功能，并且具有商标和模特所不具备的优势，作为视觉识别系统的组成部分，愈来愈多地运用于品牌建立、终端事件营销和公共活动中。近年来，随着奥运会、世博会等大型活动在国内举办，渐渐被越来越多的国人知晓并广泛运用到各种社会活动和商业产品中。

在整个视觉识别系统内，吉祥物和标志都是为了建立良好而强烈的视觉形象，从而进行良好的传播。但是吉祥物不是标志的延续或附属，而是和标志相辅相成的独立而特殊的设计。相较于标志的理性、高度抽象化来说，吉祥物是感性的、具象化的，是整个视觉传达系统中最自由、活泼和鲜明的元素。

与受众产生情感连接是吉祥物发挥的最重要的作用，形态或可爱或呆萌的吉祥物用令人无法抗拒的亲和力和趣味性为公共活动或企业带来受众的好感和关注。作为对抽象品牌形象感知的情感补充，吉祥物用人格化的形态或做憨态可掬的肢体表现或用逗趣的表情传达情绪与受众产生情感共鸣，更自然巧妙地与受众进行交流和沟通。这种情感化的作用在当今市场经济环境下可以迸发出巨大的商业价值。如 2013 年日本三丽鸥公司推出的吉祥物"懒蛋蛋"整体造型是一个圆溜溜的蛋黄表情是万年不变大写的丧，人生哲学只有一个字"懒"。一经推出就大受欢迎各种衍生产品大卖，甚至推出了自己的书籍、展览和主题餐厅等。"懒蛋蛋"的成功，与它明确的性格定位分不开。看"懒蛋蛋"从一颗鸡蛋的视角对生活的各种吐槽，与当下年轻人在竞争激烈的生活环境下偶尔产生疲倦的心理相契合，自然而然与人们产生了强烈的共鸣（图1）。

拟人化的吉祥物与受众产生真实的情感连接这一过程看似微妙又难以捉摸，实际上是精确设计过的要素在发挥影响力。在著名认知心理学家唐纳德·A·诺曼[1] 的《情感化设计》一书中提出了一个有趣的模式，可以拿来参考分析吉祥物到底是如何发挥情感作用的。诺曼将受众体验使用一个设计产品的心理过程明确划分为三个层次，分别为：本能层、行为层、反思层。这三个环节是认知心理逐渐深化的递进结构。

本能层是人们的直观感知不需要进行推理和思考，如设计要素中使用明亮的、高饱和度的色彩，微笑的面孔，对称的物体，圆润平滑的形态能激发美感的知觉、声音和形状自然的会对人们产生正面的情绪影响。而另一些要素如尖锐的型体、畸形不对称的外形则会引起人们负面反感的情绪。

行为层面是与产品互动中受众的体验，如果互动中充满乐趣会导致热烈积极的情感，如日本熊本县吉祥物"熊本熊"角色行销方式，让穿戴着熊服装的演员参与到社会公众活动中，做出种种呆萌或萌贱的动作与受众互动，并录制成视频在网络平台上进行传播，迅速获得了大众的喜爱，其动态表情包也因此风靡一时。

反思层面与前两个层面最大的不同在于时间跨度上，本能层和行为层都是关于当下看到和体验互动中的情感和认知，而反思层延续的时间更长其发挥的作用是回忆和联想。

在吉祥物设计中，我们可以这样理解：本能层的设计对应着吉祥物的基础造型设计，圆润规整的形态和特色鲜明的姿态更容易被受众喜爱和接受。行为层的设计对应着吉祥物的动作、表情衍展设计及衍生品设计，多样化的衍生产品不断加深受众的用户体验，通过各种渠道塑造的个性化有趣性格设定会给受众带来更强烈心理感知。反思层的设计对应着吉祥物的核心图形元素衍展设计，核心识别元素的极简化处理经过长期、反复地影响，使得受众易于形成直觉的联想，从而作用于人们对吉祥物整体认知和长久记忆。

2 吉祥物的情感表达方式

吉祥物的情感表达方式是整体性、多样化的。但是从受众认知的顺序上是可以找到一定的规律的。一般来讲，受众认知吉祥物的认知顺序是：肢体形态—五官表情—服饰细节。这个顺序也可以作为设计师设计吉祥物的逻辑的参考。

2.1 肢体形态

相较于表情，肢体形态更加容易被识别并记忆。如 2010 年上海世博会的吉祥物"海宝"，永远不会忘记的是它独特的形体和标志性的一手叉腰、一手挥动的"标准姿态"。通用动作如表示友好的打招呼、欢迎、赞赏等都是吉祥物设计中的典型动作。合理的运用可以塑造出吉祥物的典型性格特征与其他吉祥物区分开来。但需要注意的是,肢体动作因为不同国家地域文化的差异象征意义较多,在实际应用中要充分了解手势所代表的意义，以免产生歧义造成不必要的负面影响。

2.2 五官表情

五官表情是人们表达情绪的最直接方式，同时也是吉祥物表达情感的重要方式，通过面部表情表达喜、怒、哀、乐，并不刻意追求细致还原的五官刻画，更重要的，是趣味表现的神似。当受众对吉祥物的整体形态有了初步的瞬间记忆之后，立刻就会关注它的五官表情。眼睛是心灵的窗户，蕴藏着吉祥物的神韵。需要注意的是虽然卡通眼睛的造型方式不如真人那样千变万化，眼睛的造型要符合吉祥物的性格设定。其次是嘴的设定，通常嘴眼组合传达出的情绪更完整，能够更准确地传达吉祥物的情绪。

2.3　服饰与细节

除了吉祥物形体造型外，服饰与细节对吉祥物的亲和力也有很大的影响。除了带来视觉美感外，更能在情绪上感染受众。如 2008 年五福娃，不仅服饰的颜色设定与奥运五环色彩完美结合，而且将博大精深的中华传统文化转化为不同的衣帽纹饰具象形态，塑造了具有浓郁民族特色的吉祥物。但需要注意适度以免给衍展设计造成麻烦，如制作五福娃动画片时因为动画制作工艺的限制不得已删减了原型设计上的许多装饰，对识别度造成了一定的影响。

3　吉祥物的设计极简化趋势与边界

极简主义（Minimalist）是最早出现于西方艺术领域的一种风格流派，由美学理论家查德·乌海姆（Richard Wollheim）于 1965 年首次提出，本是为了批评某些艺术实验为了达到美学效果而刻意减少艺术内容的贬义词却无意成了极简主义者的口号[2]。追求形式简单、高度功能化，反对装饰的极简化艺术实践以其简约明了的风格迅速渗透并影响了各个设计领域。观察近几年市面上企业吉祥物的设计案例能察觉到"减少再减少"的趋势，基础形态线条减少至最基本的几何形，色彩精纯到起码的原色，空间降低到最低的二维表现，经过这样极端简化后的吉祥物形态，为受众带来的是精准的感官传达和较低的记忆成本。

如京东在 2017 年进行的品牌升级，对其吉祥物"JOY"的基础形象进行了大改动，最明显的一点是去除了金属质感，小改动表现在头部五官上的微调。眼睛的位置占据视觉中心，移动到了整体脸型居中偏上的位置，在观看时更容易聚焦。微笑的嘴巴由原先类似金属的接缝变为更醒目加粗的弧形粗线条表现，更自然和可爱。身形比例上也做了大调整，拉大了头部和身体的比例，四肢和尾巴缩小后更加精简短萌，经典的侧身呈现形态下第四条腿被遮挡，故在新版中直接删除，简化后的造型整体圆润感强，冰冷的金属质感简化为简单的白色后形态更加轻盈，亲和力增加不少（图2）。

58同城的吉祥物"帮帮"，在2017年进行了升级。新的吉祥物外形线条抛弃原先的自由曲线改为更有几何化特征的圆角矩形，类似应用软件APP的轮廓造型不仅表达了58同城的互联网属性，看起来也更加对称简洁。手部由具象的五根指头简化为了椭圆手套，手脚用显眼的小黄手套和小黄鞋，和之前相比优点是使手臂和腿部的区分更加明显，备受诟病的细腿细胳膊改为了更软萌的胶管状的四肢，不仅更加灵活，和身体的连接也更为自然。身形比例上拉开了脸部和身体的区分，用和外轮廓同样的圆角矩形概括归纳出脸型，不仅在图形元素上一致而且留出了身体的形态，更方便后期配饰和衍生造型的设计。表情上延续微笑的状态，但去除了旧版中不必要的高光点和箭头装饰。眼睛保持一致地使用了圆角矩形，嘴巴和眼睛鼻子的五官位置缩进后萌感十足。颜色使用了58新logo的红色，红黄暖色系的对比视觉感觉上热情洋溢。更新后的"帮帮"形态对称简洁，不仅更方便延展识别度也有很大的提升（图3）。

QQ吉祥物企鹅2016年的形象更新，从拟人化的友好形象变为更加中性的图形化标志。头部到身体的外形轮廓线从曲折变为更加简洁锐利的直线型，微笑的表情也简化为有更多表情想象空间的中性表情，适用于多种场景。保留的经典红围脖由曲线形体变为干练的直线型。从稍有些俯视角度的孩童气质直立起来整体气质更加成熟。眼珠去除高光，因为企鹅吉祥物同时也是QQ的标志，在实际使用场景中特别是缩小到标识样式，在手机像素有限的情况下高光也不能被显示出来，所以在新版更新中直接去除（图4）。

虽然吉祥物可以通过提炼抽象几何形体的方式进行精简以达到更有效传播的目的，但并不代表吉祥物的形态可以无限简化。笔者认为吉祥物简化的边界在于情感的表达。笔者认为不能产生情感连接的图形已经不能称作吉祥物。如阿里旅行的logo图形和吉祥物"飞猪"一体化的设计，由极简几何图形组成的图标式logo设计将吉祥物拟人的形态精简到极致，甚至连猪最有识别特征的猪鼻孔都删除了，如果没有辅助说明，很难将这带两个角的圆形和猪的形态有任何联想，也不会产生任何情感联系。这也是吉祥物不能被卡通化的图形标志所替代的原因，两者还是有本质的区别。吉祥物的亲和力和趣味性不可取代（图5）。

吉祥物设计目的是为了增加亲和力，弥补 logo 标志的冷峻和距离感。极简化的吉祥物基本造型元素的取舍原则可以参考受众对于形象认知的顺序而反之。即：在吉祥物设计或优化的时候，首先可以被舍弃或精简的是吉祥物的服饰和细节，其次是表情，在极端情况下，保留肢体形态是留住吉祥物情感属性的最后元素，如果越过了这条线，吉祥物就变成没有情感的图形，也失去其作为吉祥物的价值了。

前文引述的京东吉祥物"JOY"、58 同城吉祥物"帮帮"和腾讯吉祥物"QQ企鹅"都是依据这样的原则，简化了细节，但是保留它们原来的形态和表情，使得受众仍可以无障碍地识别出吉祥物的形态。接下来，我们再列举一些在吉祥物基础设定中直接删除了五官的表现，使其与企业 logo 保持高度统一的极端简化吉祥物。如阿里云 2017 年 12 月刚发布的企业吉祥物"小 ET"，基础形象直接在 logo 上进行衍生，面部直接原样照搬了 logo 的多边矩形轮廓，脑袋则延续logo 多边形面的矩阵创意表达着阿里云平台技术联动互融的特点。亮点是在五官的处理上十分有创意直接简化为了一个点。

这种极端化的设计手法，虽然可以达到视觉上的高效认知和品牌视觉系统的高度统一，但极致精简为了图形符号，也同时抹除了吉祥物很大一部分的情感表达。但是我们可以看到"小 ET"的设计有一个可以做出各种姿态的身体。情感的表达方式除了五官表情，还有肢体动作，身体是可以用来有效的传达情绪、表达情感的第二大利器。肢体语言可以作为对极端简化吉祥物消除表情后的设计补充。再如饿了么的吉祥物"blueblue"在新版本的形象更新中，完全抹除了五官表情变成非常简化的外卖小哥形象，但通过丰富的肢体动作和服饰搭配上的丰富感来塑造吉祥物的形象和个性，从而弥补了没有五官情绪表达的不足（图 6）。

4　结语

吉祥物要完全发挥出价值作用，在各种应用场合中有效地呈现，就要求吉祥物设计时不仅要对图形高度凝练和概括，也要充分表现出吉祥物的情感内涵。成功的吉祥物在承载品牌内涵的同时必须兼具鲜明的视觉感染力和高延展性。为了高效传播的目的，设计中应考虑整体造型、颜色、线条的明确干练，追求形式差异化和个性化。极简化的设计可以最大限度地降低识别和记忆成本，能更准确有效的被受众感知。但是在简化的过程中应该守住情感内涵表达这一边界，否则吉祥物就将失去它的特征而成为图形或 LOGO 了。

参考文献：

[1] 唐纳德·A·诺曼 . 情感化设计 [M]. 付秋芳, 陈进三 . 译 . 北京 : 电子工业出版社, 2005.

[2] 梁明捷 . 极少主义设计的历史演变 [J]. 美术界，2008（1）: 59.

图片来源：

图 1（a） 情感化设计的三个影响层次　作者自绘

图 1（b）2018 年平昌冬季奥运会吉祥物白老虎"Soohorang"http：//www.world.people.com

图 1（c）2018 年平昌冬季残奥会吉祥物亚洲黑熊"Bandabi"http：//www.world.people.com

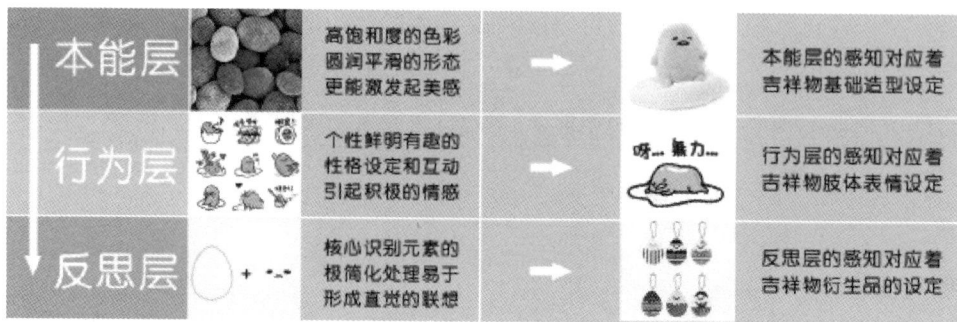

本能层	高饱和度的色彩 圆润平滑的形态 更能激发起美感	→		本能层的感知对应着 吉祥物基础造型设定
行为层	个性鲜明有趣的 性格设定和互动 引起积极的情感	→	呀... 无力...	行为层的感知对应着 吉祥物肢体表情设定
反思层	核心识别元素的 极简化处理易于 形成直觉的联想	→		反思层的感知对应着 吉祥物衍生品的设定

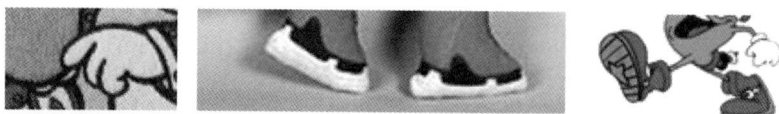

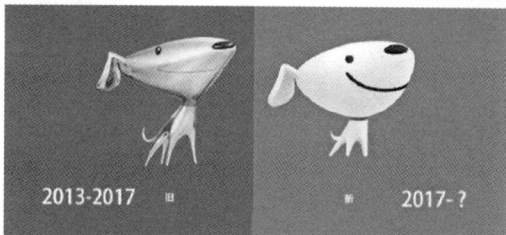

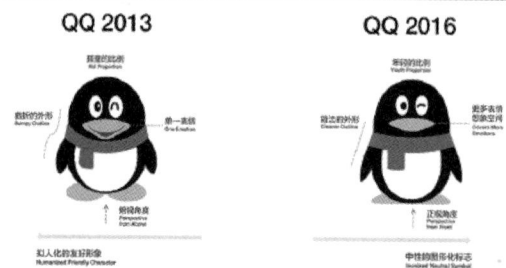

图 1（a）

图 1（b）

图 1（c）

图 2

图 3

2013-2017　　2017-?

图4　　图5

图6

浅析吉祥物的设计、推广与传播

Analysis of Mascot Design, Promotion and Diss

张　旭　Zhang Xu

【摘　要】　本文以 2010 年中国上海世博会吉祥物海宝为例，探讨吉祥物在设计、推广与传播中的基本原则和商业价值；以文献、实证、比较等方法，从吉祥物的设计、赋予意义和应用、推广与传播入手，探讨发现吉祥物整体形象结构简单、信息直接、意义明确、便于记忆和方便传播的特点。

【关键词】　吉祥物；海宝；意义；推广；传播

吉祥物是人们在事物固有属性和特征上，着意加工而成的，用以表达人们的情感愿望的视觉形象。常见于各类大型活动或作为企业形象，吉祥物凭借可爱的形象和美好的寓意，受到世人的青睐，创造了文化价值和商业价值，那么吉祥物在创意和宣传时都要考虑哪些因素呢？本文以 2010 年上海世博会吉祥物"海宝"为例，来简单探讨吉祥物的设计、推广与传播。

1　吉祥物的设计——颠覆旧的思维方式

2010 年，中国上海世博会成功开幕，在 2007 年，"吉祥中国——中国 2010 年上海世博会吉祥物揭晓晚会"上，吉祥物"海宝"正式面向全球发布。"海宝"

这一形象不是简单挥笔而成的作品，而是由邵隆图先生所负责的"修改团队"在26655件应征作品中，在巫永贤先生以汉字作为吉祥物创意的基础上，用了将近3个月的设计、论证、完善，才最终定稿。在这26655件应征作品中，邵隆图先生提到不会少于5000件作品是以东方明珠这一造型做吉祥物的，但是邵隆图先生认为东方明珠这一造型做吉祥物是不好做的，因为太高，虽然说用大家熟悉的地标来做吉祥物也是好的想法，多尝试变形，也可以变得非常可爱，然而真正能做到被大家所接受还是很难。另外，透过这一现象也可以看到，我们的设计思想有太多重合，而造成这一现象的最大原因，用邵隆图先生提到的最中肯的一点意见就是设计师文学底子不足，书读得还不够，所以设计出的吉祥物文化底蕴就薄，使得吉祥物本身失去了独特性。

2010年上海世博会的主题是"城市，让生活更美好"，这个主题是抽象的，要把这个抽象的概念演绎成具体的吉祥物，同时要反映国家的文化和形象，还要扮演国家对外交往的重要角色，确实不易。所以，如果我们只拘泥于具象的龙、凤凰、麒麟等传统吉祥物的形象，那我们所展示的还是大家看到的旧传统，与上海，与城市，与生活，都没有关联。

笔者曾经咨询邵隆图先生，许多代表中国的吉祥物几乎都是借用中国传统娃娃的形象，而海宝看起来则完全打破了中国娃娃的约束，海宝当初设计时为什么没有采用传统娃娃的形象呢？邵隆图先生反问，在城市，有多少人能真正记得传统的特点呢？有多少人记得如年画娃娃一样传统娃娃的样子呢？如果连我们自己都搞不清娃娃的样子，怎么能让别人有深刻的印象？怎么能让不了解中国文化的人感受到传统的魅力呢？而且，上海也有自己本身的城市特色，是中国的，也是世界的；是东方的，也是西方的；是传统的，也是时尚的；是熟悉的，又是新鲜的；上海，是一个中西合璧的城市，所以，传统的娃娃不适合用来代表上海。如果上海世博会的吉祥物既不能代表上海，又不能让别人快速识记，那就失去了作为吉祥物的作用。而且，海宝突破了传统娃娃的形象约束，以"人"这个汉字来作为设计的出发点，是经过了漫长的主题演绎的结果。人，是美好城市的创造者和体验者，城市里房子建那么多，为什么呢？马路修建的那么发达，为什么呢？一切都是为了改变和提升人的生活方式。人是城市的重要组成部分，是城市的细胞，又是城市的灵魂，城市让人的生活更美好，而人又赋予了城市文化、性格和创造力。同时，使用汉字又有利于汉字的对外传播，"人"字笔画简单，易于识记，每个见到海宝的人，都能学会并写出这个"人"字，了解到中国"以人为本"的核心价值，而且，"人"字一撇一捺相互支撑的笔画结构也包含着美好生活由你我共同创造，城市因你我携手共建而更加美好的寓意，也更加体现出上海"上善若水，海纳百川"的城市精神。

所以，在设计吉祥物时，不单是设计师自己认为设计表现的好就可以，重要的是对概念的理解上，加强对主题文字的理解，多去想象，不受思想的拘束，多去尝试，颠覆旧的思维方式，时刻注意吉祥物的独特性，同时，时代性、地域性这些因素，也都是我们要考虑到的信息。

2 吉祥物的意义——不可或缺的正确选择

"设计有好坏吗？"邵隆图先生曾经问过的一个问题。"设计有好坏，有好看难看之分吗？"而邵隆图先生的回答出乎预料，"这个大家都喜欢进行的讨论没有意义。"

一个6写在地上，左边看它是6，右边看它是9，那是左边的对了还是右边的对了？都对。然而，这又有什么意义呢？没有意义。我们讨论设计的对错好看，都没有意义，但是"赋予它意义就有意义了"。

上海世博会吉祥物——"海宝"。"海宝"两字与英文"Harbor（港口）"谐音，象征了上海这座世纪之都的港口身份。意为"四海之宝"，符合世博会吉祥物这一象征意义。头发：像翻卷的海浪，显得活泼有个性，点明了吉祥物出生地的区域特征和生命来源。脸部：卡通化的简约表情，显示友好而充满自信。眼睛：大大的、圆圆的，说明对未来城市充满期待。蓝色：充满包容性、想象力，象征充满发展希望和潜力的中国。身体：圆润、可爱而俏皮，展示着和谐生活的美好感受。拳头：翘起拇指，是对全世界朋友的赞许和欢迎。大脚：稳固地站立在地面上，成为热情张开的双臂的有力支撑，预示中国有能力、有决心办好世博会。当整个吉祥物被赋予这些意义之后，就变得更加生动，更能让人们体会到"海宝"身上流淌的不仅有中国文化的血液，还有它向世界传达的包容、共进和友好[1]。

在赋予如海宝这类代表国家形象的吉祥物的意义时，要考虑它的主题性、独

---

① 引自网易新闻"吉祥物：海宝"，http://news.163.com/07/1219/15/4037KONM0001124J.html.

特性、地域性。海宝是中国 2010 年世博会主办国特色的标志物，体现着"城市，让生活更美好"的主题，不但要表现东道主的本土文化，表现源远流长的中国文化的过去、现在、未来，还要以开放欢迎的形态表现在政治、经济等其他领域的传播和合作共赢美好愿景，有文化意义、政治意义、经济意义、现实意义等作用，而且有很大的感染力。对比来看，在赋予企业吉祥物意义时，地域性的思考则稍显较弱，意义的赋予上更加倾向于再现企业的精神和文化，着重表现企业的形象、性质和市场竞争力，更要考虑企业的受众群体。但是无论是活动还是企业吉祥物，赋予设计的吉祥物以意义是不可或缺的正确选择。

3　吉祥物的推广与传播——真正意义的普及化、受众化

"不推广就不存在。"

细细揣摩，果真如此。创意好，设计好，但没有推广，就没有传播。

2005 年日本爱知世博会上，吉祥物森林小子和森林爷爷的推广模式一直受到好评，无论是在平时的线上线下宣传还是各类衍生品的开发，森林小子和森林爷爷以其简单、可爱、亲民的形象深入到了日本民众生活的各个方面，衣食住行用等方面都随处可见森林小子和森林爷爷的影响，正是因为爱知世博会的吉祥物传播做的到位，从而拉动了世博会的对外宣传。

做好吉祥物的传播有利于企业或大型活动的宣传推广，从而使吉祥物真正意义的普及化、受众化，这一点不容小觑。

3.1　吉祥物可以丰富企业和大型活动的文化建设，丰富传播的形式和内容

除了电视、广播、网络上的广告宣传以外，还可以组织以吉祥物为主题的线下活动、综艺节目、创意大赛，甚至可以衍生小说、游戏、动漫、绘本等，提高吉祥物的知名度，吸引民众的参与，也可以增加民众对企业或者活动的认知。

3.2　吉祥物可以使传播手段更加多样化

除去常见的多媒体方式以外，各类自媒体和新媒体的传播手段也不断的被民众传播开来，尤其是各类如表情包、抖音、快手、直播等自媒体的传播方式，人

们对于吉祥物的关注度和对企业或者大型活动的了解会得到很大的推广，舆论的力量往往会带来许多流量，不但扩大了民众的年龄范围，更有利于企业或者大型活动知名度的传播。

3.3　吉祥物可以拉近企业或者大型活动与群众的距离

当民众在了解并参与到吉祥物的推广活动之后，再谈起对应的企业或者大型活动时，就不再是简单的概括表面含义，而是可以宣传到精神和文化的层面，不但有利于吉祥物的推广，更有利于传播企业或者大型活动的精神。

而这些在迪士尼做吉祥物的推广时，表现得淋漓尽致。迪士尼将米老鼠和唐老鸭等吉祥物形象打造成热门的动漫 IP 融入了商业推广中的各个方面，首先是在电影娱乐和媒体网络方面，电影娱乐给媒体网络提供内容，而媒体网络则为电影娱乐提供宣传，纵观迪士尼旗下，电影娱乐包含了电影（迪士尼工作室、皮克斯工作室、迪士尼影业、迪士尼自然、漫威工作室、卢卡斯工作室、试金石影业）、音乐（迪士尼音乐）和舞台剧（迪士尼舞台剧），媒体网络则涵盖了有线电视网、广播电视网和互联网。再往下发展，迪士尼的推广则延伸到了主题公园（迪士尼世界和度假俱乐部、幻想工程、迪士尼邮轮等）、互动娱乐（互动媒体和互动俱乐部）和衍生消费（直营零售店、授权销售、出版），这些商业上的推广，不但丰富了迪士尼企业文化，而且扩大了迪士尼的知名度，不论是小朋友还是老人，都知道米老鼠和唐老鸭。

海宝在推广时也同样注意到了这些，而且我们在研究的过程中又可以发现，不同类型的吉祥物在衍生品推广的类型、强度方面又是不同的，对比海宝的推广和企业的推广，海宝作为世博会东道主的形象代言人，拥有政府这一有力的宣传力量，更多了人们对国家强大的一种自豪情怀。所以，吉祥物海宝在世博会期间媒体的传播和衍生品开发的类型和力度是非常大的，但是，邵隆图先生指出世博会后期的推广和整合没有像森林小子和森林爷爷一样做好，所以，作为仅用了184 天的吉祥物，做得是比较完善，但是，如果现在海宝作为上海市的形象继续留下来，那还是要做深入整合，像日本的森林小子和森林爷爷，在活动结束后还可以一直作为环保的公众大使经常出现。人们一看就知道是日本爱知世博会的吉祥物，一看到就知道是一个宣传国家环保意识的形象。另外，绍隆图先生还指出，海宝在推广方面有些细节还略显生疏，比如海宝的雕塑当时在上海有好几千个，但是，雕塑将盛放海宝的底座采用与海宝一致的颜色，大大破坏了原有的"人"字的设计，同时，对于雕塑的解说文字过小，又放在背面，不足以吸引民众的注意，难以让民众深入了解海宝的文化内涵，如果过路行人都不去注意，那所有的努力都将归于零。而这些细节方面决定了为什么国外有只老鼠叫米老鼠，有只鸭子叫唐老鸭，有位小丑叫麦当劳叔叔，有个轮胎人叫米其林，而我们的孙悟空却还是只猴子，大白兔只是奶糖。

4 结语

　　吉祥物的设计具有古老的传统，研究她又是一门崭新的学问，简单来讲，在设计吉祥物时，要先从抽象分析，其次整合到具体分析，再次赋予各种动作性格使她更加生动灵活，再次衍生出具体的服装，使它更有主体性，最后是重要的意义和应用。我们设计吉祥物时要考虑的不仅仅是线条，是颜色，更多的是背后的理念，是推广，更是传播。如此，吉祥物必将变得更加丰满、灵动，更有利于群众透过吉祥物，读到她所要表达的内涵。

参考文献：

[1] 方芳 .2010 年上海世博会吉祥物"海宝"形象设计 [J]. 上海包装, 2010（08）: 18-22.

[2] 王艳芳，杨建杰 . 从社会符号学视角解读上海世博会吉祥物 [J]. 湖南工业职业技术学院学报, 2010, 10（04）: 82-83.

[3] 李茵 . 节会吉祥物的传播力解读 [J]. 青年记者, 2016（32）: 118-119.

[4] 曾权，李毅 . 企业形象塑造中的吉祥物应用研究 [J]. 企业经济, 2012, 31（10）: 93-95.

[5] 志彬 . 吉祥物 : 海宝（图）[J/OL]. 金羊网 - 羊城晚报（广州）, 2007, 12（19）[2018-03-19].http: //news.163.com/07/1219/15/4037KONM0001124J.html.

[6] 中信建投证券研究发展部 . 那些年我们追过的美国动漫（一）[EB/OL].（2016-04-06）[2018-03-19]http: //www.3mbang.com/p-88786.html.

爱知世博会标志与吉祥物的符号学解读

Interpretation of the Semiotics of the Logo & Mascot of the Aichi World Expo 2005

陆　唯　Lu Wei

【摘　要】 世博会展示过程中，合理地运用平面设计的图形创意、色彩使用以及字体设计将很好地提升世博会的视觉形象。本文基于 2005 年日本爱知世博会主题标志主创设计师石川明先生的设计作品应用案例的分析与探索，以求为之后的平面形象设计提供参考。吉祥物不仅只是一个饱含着强烈人文色彩的视觉标识符号，也是一个蕴涵着深层情感意义的文化符号。

【关键词】 爱知世博会；形象视觉；吉祥物设计

1 作为特殊的文化符号——"世博"

结构主义符号学认为：符号本身是能诱使人做出反应准备的刺激因素，是"思想的工具"。由能指（符号形式）和所指（符号内容）构成，两者关系具有任意性。施拉姆曾说：符号总归是传播的元素，是能够释出"意义"的元素。世博会的历史反映着全世界范围的科学技术以及艺术设计的发展，同时引领着艺术和设计的变革及新的思考。作为具有极大的影响力和发展意义的全球性展示活动，世界博览会逐渐发展成为一种交流合作，展现国家实力，反映社会文化的展示舞台。在世博会的符号系统里，世博会标志、吉祥物甄选、视觉设计等组成元素的背后都成为国家传统文化、传递主题的符号载体，蕴含着丰富的所指意义。

吉祥物源于法国普罗旺斯语，本意指能带来吉祥好运之物。随着吉祥物逐渐作为代表国家特色的标志，对于其选择与构思变得愈发重视，慢慢超出其能指范围的表层意义，而得到更深层次。吉祥物的设计能反映出一个国家的历史发展、文化脉络、社会意识等，成了一被符号化了的国家文化的象征。在现代世博会中，吉祥物和标志成为人们热议的公共符号，传递着各国、各民族的世界观、价值观和社会倾向，演化成能够反映文化形态差异的文化符号。

2 社会文化符号化——爱知世博标志和吉祥物文化意义解读

在信息传播过程中，不同文化背景的人们可通过符号的组合交叉运用，形成不同的符号理解。古地库恩斯和金曾说：符号与所指物间没有天然的联系，这种联系是人们主观赋予的，且因文化而异。2005 年日本爱知世博会以"自然的睿智"为主题，呼吁保护环境，实现人与自然共存。

"爱地球博"四个汉字不仅代表着主办地为爱知县外，更大的主题则是"爱"与"地球"，探讨人类如何与地球的自然环境和谐相处，也体现了爱知世博"自然的睿智"的主题。

作为爱知世博会主创设计师的石川明（Ishikawa Akira）给出了标志设计的缘由。爱知地区相比大阪和东京，是相对无名的地方。针对这点，能否做一个主题标志能够反映展览的目的，如何反映主题想反映的内容？如何突出主题，把有意义的标志展现在这个世博会上，是需要所考虑的设计问题。爱知世博会的主题是"自然的睿智"，因此在主题标志上面应该突出自然和智慧的特点。石川明选择"地球博"这几个字，希望通过地球人的世界，通过地球人的世博会，突出地球人，让地球人都来参加这个世博会，关注这个世博会。

在标志中选用的"爱"字，其实是两层意思。一是爱知县的爱，一是爱地球的爱。石川明想最初始的想法是想比较坦然地把那个"爱"表现出来，在制作标志的时候，想要这个世博让大家都知道，各个方面都能使用，都能在媒体上宣传推广，这是当初设计的时候考虑的。有人会问："为什么你要取这样风格的设计在标志中？"

被大家认为这是最不像设计的设计作品,用通俗易懂的标志形式,让大家更能够简单地了解设计者的本意以及世博会的主题。组委会希望广泛的人看到标志的时候觉得亲切,能够走进世博会。

在爱知世博会的吉祥物视觉设计上,一改沉闷严肃的设计,加入了带有日本特色的"可爱"元素,塑造了"森林小子"(Kiccoro)和"森林爷爷"(Mirizo)两个绿色毛球的卡通形象。在吉祥物视觉设计中将外形作简化的处理,选择最简单最稳定的形式,容易受到参与者的关注,产生深刻的印象。从配色角度来说,"森林小子"和"森林爷爷"的颜色设计只有浅绿和深绿两种颜色,展现出自然的气息,打造简约的美感。爱知世博吉祥物另一成功的特质在于表情,并给予相应的性格和背景,有吉祥物之间的差异性和活泼感,让参与者产生对吉祥物的亲切感。

一般设计来说,可能是时尚、现代或者具有设计感,但是这次的设计石川明打破了形式主义,追求完全不同的风格。追求大家都能很亲切,都能画的,非常平易近人的风格,才是此次标志追求的特点。标志中间为什么放了一个小小的芽?就是希望通过那个小小的发芽,能够慢慢成长,让人们共同爱护地球,像爱护嫩芽一样,能够把世界保护好。系列产品配合当时的宣传,前期预售的门票。作为当地宣传的部分,CI 也可以充分展现。爱知世博的设计就是希望能够得到更多人的了解,更多人欢迎来参加这个活动。

3 符号功能的延伸——在跨文化交流中的作用

从符号学角度而言,艺术的编码是个复杂的过程,需要考虑到不同文化背景下参与者的差异,找到最具普遍性的符号。在爱知世博会标志设计中对于规约符号的运用使它在跨文化交流中变得简单直观。一是文字符号,是最直接的语言符号。"爱地球博"通俗易懂,代表着人类与自然环境友好相处的展览与希望,消除不同文化间的差异,达到与符号意义的统一。二是色彩符号,表现在对于红、绿、蓝、棕、黑以及肉色的巧妙运用,六种颜色足够表现人类对于自然世界的友好热情、和谐共处的美好祝愿。不同文化背景下的参与者对于色彩有广泛的认同,是民族性的,直观地传达出作品本身的意蕴。

成功的跨文化交流需要坚持文化的特殊性与普遍性,在传播文化的同时,也寻找共同的符号，传播共有的价值观念。2005 爱知世博会给爱知地区向世界的传播创造了机会，作为小地区的标志和吉祥物，有着简单明了的设计意图，带着日本轻松纯粹的文化特征，去表达出世博的主题。"森林小子"与"森林爷爷"的卡通形象让参与者怀着轻松的求知欲和直接的主题方向参与到世博会的展览之中来。通过视觉符号的组合，在文化上塑造了不同于东京与大阪的友好的爱知地区形象。它是和平友善的，崇尚人与自然之间的和睦共处，在文化与文化的碰撞冲突中保持平衡。

除爱知世博会的标志与吉祥物之外，石川明还分享了设计生涯中其他精彩的标志案例，在图标形象的背后是具有可融合的普遍性，文化的普遍性是指对所有文化来说都普遍存在的文化特征和行为。在不同标志形象的背后，文化的差异性会使人们对理解产生偏差，而共有的文化观念可以使不同文化的成员产生认识上的一致和情感上的共鸣，拉近人们的心理距离，消除沟通障碍。爱知世博会的视觉案例中传递的人与人和平友好以及人与自然和谐共处的丰富内涵，代表了不同地域、不同文化形态人们的共同渴望。体现了世博会对人类未来发展的关注，将这种普遍价值融入吉祥物的艺术形式中，以唤起更多人们的关注和重视。

参考文献：

[1] 李斌 . 符号透视 : 传播内容的本体诠释 [J]. 上海 : 复旦大学出版社，2004（01）.

[2] 苟志效，陈创生 . 从符号的观点看——一种社会文化现象的符号学阐释 [J]. 广州 : 广东人民出版社，2003（08）.

[3] 李子蓉 . 美、日、韩动漫产业发展经验及对我国的启示 [J]. 世界地理研究，2006（04）: 23-29.

[4] 薛生辉 . 吉祥物设计的文化内涵与表现特征 [J]. 装饰，2003（07）: 32.

[5] 项国维，张欣 . 从奥运吉祥物看中国传统文化的传播——"福娃"的符号学解读 [J]. 新闻界，2007（03）: 14-15+13.

图片来源：

于世博论坛发言教授石川明

图 1 日本爱知世博会会标 2005

图 2 日本爱知世博会冠名 2005	图 3 日本爱知世博会标志与吉祥物 2005	图 4 日本爱知世博会标志吉祥物报纸宣传 1

图 5 日本爱知世博会标志赏析与解读

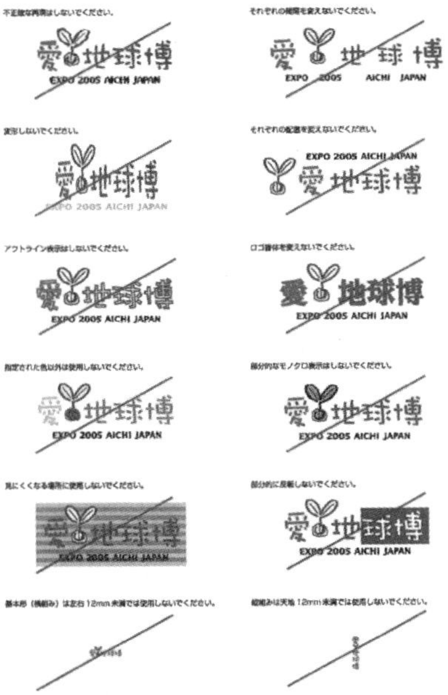

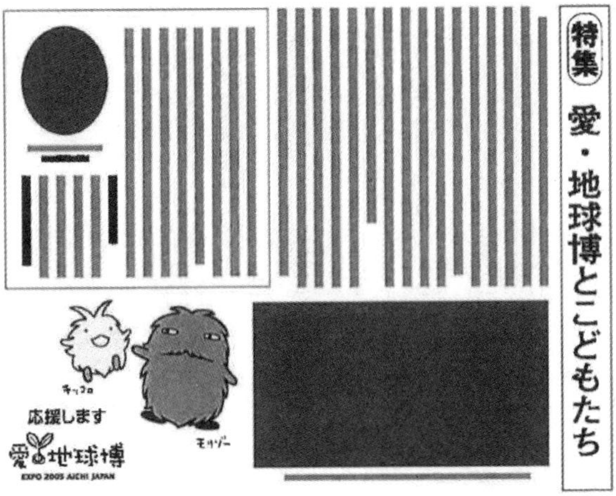

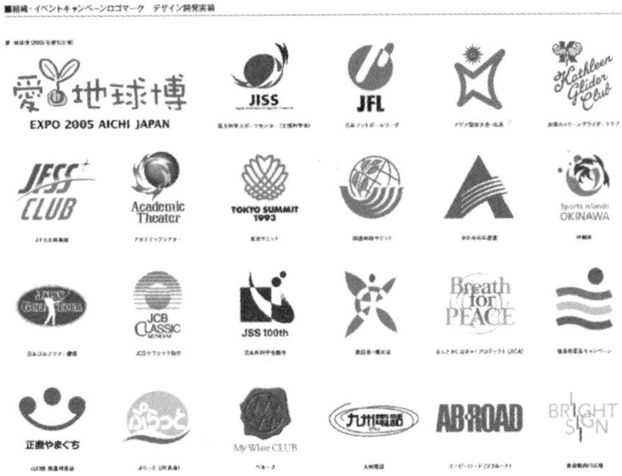

图 6　会标备选设计方案

图 7　日本爱知世博会标志吉祥物推广 1

图 8　日本爱知世博会标志吉祥物报纸宣传 2

图 9　石川明其他标志设计图例

图 10　日本爱知世博会标志吉祥物推广 2

五、世博会与展览城市

Word Expo & Exhibition City

展览化城市

Exhibition City

程雪松　Cheng Xuesong
翟　磊　Zhai Lei

【摘　要】 展览活动是激活城市空间的重要手段，展览会是提升城市影响力的重要依托，展览空间是进行城市更新的重要载体，展览文化是塑造城市魅力的重要媒介。本文主要通过对以上四个方面的讨论，指出城市正在从生活化变得展览化。展览丰富了城市功能，改变了城市结构，重塑了城市面貌，也成为我们理解城市、研究城市、改造城市的契机。

【关键词】 展览化城市；展览活动；展览会；展览空间；展览文化

所有这些宣言的共同之处在于完全集中强调纪念性和表面化，强调建筑作为一种权力的象征。而与之相应，规划几乎完全没有在意更为广阔的社会目标。这就是为了进行展示的规划，作为剧场的建筑，设计的意图就是要给人留下印象。

——彼得·霍尔（Peter Hall）《明日之城》

全民直播时代，空间从生活背景走上"晒光阴"的前台，成为随时互动的屏幕秀场，空间的深度感被扁平化消解，整体感被碎片化取代，城市正在从生活化走向展览化。

许多世界城市的重要空间，已经被各色媒体消费，成为名片化、符号化的存在。纽约的时代广场（Times Square），高密度的大小显示屏、霓虹灯和川流不息的人潮，让你呼吸急促、心跳加速，当你在大屏幕中寻找自己时，好像整个世界的聚光灯都在聚焦你的身影；当你在第五大道（Fifth Avenue）漫步时，刹那间混淆了现实和虚拟的界限，各种本应在屏幕上出现的品牌和大片成为建筑的皮肤，一起涌到你的身边，你面对的好像是整个消费主义世界；从拉德芳斯（La Defence）沿着香榭丽舍大街（Avenue des Champs-Elysées）走向卢浮宫（Muséedu Louvre），沿途一处处节点地标都让你忍不住自拍，乘船沿着塞纳河（La Seine）漫游，两岸的所有奇观都让视觉尽享饕餮；站在鹿特丹（Rotterdam）的天鹅大桥（Erasmus）边，可以感受昔日世界第一大港的风采，骄傲的欧洲桅杆（Euromast）高高耸立，仿佛还在追忆世园会（Horticulture Expo）的前尘往事；东京的六本木（Roppongi），如同是一条张牙舞爪的垂直空中街道，高空的美术馆、剧场、教堂和硕大的蜘蛛雕塑、穷形尽相的街道家具，都在开启你的发现之旅；汉堡音乐厅（Elbe Philharmonic Hall），冰山般的造型傲然耸立，又如同港口的浪涛汹涌，直通八层天台的巨型自动扶梯、俯瞰海港的高空露台和层峦叠嶂的中央观众厅，都在表达汉堡崛起的信心。所有这些世界各地的超级地标，无一例外地展示着城市发展的功绩，营造着超级城市博物馆，以"奇观"化的造型语言，把市民变成看客，把来访者变成传播者，把主角变成群众演员。

中国改革开放以来四十年城市发展比西方有过之而无不及。奥运城市北京和世博城市上海都是炫耀的大舞台。北京奥林匹克公园沿着京城龙脉徐徐展开，鸟巢和水立方的建筑表皮早已成为时装化的存在；上海陆家嘴的天际线不断被改写，东方明珠、金茂大厦、环球金融中心和上海中心次第登场，更高不是梦，技术不是事儿，高层建筑下的穿堂风声成为最有劲的背景音乐。世博园更是世界上最昂贵的舞台之一，永久建筑貌似临时，临时建筑却成为永恒。其他如举办 G20 峰会的杭州、举办园博会的苏州，甚至举办互联网大会的乌镇，其城镇空间都在变得越来越布景化、装置化、浅表化，在高地价、高房价、高租金的价格高位，城市舍得进行大刀阔斧的削骨拉皮，化昂贵的妆容，只为了镜头前的惊鸿一瞥，为了转发的流量和粉丝的点赞。"明星荧荧，开妆镜也；绿云扰扰，梳晓鬟也；渭流涨腻，弃脂水也；烟斜雾横，焚椒兰也。"[1] 正是当下展览化、舞台化城镇空间另一面的生动写照。

　　展览原本是作为一种传播途径和交流方式，是以人的接受为核心的信息交互过程，包括策划展览、设计展览、呈现展览、评价展览、延伸展览等环节。如今它早已从封闭的传统展厅空间，走向开放的现代城市空间。当下的城市决策者和运营者普遍认为：展览活动是激活城市空间的重要手段；展览会是提升城市影响力的重要依托；展览空间是进行城市更新的重要载体；展览文化是塑造城市魅力的重要媒介。展览作为一种诱因、途径和目标促进城市的振兴，也在改变城市面貌。

　　展览的本质是猎奇、炫耀和传播，这是根植于人性深处的动力之源。以上海为例，随着每一片区域被关注，其估价便会被拉升，为了于国于民有所交代，其展览化经营的结果便无法避免。反之亦真。为了拉升估值，也需要进行展览化的城市建设，从而吸引流量，衍生价值。

1　展览活动是激活城市空间的重要手段

　　举办两年的"上海城市空间艺术季"① 不仅把上海城市空间艺术的相关案例进行集中性的呈现，更大的作用在于激活了原本衰败的城市空间。比如徐汇滨江的一系列空间展示活动，把原本荒芜的油罐空间、煤码头、飞机修理库、冲压车间等改造成艺术馆和画廊，并把黄浦江沿线的户外场地更新为集展览、休闲、活动为一体的城市文化开放空间。2017年的城市空间艺术季延伸到浦江东岸，伴随着东岸慢行体系全线贯通，把新华、民生等码头仓库区域和杨浦大桥下的工业仓储空间转化为公共艺术走廊。江边的塔吊、粮仓、大型设备均将实现艺术化再生，与滨江开放空间一起紧扣时代脉搏，拥抱市民生活。当然，要想激活整个城市，不能仅仅着眼于浦江两岸的滨水核心区，更需要关注社区、绿地、街道和商业空间，比如2008年曹杨公共艺术展艺术家和曹杨新村地区原住居民的互动；还有很多绿地中都建设了纪念馆、美术馆，如四川北路绿地里的中共四大纪念馆，凯桥绿地边的刘海粟美术馆新馆；又比如在大多数商展策展人心目中K11地下展廊和月星环球港博物馆已经成为上海商业展览最佳举办地，有着可靠的"票房"保

---

① "上海城市空间艺术季"是由上海市城市雕塑委员会主办，上海市规划和国土资源管理局、上海市文化广播影视管理局、上海市浦东新区人民政府共同承办的大型公共艺术展，意在挖掘和展现日常生活空间之美。

证。未来越来越多的民间展、开放展、商业展将会补充和完善老旧的学术展和官方展体系，形成展览网络在时空中的协同，打造设计之都和展览城市。

2 展览会是提升城市影响力的重要依托

举办世界级大型展会是城市提升影响力的手段。2010 年，为期半年、参观人数达到 7000 万、超过 200 个国家和非政府组织参展的上海世博会，不仅把上海黄浦江边的大型工业用地置换出来，而且为黄浦江创造出世界级的文化水岸，极大提升了上海的城市影响力，让上海从区域城市迈向世界城市。2017 年，国际展览局 BIE 特许世博会博物馆永久落户黄浦江边，这座以"历史河谷、欢庆之云"为设计理念、面向未来的博物馆也让世博文化扎根上海，让城市剧本驾乘着世博的翅膀声名远扬。同样的，上海时装周、上海电影节、上海马拉松、上海方程式等国际节事活动也在打造自身影响力的同时，推动上海由国际化城市走向世界城市。另外，其他城市如北京通过举办奥运会、杭州举办 G20 峰会、南京举办青奥会、厦门举办金砖会议、青岛与郑州举办上合峰会等都完善了城市基础设施建设，美化了城市环境，增进了城市管理能力，提升了城市的世界影响力。当然，我们还应看到，国内城市不仅需要通过提升城市软实力、改造软环境来申办世界一流节事活动，同时也应当开创属于自己的独特的城市庆典，由跟从走向协同，并进一步走向引领。

3 展览空间是进行城市更新的重要载体

著名建筑师赫佐格和德默隆（Herzog & De Meuron）历时 15 年打造的汉堡音乐厅就是在旧仓库基础上改造更新的世界级地标。上海目前已经进入城市发展的增量严控、存量盘活阶段，大量陈旧的工业遗产、里弄住宅和老旧房屋都有待转型更新，适应新的城市发展需要。而产业空间向展览空间的改造，正是城市更新的极佳手段。比如原上钢十厂冷轧钢车间被改造成上海雕塑艺术中心，原南市发电厂被改造成上海当代艺术博物馆，原龙华机库修理车间被改造成余德耀美术馆，原机库冲压车间被改造成西岸艺术中心，原上海大学延长校区食堂被改造为国际文化交流中心。近期，由于宝钢搬迁，原型钢厂、碳钢厂和高炉正在进行新一轮的城市更新策划研究，其中基本明确的一块重要功能就是上海美术学院美术馆的引入，未来这座美术馆将给城市东北角带来美仑美奂的展览，给吴淞宝武艺术城的开发建设提供强大的文化引擎。当然从现状来看，上海的城市更新还受限于一些惯性的历史保护观念和严苛的政策管理约束，缺乏具有颠覆性创新思维的世界级地标。这种地标并不在意于追求更高、更大，而是追求更加高感应力的艺术化表达。比如同样是粮仓改造，托马斯·赫兹维克（Thomas Heatherwick）在南非设计的非洲当代艺术博物馆，以其不拘一格的空间营造，刷新了我们对建筑改造可能性的认知。相比之下，上海的东岸筒仓改造，就显得过于谨慎规矩，创新性和感染力都相对平淡。

4 展览文化是塑造城市魅力的重要媒介

展览是一种文化交流活动，威尼斯双年展（La Biennale di Venezia）、卡塞尔文献展（Kassel Documenta）、米兰三年展（（Triennale Di Milano）等世界级大展，不仅吸引了世界各地的艺术家、评论家和游客到访，而且为举办城市塑造了永恒的魅力。近年来，中国举办的深港双年展、上海双年展、北京设计周等活动也在亚太地区产生了一定的影响力。尤其是上海双年展，举办 20 年以来，不仅在艺术界和公众之间搭建起沟通的桥梁，受到国际艺术界的肯定，而且推动了原上海美术馆分化为中华艺术宫和上海当代艺术博物馆双馆，并且和上海设计展一起永久落户上海当代艺术博物馆。当然，走过风雨沧桑的上海双年展近年来影响力和引领性略显疲弱，在各种各样的大型展览乃至商业展览（如设计上海、上海设计周、上海时尚周末等）夹击中显得缺乏可持续的动力。只有创新，惟有创新，才能让双年展品牌不断拓展深化，而不是满足于仅仅请几个圈内影响力较大、但是不熟悉中国文化的国际策展人就能满足越来越见多识广、眼光挑剔的上海市民。

未来的城市以活力、魅力和可持续发展能力为目标和标准，展览行为、博览会、展览空间和展览文化正在为实现这一目标提供支持。展览及其衍生活动和空间在很多层面上组织和提振了城市，丰富了城市功能，改变了城市结构，重塑了城市面貌。从展览的视角观察城市空间的各种可能性，有助于我们对未来城市空间演变的现象、机制、条件和方法获得更全面的认识，从而进一步为新时代塑造健康、和谐、多元、宜居的城市。

（本文原载于《公共艺术》2018 年第 01 期）

参考文献：

[1] 杜牧 . 杜牧诗集 [M]. 上海：上海古籍出版社，2014.

图 1　纽约时代广场

图 2　巴黎香榭丽舍大街　　图 4　东京六本木

图 3　鹿特丹天鹅桥

图5　2008曹杨新村公共艺术展

图6　世博会博物馆

图7　上海当代艺术博物馆

未来的世博之城：迪拜初体验

The First Impression of the City of Dubai: a Spot for the Future Expo

朱晟昊　Zhu Chenghao

【摘　要】 迪拜，一个未来的世博城市，万众瞩目的世界博览会将于 2020 年在此召开。作者对迪拜进行了一次先期考察和探索之旅，对其风土人情进行深入了解及探访，以此带来一个全然不同的迪拜。颠覆了作者原本对迪拜的认知与想象。

【关键词】 宗教影响；文化冲突；水资源；传统元素

迪拜，位于阿拉伯半岛中部，波斯湾东南岸，与沙特阿拉伯和阿曼交界，是阿拉伯联合酋长国人口最多的城市，也是中东地区的经济和金融中心，城市名在阿拉伯语的含义是指"集市和金钱"。迪拜作为阿拉伯联合酋长国之迪拜酋长国的首府，同时也扮演着中东地区的商业聚集地和国际化的全球枢纽城市，承载着乘客和货物枢纽任务。20 世纪 60 年代中期，迪拜经济从依靠小规模贸易转向石油勘探和出口，迪拜酋长国于 1966 年发现了石油，拉开了其石油经济的序幕。石油贸易的丰厚收益加速了迪拜早期城市的发展，但是石油储量有限且产量不高则慢慢限制了其石油经济的发展规模，逼迫其发展模式再次转型；20 世纪 80 年代末，迪拜转而采用西方商业模式，经济发展主要依赖观光业、航空业、房地产及金融服务业。直至今日迪拜的经济发展以资本投资和旅游贸易、服务等驱动，其经济依靠石油贸易的收益低于 5%。近些年来，迪拜随着创新大型建筑计划和举办大型展览与运动赛事来提高城市的世界关注度，迪拜也逐渐成为摩天大楼的指标城市，著名的世界最高大楼哈里发塔就位于迪拜市的中心地带。

以上这些基本的认识就是当我们从未踏上这片神秘的土地之前对迪拜的城市认知和印象，他成功通过其成熟的宣传手法带给世界观众一个遍地黄金、科技繁荣、日新月异、蓬勃发展和充满希望的城市形象，但是当我们的飞机着陆在迪拜国际机场的跑道上，却是开启了一段颠覆我们对迪拜既有思维的考察和探索之旅。

1 迪拜作为一个世博城市之初体验

初到迪拜国际机场入境大厅的时候给人的观感还是那个既定印象中的迪拜，充满科技感的机场到达大厅和带有未来感的接驳火车带着所有旅客来到了入境大厅，再次映入眼帘的还是充满科技和现代感的阿联酋人工审查海关和自助通关机器，说实话，我到过不少的国家和地区，见过很多国家和地区的海关，迪拜机场是我见过所有的海关当中最具有科技和现代感的海关。紧接着是巨大的 2020 年迪拜世博会的宣传海报早早地映入了所有到达旅客的眼帘，人工智能的手和人类的手组成了爱心的手势以此来欢迎所有来到迪拜的旅客。这是我到达迪拜后第一次看到关于 2020 年迪拜世博会的宣传海报，也是唯一的一次在迪拜非世博会园区看到其相关的宣传海报，当我再一次看到相关宣传海报已经是多日后在迪拜世博会办公室里了，这显然打破了我对世博会举办城市进入倒数周期期间的宣传认知，回想 2010 年上海世博会举办前的两年，整个城市已然沉浸在世博年的气氛当中，城市看板，车身广告，多媒体宣传等都无不和上海世博的主题相关。但是迪拜人对于即将到来的世博会的冷漠和忽视让我怀疑我是否来到了迪拜——这个进入世博周期的主办城市。这也是我对迪拜既有城市印象的第一次疑问，同时也开启了这为期 12 天的颠覆之旅。

2 传统宗教文化和现代美国文化的冲突

这是我第一次来到中东地区的国家，前所未有的以如此近距离的姿态来探索和了解这个受到伊斯兰教文化深度影响的国度，却同时也是一个受到现代美国文化和思想影响极大的国家，以至于伊斯兰文化和美式文化的冲突在这片土地上无所不在。初步接触迪拜是一个非常美国化的城市，当地人衣着多样化，虽然还保有一部分传统阿拉伯服饰，但是大部分的人们仍以西式穿着为主。美国制式的使用习惯和结算标准无处不在，以及英语普及率等无处不体现着美国文化和思维的影子，我想这和阿拉伯联合酋长国的立国之本照搬了美利坚合众国当初建国时的立国之本是有极大的关系的。

然而就是这样一个非常美国式的城市，其被传统伊斯兰文化左右的地方也无处不在，举例来说穆斯林祈祷文化已然深入融合在当地人生活之中。伊斯兰教徒一天需要向沙特阿拉伯的麦加方向行跪拜祈祷礼 5 次，祈祷前需洗净手、手臂、脸、鼻孔、嘴巴、耳朵、头颈和双脚。清真寺塔楼和公共场所会在祈祷时间点用喇叭召集附近的穆斯林来祈祷，迟到者就先跟随大家的进度，等待祈祷结束后，再自行把前面部分补上。我想这也是为什么在公共场所祈祷室是无处不在的原因，其数量之多和分布之广让人难以置信，可以简单点的说当我找到洗手间的同时，一定也有祈祷室在其附近，有趣的是祈祷室和洗手间一样也分男女间。另外我认为也深受伊斯兰文化所影响的事情是，迪拜的男女地位体现出极具的不平等和男女疏途有别。前文有提到现代迪拜受到美国文化的影响，所以其打破了传统伊斯兰教女性不能在外抛头露面的传统，生活在迪拜的女性是可以出来工作的，这在以伊斯兰教教义为国教的国家来说是一个很大的挑战，以至于我看到了很多因此文化冲突所产生的诸多新鲜事物。就拿机场外等出租车也是有男女之分的，迪拜有非常多的女性出租车司机，但是此类出租车只允许单独出行的女性或有女性一起的家庭搭乘，不允许成年男性单独或成群搭乘，这类出租车的车顶为粉红色，与普通的出租车非常容易区分。男女在出行交通工具上的区别待遇也表现在公共交通方面，公交车前端和地铁的首节车厢都被设为女性专用区域和车厢，成年男子禁止入内。有人可能会理解为这是对女性的尊重，但却是恰恰相反，这些都是出于伊斯兰教对于男女有别的充分体现,就如传统清真寺是不接受女性进入祈祷的,还有一些接待非穆斯林的清真寺,对于女性进入参观的限制也非常多,然而对男性参观者的要求却很少。这让我衍生想起了落后且闭塞古代中国社会对于家族祠堂的规定,外嫁过来的女生被规定要冠夫姓,死后牌位方可入祠堂,但是活着的时候女性不得踏入祠堂半步,女性踏入祠堂被视为不吉利,其实迪拜社会就是有这种感觉。

传统宗教文化和现代美国文化的冲突不单单表现在两性差别待遇上,也体现在饮食文化上。穆斯林是不吃猪肉的,但是迪拜受到外来文化的影响,到处可见的大型超级市场里是有为非穆斯林设立的猪肉专卖区域,特别为非穆斯林的人们提供方便。但是超市货架上的猪肉价格非常高,一个美国卖不到 10 美金的烤猪肋排,这里卖到近 70 美金,1 美金相当于 6.35 元人民币。

3　沙漠之城的淡水资源和气候

现代迪拜市是一个完全建立在沙漠之上的城市,根据对迪拜博物馆的调研可以清楚地了解到,在 20 世纪 60 年代发现石油之前,迪拜是一个沙漠中的聚落式部落,谈不上村或镇的概念,当地靠海的人以挖海珍珠和河口贸易为生,内陆的居民则以民间手工艺为生计。当年承载了河口贸易的迪拜河两岸虽然已经难见当年的黄沙破屋。但是岸边的其中一处仍然保留了许多老迪拜时期的历史建筑如酋长故居等,现在的迪拜博物馆就是当年有钱人的家和防御城堡,还有那简陋的渡船依旧在暮色中穿梭。长期以来自身淡水资源严重匮乏的问题一直困扰和限制着迪拜经济和民生的发展,以至于在发现石油之前的迪拜难见绿色的植物。

直至今日,淡水资源的缺乏仍就是迪拜乃至于整个阿联酋最需要面对的问题。沙漠地区常年的干旱少雨除了造成一些沙漠植被得以生存以外,根本没有可以天然生长的绿色植被。当今迪拜城市里可以看到的绿色植被只有两种,第一种绿色植被是全年依靠美国和以色列建造的滴灌技术养殖的;而第二种则是在城市里有相当规模的绿色塑料仿真树。前者的维护代价极高,迪拜人戏称,在迪拜如果你要炫富,不是看他家有多大;不是看他装潢使用了多少黄金;也不是看有多豪华的超级跑车和私人飞机;更不是看他取了几个老婆,这些都不稀罕,真真有钱的是看他的建筑周围种植了怎么样规模的绿色植被。总的来说迪拜市区的绿化率较高，很难想象这个是一个从沙漠演变过来的城市；但是郊区绿化率极低，一眼望去基本看不到绿化。

因为养殖绿色植被的高昂价格和繁琐的技术支援，相对其城市发展来说，迪拜是蔬果物资相对匮乏的国家，蔬果品种较少而且价格昂贵。但是让我比较意外的是，迪拜的瓶装饮用水因为得到政府的财政补助，价格并没有想象中的那么贵，当地品牌的 500ml 的单瓶装水不到 1 迪拉姆，1 迪拉姆相当于 1.7 元人民币，1.5L 装的水单瓶卖不到 2 迪拉姆，可以说是相当便宜。仰仗于美国对其多方面的援助，除了蔬果外，迪拜是一个物资相当丰富的城市，价格比美国稍贵，总体已经达到了发达国家的物资水平。

迪拜属于典型的沙漠类型的气候，日夜温差较大。考察期间为一年中迪拜气候最为宜人的 1 ~ 3 月，日间温度在 27 ~ 32℃，太阳下山后温度则降至 16 ~ 20℃。但是据当地人介绍，进入 4 月之后，气温上升会比较明显。总的来说以此推测 2020 年世博会举办期间的气候是相对宜人的，不会出现极热的极端气候。但是当地沙化现象未得到有效控制，有较严重的沙尘暴会侵袭整个城市，当沙尘暴到达城市上空满天飞时，整个城市天色红暗，不见天日。每天都会有不定时的沙尘暴光临迪拜，沙尘暴过后马路上和马路边到处可见小型积沙。

受到当地风大并且夹杂着沙尘暴的影响，防风和防沙成为当地人棘手需要攻克的难题。沙尘暴过后，所有暴露在外的物体表面都会留下一层薄薄的细沙，所以玻璃幕墙建筑上留下的沙土会让建筑显得非常肮脏，当地大楼入口处的地面有铁质滤沙网，尽可能的将砂砾隔绝于室外。这里有个比较有趣的事情，我们以为所见的穆斯林女性头戴头巾遮住头发是因为宗教的原因，但是黑纱遮住脸并不是宗教原因所致，是当地文化习俗的原因，其中防止漫天飞舞的砂砾侵蚀脸部就是重要的原因之一。

4　结合了传统元素的平面设计

迪拜的各行各业都展示出了有较高水准的设计，特别表现在平面设计方面，不但体现了设计理念国际化且新颖易懂，而且保留了传统中东文化中的图案花纹作为基本元素。传统阿拉伯文化的图案花纹结构越复杂表示越奢华，阿拉伯人喜欢繁琐且精致的图案，即使耳熟能详的国际时尚大品牌在入驻迪拜购物中心以后，其品牌形象都进行了在地化的重新设计，有机的融入了非常多的阿拉伯元素。迪拜购物中心是目前世界上面积最大和拥有品牌数目最多的单一建筑室内购物中心，即便游走在如此之大的室内购物空间里一整天，我未曾迷路或感到导向困惑，首先因为其导向识别系统设计的非常科学和简洁易懂；其次，结合了高科技和互动体验的讯息电视墙看板分布均匀合理且广泛；再者，就是带有 GPS 定位功能的迪拜购物中心的手机软件辅助导览，帮我准确快速的规划出想要到达目的地的路线。

5 迪拜城市之正反两面

当我住在迪拜的天数越多，穿梭在城市不同区域的范围越广，我慢慢发现我所看见的迪拜和所有宣传中的迪拜有着较为巨大的落差。迪拜不再是一个遍地黄金、科技繁荣、日新月异、蓬勃发展和充满希望的城市，其真实的一面慢慢浮现在我的眼前。首先小议一番迪拜的现代通信问题，迪拜的现代通信价格非常昂贵，自古通信的便利程度和资费标准是衡量一个国家或地区开放和先进程度的重要标准。220 迪拉姆一个月的手机使用套餐，只有够 20 分钟的语音通信和 1.5GB 的流量使用额度，短信需额外收费。而且更加让人无法接受的是，所有手机通信 APP，如微信，What's App，Line 等自带的视讯和音讯通话功能都因为当地的法律限制被禁止使用。据我了解这种情况在世界各地都未曾听闻，可见迪拜还是一个相对闭塞和落后的社会，并不是我们想象中的那个开放包容的地方。确实如此，真实的迪拜贫富差距巨大，市中心主干道旁的城市建设犹如星际大战中看到的未来城市，高楼林立，错落有致，充满科技感和未来感。但是只要出了这个主干道区域 2～3 个街口外的建筑多以黄沙灰土搭建的平房，有些区域乍一看犹如电视中展现的战时的中东某地，此类区域因为缺少专人整治，所以相对沙化现象严重。迪拜或者说迪拜人并不是那么的友善，当地车行秩序较差，乱按喇叭现象严重，礼让行车基本不存在。对于中下劳工也存在严重的人权问题，劳工坐的公交运输车辆非常老旧，犹如看到了电影中第二次世界大战过后的运兵车，车体本身排放对环境污染严重，车内也无冷气，破旧不堪。除此之外，迪拜城市规划总体来说是比较不合理且不便于人们生活的，城市车辆繁多，但是道路修建不够也不合理，每天堵车严重，城市规划和实际承载能力不成正比。繁忙的迪拜国际机场，是我见过设计最不合理和最不便捷的机场，相较于迪拜国际机场入境大厅的耳目一新，其出境大厅杂乱不堪，犹如回到了上海 20 世纪 90 年代时期的新客站一般。

6　总结

经过这段时间的考察，个人觉得迪拜是一个两极分化极为严重的城市，"富得流油"和"穷得掉渣"同时出现在这个不到 1500km^2 的城市中。城市部分硬件建设无论从设计概念还是建筑理念都达到世界领先水平，但是城市总体规划和软件建设明显不合理或没有足够的重视。如果直接点，用一句话来形容迪拜就是：任何可以用金钱在短时间内买到的东西，迪拜非但都拥有了，而且在不断更新，但是一切需要长时间培养教育或感化的方面，迪拜没有投入足够的人力物力或根本不重视，基本没有软实力可以体现。也许这个才是真正的迪拜，那个典型的靠石油一夜致富的中东城市吧。

图1　2020年迪拜世博会办公室前台	图2　陈列于2020年迪拜世博会办公室内部的整体世博园区模型	图3　迪拜城市的分界线
图4　阿拉伯咖啡	图5　迪拜现今普通居民住宅	图6　迪拜朱美拉清真寺
图7　初到在机场见到的世博会广告	图8　迪拜博物馆	图9　光鲜亮丽的迪拜主干道旁的建筑

图 10 穆斯林祷告时间和当日日出时间	图 11 祈祷室永远和洗手间同时出现	图 12 女性专用车厢的分界线
图 13 沙尘暴过后肮脏的汽车外表	图 14 世界最大的迪拜购物中心外貌	图 15 探访 2020 年迪拜世博会在建园区和办公室
图 16 依旧进行贸易的老迪拜香料市场	图 17 未发现石油前的迪拜防御堡垒和挖珍珠小船	图 18 微信视频和语音通话无法使用
图 19 未发现石油前的迪拜聚落	图 20 物资极其丰富的超市	

走进世博城市：阿斯塔纳

A Glimpse of Expo City: Astana

李　松　Li Song

【摘　要】 2017 年专题类世博会在中亚大陆的新兴城市阿斯塔纳举办，本届世博会以新能源为主题，探讨充分发掘未来能源的可能性。笔者作为上海美术学院高水平建设课题——世博会设计研究团队成员之一，走访了阿斯塔纳。本文以世博城市阿斯塔纳的城市建筑为线索，阐述了它的城市风貌与世博会设计。

【关键词】 世博会；阿斯塔纳；城市风貌；建筑

陈丹青所撰《无知的游历》一书中写到："木心先生上文学课，常会说：今后诸位走访列国，必要熟读该国的人物与史记，有备而去，才是幸福的出游。而陈丹青则说：新到一国而使人油然动衷的一刻，正是无知"[1]。在出行前的整个暑假，上海美术学院世博设计研究团队便从主题演绎到国家形象，运用文献梳理和图形分析等方法，去研究历届世博会，但对于本届世博城市阿斯塔纳的了解却是在考察当地的过程中进行的。

1　城市建筑概况

1.1　城市设计

阿斯塔纳 1997 年取代阿拉木图成为了哈萨克斯坦的新首都，在哈萨克语中意为"白色的坟墓"。其城市设计出自日本建筑师黑川纪章的手笔，在规划图上，一条"千禧轴线"贯穿这座新城，总统府、公园广场、生命之树纪念塔等，夺目的建筑坐落其间，上帝视角下的城市极具气势。同济大学伍江教授曾这样点评阿斯塔纳的城市设计："19世纪的奥斯曼男爵在巴黎画出的一道道轴线，一直到20世纪很多国家继续沿用，而且似乎青出于蓝而胜于蓝。奥斯曼先生如果天上有知，会嘲笑那后来的革命者吗？"[2]

1.2 建筑设计

哈萨克斯坦总统纳扎巴耶夫作为阿斯塔纳城市建设的"总规划师"，为全世界各地的明星建筑师创造了一个乐园，打造了一系列后现代主义、中亚艺术、伊斯兰装饰、俄罗斯巴洛克、新古典主义和东方主义等风格的建筑，使这片空旷的草原上拔地而起了大量风格迥异的巨构（图1）。

1.2.1 宗教建筑

哈兹拉特苏丹（Hazret Sultan Mesque）清真寺是哈萨克斯坦最大的清真寺，也是中亚最大和最新的清真寺之一（图2）。在摩登建筑林立的哈萨克斯坦新都阿斯塔纳，这座奇伟宏大的清真寺建筑显得格外抢眼。清真寺总体色调为圣洁的白色，四座宣礼塔和穹顶的高处有一圈淡蓝色的装饰，带有很明显的哈萨克民族风格。古老神秘的清真寺与百米之外福斯特事务所设计的现代金字塔般的和平之殿（Palace of Peace）形成历史与现代的对话。

1.2.2 地域文化建筑

世界各城市的地标建筑，有着一定的艺术表现性和地域文化承载性，这类建筑往往是一个城市的重要符号，甚至起到城市形象代言的作用。阿斯塔纳的"生命之树"，又名巴伊捷列克塔（Bayterek），地处城市正中央，是纳扎尔巴耶夫总统亲自设计绘制的，来源于哈萨克族的神话故事，讲述一棵生命之树和一只魔力鸟的故事，该建筑圆柱部分象征白杨树，而金黄的球体代表魔力鸟所产的蛋。该塔是阿斯塔纳的纪念建筑和重要的旅游景点、阿斯塔纳的灵魂象征和最著名的地标，是阿斯塔纳的"埃菲尔铁塔"（图3）。

阿斯塔纳的现代建筑中集合了世界各地著名建筑师的作品，以英国福斯特建筑事务所（Foster+Partners）为例，其事务所在阿斯塔纳设计建造了三个地标性建筑，和平之殿（Palace of Peace）、纳扎尔巴耶夫中心（The Nazarbayev Centre）、可汗帐篷（khan Shatyr Entertainment Centre）。

笔者认为最为精彩的是可汗帐篷（Khan Shatyr Entertainment Centre），位于城市中轴线的最北端，是阿斯塔纳最高的建筑之一（图4）。这座建筑犹如缩微的大型公园，包含各种商店和休闲设施，其中有餐厅、电影院和可供开展各类活动及展览的娱乐场所。起伏的花园露台随建筑的升高盘旋而上、错落有致，其水上乐园还设有造浪池和滑梯，它们蜿蜒浮现在周围的景观中（图5）。

该建筑设计旨在将人们的社会活动集合到"同一片屋檐下"，为市民创造一片不受外界气候影响的舒适天地，无论外面寒冷或炎热，建筑内部四季如春。帐篷是游牧民族的传统建筑形式，它激起人们对哈萨克族历史的强烈共鸣。

2 世博园规划设计

2.1 2017 阿斯塔纳世博园规划设计入围方案述评

2017 世博会在哈萨克斯坦阿斯塔纳的举办，显示出中亚国家在世界舞台上开始崛起。面对如此重要的盛会，哈国政府面向全球征集世博园规划设计方案，世界各地建筑师们在这片中亚的土地上展开较量。

扎哈-哈迪德（Zaha Hadid）的方案一如既往带有强烈的冲击力，整个世博园概念方案从平面规划到建筑形式展现出乖张的气质，流动的曲线漫无目的地堆砌起一个个展馆，四个气势犀利的高层建筑交织成利剑般的核心塔。扎哈作品是基于现代主义的基础，充分利用线条和体块，作品带有男性刚硬的气质，蜿蜒的线条又体现女性的感性和柔美，但其作品的建造难度以及最终建造效果让主办方惴惴不安。

蓝天组（Coop Himmelblau）方案核心建筑如同一个能量中心（Energy Tower），为整个园区提供源源不断的能量，四个主题馆分别为"宇宙"、"世界"、"生命"和"心灵"，也作为小型发电厂（Mini Power Plants），其理念紧扣着本次世博会的"未来能源"主题。建筑所带来的空间品质试图给人们一种新的体验，这种体验和强烈的视觉刺激成为"蓝天组"设计的最终目的。

来自柏林的 J. MAYER H. Architects 一直对自然、科技、媒体以及人类身体感知空间的方式感兴趣，致力于探索人和自然、科技之间的融合，对于本次世博主题"未来能源"，其理解是"生物"，即来自大自然的生物是最为重要的能源。而本次世博会美国国家馆认为未来能源是"你、我与所有人"，即"人类"，两者对于主题的思考令人惊喜地不谋而合。

生物体基本的结构和功能单位是细胞，其方案便利用"细胞"这一概念组织设计了整体方案，奇妙的想法与绚丽的色彩把生物是未来能源这个看似很"空"的理解表达得热烈活泼，充满激情。建筑有一种结构上的实验精神，创造出一种弹性空间和见证时代的独特审美。

2.2 中标方案简述

2.2.1 园区规划

整个世博园 174 公顷，项目分为展馆区，住宅区，服务区（包括购物，社会文化，教育和公民设施，公园等）。其核心建筑是标志性的 8 层高、直径 80m、形似一个地球仪的哈萨克斯坦国家馆（图 6）。园区将设有四个展区（欧洲国家展区、美洲国家展区、非洲国家展区、亚太地区国家展区），可以容纳多达 120 个国家的展馆（图 7）。这四个楔形的展区以马蹄形阵列围绕中央球体。整体园区尽量减少能源使用，世博会消耗的大部分能源将由可再生能源提供，呼应本届世博的主题。

2.2.2 展馆设计

各国家展馆按照所属的洲分布在园区内，中国馆位于园区的主入口位置，占据了极佳的位置优势。中国馆与德国馆、哈萨克斯坦馆也是本届世博最为热门的展馆。中国馆的设计围绕世博会主题"未来能源"和中国馆主题"未来能源、绿色丝路"进行演绎，贴近"一带一路"概念，展示中国能源发展主张及对未来能源发展的思考。通过"能源走廊"、"未来能源梦剧场"、"人造小太阳 EAST"等，运用从实体模型到新媒体演绎等展示形式，讲好"中国故事"（图 8）。

2.2.3 "第三层次"设计

郝琳在规划设计成都远洋太古里时，阐述了设计的三个层次的概念。第一层次，是指建筑的基本结构；第二层次，就是所谓的建筑围护；而第三层次是建筑延展出的理想街区设计要素，比如雨蓬、巷道上的街灯、座椅、树木、水池、艺术品、标识、活动设施等，这是城市设计师应当充分重视的部分。

阿斯塔纳世博园区在"第三层次"设计上颇费心思，布置的艺术品增添了视觉滞留点，形式多样的休息空间增添了身体滞留点（图9），提高了人与世博园区的"身体黏度"。移动互联网时代，微尺度的的城市视觉吸引点与身体通过自拍产生奇妙的化学反应，"自拍"成为一场以身体为媒介的实体空间与虚拟达成"共谋"。除了园区标志性的球形哈萨克斯坦国家馆，这些精心设计的"第三层次设计"通过大众的一张张自拍在手机社交软件里展现出一个丰满的世博园形象，传播于处在世界各个角落人群的手机里。

2.2.4 "后世博"时代

世博会闭幕后，世博园区进入"遗产模式"（Legacy Mode）。园区的建筑将被改造成办公室和科技园，部分场馆将交付紧邻世博园区的纳扎巴耶夫大学。世博会停车场和服务区将转变为蓬勃发展的一流综合社区，包括住宅、办公室、酒店、市场和公民教育设施。

2.3 中标方案总结

相对于前文介绍的几家事务所的方案，AS+GG（Adrian Smith+Gordon Gill）的方案并不是最具表现力的，但是最终得以突出重围，赢得竞赛。关于原因，笔者有一些浅薄的思考。

第一，主办国对"球"执着的热爱。每个国家都有各自的地域文化、喜好、风格。AS+GG 的方案，核心建筑哈萨克斯坦国家馆呈现出"球"的形态。当我在主办城市阿斯塔纳中穿梭时，也发现城市中随处可见"球"，机场的主楼，图书馆，城市标志物塔的顶端，甚至是路边的绿植都修剪出圆球的形状。

这种对于圆球的喜爱，来自于其民族的历史、习俗、文化等方面。笔者的猜想是哈萨克族作为游牧民族，其居住建筑长久以来都是以圆形"毡房"为主，这种建筑形式是哈萨克斯坦的历史文化标志，故在其国徽当中也使用圆形来突出表现哈萨克人传统的金色毛毡圆顶帐篷。"燕歌未断塞鸿飞，牧马群嘶边草绿"的生活虽然早已消逝在历史的洪流中，但还是在民族的基因中留下斑驳的痕迹，难以磨灭。

第二，回归理性。现代科技以超出人类想象力的进步推动了建筑设计的发展，建筑形式一点点挣脱建筑技术的掣肘，天马行空。作为世界建筑师"试验田"的中国，地平线上拔起了诸多"奇奇怪怪的建筑"。诸如，扎哈的作品"广州大剧院"，美魅的姿态令人着迷，建筑形象在珠江新城的建筑森林里格外别致。当我们走进广州大剧院时会发现，建筑因"怪异"的形式为建造出了难题，在很多细节上暴露出难以掩盖的瑕疵。

作为建筑师，瑞士建筑师雅克·赫尔佐格（Jacques Herzog）与皮埃尔·德默隆（Pierre de Meuron）倡导让建筑回归理性与本质，建筑就是建筑，它不可能像书一样被阅读，它也不可能像画廊里的展览一样有致谢名单、标题或标签，建筑的力量在于观者看到它时的直击人心的效果。

近些年，建筑的委托方们也渐渐趋于理性，不再一味地追求夺目的效果。相对于入围竞赛的其他建筑事物所的概念方案，AS+GG 显得尤为"理性"，从可实现性与经济性上赢得主办国的认可。

3　世博发展思考

归国不久，团队马上继续投入世博研究工作中。结合阿斯塔纳的感受，我对世博会有两点思考。

3.1　思考一：世博中的国家形象

国内某档节目曾采访山本耀司，问及其是不是考虑到要把日本传统文化的精髓放到设计中去。山本耀司则表示排除了一切日本式的东西，如果要用和服做时装秀，就会感觉自己做了个土特产，会非常不好意思。本届世博会的哈萨克斯坦馆，在建筑形象上没有去刻意使用其游牧民族的历史图腾作为设计语言。而纵观中国参与世博会的历史，历届世博会中国国家馆的设计都抛不开中国传统符号，诸如"中华门""红墙"等。

建筑师张轲有着这样的阐述，即国外的评论家、建筑界，急切地想看到他们能认出来的中国元素，但也局限于他们能认出来的中国性。如果中国建筑师要迎合他们的观点，那么就真的"被中国化"了。

中国迈入了新的纪元，以高速发展的现代化开放姿态去拥抱世界。笔者认为应抛开外国人印象中的古老中国形象，而是以一个既有底蕴又焕然一新的面貌展现于世界之林。

3.2 思考二：世博走向发展中国家

2017 年 11 月 16 日，巴黎国际展览局（International Exhibitions Bureau）会议的最终投票，阿根廷布宜诺斯艾利斯市击败波兰罗兹和美国明尼苏达成为 2023 年世博会主办国，其主题为"科学、创新、艺术和创造力推动人类发展，数字融合时代的创意产业"。

发展中国家开始想借举办世博会的契机，发展"世博经济"，利用世博会所带来的大规模的商机，推动和发展本地区经济，拉动经济增长、科技创新、文化繁荣，并吸引世界的目光，提升国家形象，在全世界目光中刷"存在感"。

从国际展览局的角度来看，世博起源和发展都是在欧美等发达国家中间，自 2010 上海世博会第一次在发展中国家举办并取得空前的效果和影响力后，也让国际展览局重新审视世博会的作用和意义。

参考文献：

[1] 陈丹青 . 无知的游历 [M]. 桂林：广西师范大学出版社，2014.

[2] 伍江 . 亚洲城市点评：从"成为首都——哈萨克斯坦首都阿斯塔纳的城市规划"一文想到的 [J]. 上海城市规划，2016（6）：66-66.

[3] 周榕 . 向互联网学习城市——"成都远洋太古里"设计底层逻辑探析 [J]. 建筑学报，2016（5）：30-35.

[4] 方天纵，陈曦，江滨 . 雅克赫尔佐格，皮埃尔·德·梅隆：让建筑回归理性与本质 [J]. 中国勘察设计，2014（8）：76-83.

图1 阿斯塔纳城市风貌	图2 哈兹拉特苏丹清真寺	图3 城市标志物——生命之树
图4 可汗大帐篷模型	图5 可汗大帐篷建筑内部空间	图6 主办国哈萨克斯坦国家馆
图7 世博园各国展馆	图8 中国馆展陈列	图9 公共休息空间

六、博物馆与展览

Museums & Exhibitons

世博·艺术

毕加索的《格尔尼卡》的诞生与世博会的艺术成就

World Expo · Art

The Birth of Picasso's Guernica and the Artistic Achievement of World Expo

吴艺华　Wu Yihua

【摘　要】　在世博会的历史上，用艺术作品的形式参与世博会的展示活动是非常多的，可以毫不夸张地说，世博会是始终与艺术相联系的，世博会也可以说是艺术的博览会，这里，于 1937 年 5 月 25 日在法国巴黎举办的该国的第六次世博会，是记录艺术史册的一次世博会，在这届世博会上，世界著名画家巴勃罗·毕加索的巨幅艺术作品，高 349cm、宽 777cm 的《格尔尼卡》在法国巴黎举办的世博会的西班牙馆内正式进行了展示。毕加索的作品《格尔尼卡》的亮相是世博会史上最具轰动性的艺术事件，假如没有那次的世博会，也许就不会有巨幅作品《格尔尼卡》的诞生，因此也可以说，世博会成就了《格尔尼卡》，这里，这篇论文通过《格尔尼卡》的诞生经过，展现了世博与艺术成就的最好证明。

【关键词】　世博；艺术；毕加索的《格尔尼卡》

您知道 7 月 12 日是个什么日子吗？是与世博会有关的，是一个特别值得纪念和回忆的日子，这一天就是世界著名画家巴勃罗·毕加索的巨幅艺术作品，高349cm、宽777cm的《格尔尼卡》在1937年7月12日的法国巴黎举办的世博会上的西班牙馆内正式展示的日子。

巴勃罗·毕加索（1881年10月25日~1973年4月8日），西班牙画家、雕塑家，法国共产党党员。是现代艺术的创始人，西方现代派绘画的主要代表。毕加索是对当代艺术最具创造性和深远影响的艺术家，是20世纪最伟大的艺术天才。

在81年前的1937年7月12日的巴黎世博会的西班牙馆内，也是巴黎世博会于5月25日正式开幕后的第7周，才终于开馆的西班牙馆的大厅入口处，正式向世界公开展示了西班牙画家巴勃罗·毕加索制作的壁画《格尔尼卡》。

在世博会的历史上，用艺术作品的形式参与世博会的展示活动是非常多的，可以毫不夸张地说，世博会是始终与艺术相联系的，世博会也可以说是艺术的博览会，这里，于1937年5月25日在法国巴黎举办的该国的第六次世博会，应该是记录艺术史册的一次世博会，那次世博会上以"现代生活的相关技术和艺术的国际博览会"的主题中，各国都以最新的技术和艺术进行了宣传和广告制作，体现了资本主义的发展阶段，也是世博会的新的展示形式，这里毕加索的作品《格尔尼卡》的亮相是世博会史上最具轰动性的艺术事件，假如没有那次的世博会，也许就不会有巨幅作品《格尔尼卡》的诞生，因此也可以说，世博会成就了《格尔尼卡》，这里把《格尔尼卡》的诞生经过进行记录，展现了世博与艺术成就的最好证明吧。

从《格尔尼卡》诞生的背景中可以了解到，西班牙在1936年的7月爆发了内战，政府军与反政府军进行了激烈的战斗，在1934年就离开了西班牙而定居于法国巴黎的西班牙著名画家毕加索，是支持西班牙政府方面的画家，在1937年1月，毕加索就曾运用绘画手段，对反政府军的领袖进行了讽刺性的表现，并把自己的绘画收入支援了政府军。在内战期间的1937年1月，西班牙驻法国巴黎的大使馆代表政府正式向毕加索发出了为参加在同年5月的法国巴黎举办的世博会的西班牙馆的展示而制作绘画的邀请，然而毕加索在当时并没有马上给予明确的答应，因为毕加索仍想按照自己的计划制作作品，这在1980年的巴黎毕加索美术馆中发现的手稿中也可以证明这一事实的，因为在这段时间的草稿中表现出的内容完全是画家和模特儿的个人世界，与之后反映的战争题材的巨幅壁画毫无关系。促成这一变化的根本原因是在1937年的4月26日，由德国军队对西班牙城市进行的无差别轰炸所引起的。在 27 日的当地晚报上，刊登了西班牙小镇格尔尼卡被轰炸的消息之后，世界各国的媒体都相继进行了报道，毕加索也在报纸中知道了这一消息，于是紧急更换了主题，而开始全身心地投入到了巨幅壁画《格尔尼卡》的制作。

今天，我们从毕加索在制作《格尔尼卡》的壁画时，保留下来的 45 张草稿和 8 张写真的资料，为后人留下了珍贵的记录和研究性。而 45 张的草稿总图中，除了一张没确切记录的之外，其他都写上了日期和号码，这对全面了解毕加索在制作《格尔尼卡》作品时的变化和诞生过程起到了很好的证明作用。

通过这些草稿和写真可以帮助我们看到当时的制作经过和变化，对于研究毕加索当时的心理动态是很有价值的，从第一张草稿中可以看到，《格尔尼卡》的壁画是于 5 月 1 日的下午开始正式动笔的，第一天的草稿是用铅笔画在蓝色的素描纸上的。共画了 6 张，这天的草稿中主要是对受伤的马，自然的牛，拿着灯火的女人等方面的内容进行了构思，而通常表现战争的"杀戮""爆炸"等的典型造型却始终没有出现在草稿和完成后的壁画中。5 月 2 日是休息天，本该是带女儿一起外出游玩的日子也没出去，继续在画室中进行了制作，这一天主要是集中地表现了苦闷的马的表情，至此的 14 张草稿，全是画在纸上的，之后，在画布上用油画进行了绘制，在至今表现的静止作品风格，却一下子出现了动感，其壁画的构图风格在这天也基本完成了，在画面上虽然没有直接表现格尔尼卡，但用绘画手法，进行了暗示，这里只用了两天的时间，就使作品有了很大的进展，之后放置了一周。在 5 月 1 日的劳动节之后的几天里，毕加索正式向社会发表了正在制作格尔尼卡主题壁画的消息。因为在西班牙的内战初期，有关毕加索是支持反政府军的流言很多，这一声明也很好的体现了毕加索的真实立场。

5 月 8 日又开始制作了，这时出现了抱着婴儿尸体的女性，当然，在制作的同时，内战的情况也在不断地变化着，毕加索也是通过报纸了解到了国内的形势，并不断地修改着草稿。5 月 9 日是制作后的第二个休息日，毕加索也没像往常一样带女儿外出玩耍，而继续在画室中进行了制作，这天制作的作品中出现了女性和婴儿的造型，这一变化，也许与这种关系相关吧。在表现手法上，运用了明暗对比的方法，与前一周对马进行重点刻画的方法不同。9 日开始对女性抱着婴儿尸体的造型进行了仔细刻画，同时也可以发现之前的草稿基本上是画在正方形的白纸上的，而在 5 月 8 日至 9 日的这两天的草稿是使用了细长形状的白纸，这种比例与完成后的壁画形状非常相近，主要表现的是正面的牛的头部与人间，同时出现了切断手腕的两个女性，展现的是晚上的场景，在整个画面中对人物进行了刻画。

在 5 月 11 日的早晨，在巴黎的画室中毕加索正式在高 349cm，宽 777cm 的巨幅画布上进行制作了。之前，毕加索习惯在制作时除了模特儿之外，是不允许他人在画室的，同时也不许在作画时进行写真的，但是作为助手的多拉·玛尔，却在这次毕加索制作《格尔尼卡》壁画过程的各个阶段，对画布留下了宝贵的 8 张写真纪录，这 8 张写真中有时把毕加索也一起拍进去了。在 11 日的写真图片中可以看到草稿右边的女性移到了左边，同时又在右边添加了三个女性。这天在这么巨大的画布上，基本完成了草稿的布局，并开始进入了正式制作的阶段。当然，毕加索还是在不断地进行着草稿的构思，特别是对女性的头部和公牛的表现，又进行了不断的修改。

在 5 月 13 日的第二张写真中，可以看到画面中出现了像太阳一样的造型，并开始用黑色进行了涂抹。在 5 月 16 日至 19 日左右拍摄的第三张写真中，看到了毕加索对马的头部和士兵的方向进行了变化，并对前面的女性和士兵的身体位置进行了调整，加上了战士手握拳头的位置。当时将拳头向上的形式，在表现反法西斯的反战造型中是极具代表性的，在世界上也是很有象征性的，应该是出于减弱政治性的考虑吧。最终的拳头位置成为了横向的表现，太阳的造型也变成了椭圆形，并对表现牛的眼睛方面也进行了变化。在 5 月 20 ~ 24 日左右拍摄的第四张照片中，看到了至今表现成垂下来的马头抬了起来，鼻孔以开放的形式成为了一种豪气逼人之感，此后用拼贴的形式进行了尝试。在 5 月 27 日的第五张写真中，拼贴的手法消失了。6 月 1 日左右拍摄的第六张写真，又看到了拼贴的表现，6 月 4 日的写真中又没了拼贴，毕加索采用的拼贴画的艺术语言。并不是以真正的拼贴手段来表现的，而是通过拼贴的视觉效果，运用手绘的方式进行表现的。产生出的是一块叠着另一块的这种现代感的"拼贴"的效果。完成后拍摄的第八张写真中看到了在椭圆形的造型中画上了电灯。在整个制作过程中，毕加索对背景的灰色色调还是很用心的，并经过多次修改。在马的身上对线条进行表现等方面的细部刻画也是很清楚的，这里还借用了多拉·玛尔的手进行了制作，这在毕加索的作品中，借用他人之手进行制作，应该是最初的作品。之后，还参与了一些修改，6月4日基本上完成了壁画《格尔尼卡》的创作。毕加索的这幅作品最初是决定赠送给西班牙的，但在5月28日，在法国的西班牙大使馆的工作人员，来到了毕加索的画室，作为材料费曾送给了毕加索15万法郎。在6月6日，西班牙的诗人学者，意大利的雕塑家，法国的画家，德国的诗人，英国的画家，雕塑家等友人都来到了画室，观看了完成后的作品，这也成为除了模特儿多拉·玛尔之外的第一批观众。至于从画室搬到世博会会场的具体时间并不清楚，但从各种报道中可以看到，在1937年的6月底，这一作品已经出现在了巴黎世博会的西班牙馆内。

在1937年7月12日的法国巴黎举办的世博会上的西班牙馆终于正式开馆了，馆中的主要展品是向世人展出了毕加索为这届世博会创作的壁画《格尔尼卡》。虽然毕加索的名声是很大的，然而这一作品却并没有引起轰动和注目的效果，专家们在看到毕加索的这幅作品时的心态是非常失望的。因为大家本希望看到的是一件毕加索的写实作品，而《格尔尼卡》的表现形式是抽象风格的，当大家认为毕加索会以写实风格表现作品的西班牙馆的部分负责人，在看到作品后的第一感觉时是相当失望的，因此在当初曾想挂在不注目的地方，但是出于毕加索的名声。到结束，还是挂在了进口的展厅中。很多评论家和艺术家们对《格尔尼卡》作品的评价也不高，认为没有很好地把西班牙的内战和法西斯的残忍性进行很好地表现出来等的批评声是很多的。当时的报纸媒体也没有对这幅作品进行特别的报道，再加上西班牙馆的正式开馆日要比巴黎世博会开幕晚了很多，因此在世博会的官方材料中也没有报道这幅作品，当然还是有极个别的评论家和诗人，对此画卷做出了较高的评价，特别是当时的著名权威评论家哈巴托·利托认为，这可能是一件划时代的世界名作的评论是最初得到肯定的言论。但是无论如何，当看到过这一作品的人还是可以很明显地感受到"战争的恐惧，反战的信息"，这是不能否认的。

《格尔尼卡》在表现遭受轰炸后的悲惨景象的手法是非常独特的，特别是对整幅作品为什么会运用黑白的形式进行表现的疑问是存在的，这里应该可以肯定的是毕加索受到当时报纸的黑白图片的影响是很明显的，而黑白的形式又是人们普遍在表现悲痛和严肃的主题时最能产生效果的好手法也是大家的共识。因此，这种黑白的表现远比五彩的效果更让人感受到强烈印象的作画方法来讲，是非常成功的。

在《格尔尼卡》中表现出的哭泣的女人是毕加索的模特儿多拉·玛尔的造型，之后毕加索又一连制作了几张有关哭泣的女性主题，应该是从《格尔尼卡》的作品中开始的。

由于是为了参加巴黎世博会西班牙馆的展出，其尺寸以349cmx777cm的巨幅画面进行了制作，并使用了工业油漆，由于油漆要比油画更容易干，这样就利于快速制作和修改。由此也确保了在一个月左右的极短的时间内完成这一作品，由于是用油漆进行制作的，因此很容易出现损伤，这是比较担忧的方面。

毕加索虽然热衷于前卫艺术创新，然而他并没有放弃对现实的追求，他曾说过："我不是一个超现实主义者，也从来没有脱离过现实生活，因此会时刻生活在现实的真实之中。"这也是他会表现《格尔尼卡》主题的一个重要原因吧。然而他的现实主义风格，与传统的现实主义的表现方法完全不同的是在他的画中表现出的丰富的象征性，这在现实主义的作品中是很少见的。有趣的是他的名字"毕加索"也成为了象征，现在当人们对艺术作品感到深奥不解的时候就会脱口而出"毕加索"。

当然，画中也表现了许多现实的情景。画的左边，一个妇女怀抱死去的婴儿在仰天哭号，她的下前方是一个手握鲜花与断剑张臂倒地的士兵。画的右边，一个惊慌失措的男人高举双手仰天尖叫，离他不远的左处，那个俯身奔逃的女子是那样地仓惶，以致她的后腿似乎跟不上而远远落在了身后。这一切，都是可怕的轰炸中受难者的真实写照。画中的诸多造型反映了画家对传统绘画因素的吸收。那个怀抱死去婴儿的母亲的造型，应该是源于哀悼基督的圣母像这种宗教绘画中的传统表现形式，手持油灯的女人，让人联想起自由女神像的造型，那个高举双手仰天惊呼的形象，又与戈雅作品《爱国者就义》中的造型有相似之处，而那个张臂倒地的士兵形象，似乎与意大利文艺复兴时期的某些战争画面中的形象，有着相联系的关系。从这种表现中可以看出，毕加索不仅是一位现实主义的表现者，同时又是尊崇和精通传统的艺术家。

这幅画在构图方面显得非常随意，并有杂乱的感觉。应该说，这与轰炸时居民四散奔逃、惊恐万状的主题气氛是相得益彰的。但是，如果我们再仔细观察此画，可以发现在这种长条形的画面中，所有造型与图像的安排，都是经过精致的构思与布局。虽然整个画面富于动感和杂乱，但是画面的结构形式还是很明显地流露出了古典的严谨特点。

我们看见，在构图上明显地感受到了三角形和长方形的风格，在画面的正中央，不同的亮色图形互相交叠，构成了一个明显的等腰三角形，三角形的中轴，恰好将整幅长条形画面均分为两个正方形。而画面左右两端的图像又是那么地相互平衡。其构图形式是以中间为长方形，左右用小的长方形，组成的三个长方形的风格，可以让人联想到中世纪教会装饰画中的绘画风格，这种金字塔式的构图，让我们可以与达·芬奇的《最后的晚餐》的构图，有着某种相连的关系。中央的长方形上以大的三角形进行了表现，在上面以女性拿着灯火进行了表现，三角形的左斜线，以马的头，向马的右脚和战士的手臂进行了构成。另外部分的斜线以赶过来的女性身体进行了构成，灯火左侧以蓝灰色等各种灰色进行了表现，增加了光影效果，总体上非常单纯，突出了绘画的强烈诉求，作为悲惨的暗示，主要是集中在中央的三角形的方面，这一切都可以与希腊的神殿建筑相关联的。

从右边的长方形中画着的三个女人中，可以看到左上方的女性手拿着灯火，从窗内展出身体，具有"自由女神"的特点可以联想到人们渴望和平和自由的心理。右边的女性在燃烧着的家中落下（也许是被战火爆发引起的），左下边的女性向中央靠近，在左边的长方形中以女性和公牛的造型进行了表现，女子抱着婴儿的尸体在哭泣，公牛在守护着女性，中央的长方形中画着马和战士，马的头向上突出，战士拿着剑已死去，那个躺在地上的男子，应该是象征着战斗中不屈的战士，他手中拿着剑。剑上又表现了一朵雏菊，而手上的伤痕，又让人联想到殉难耶稣手上的圣痕，应该是这幅画中想表现出的赎罪迹象。

从画面中可以很明显地感受到宗教画和希腊神殿建筑中的宗教美术的影响，左边的台子和右边的门可以联想到室内的一切。同时右边的瓦片和窗户又可以联想到户外，还有太阳一样的光源，可以联想到白昼，女性拿着灯火又可以联想到黑夜，其表现出的时间和空间已经完全超越了一切。因此可以很肯定的说明了，此作品充分展现出了宗教方面的性格特点，毕加索在整幅作品中的这种精心组织的构图，将一个个充满动感与刺激的夸张变形的造型，表现得如此统一有序，刻画出丰富多变的细节，又突出与强调了重点，显示出深厚的艺术功力。

毕加索在 1940 年年初，曾对《格尔尼卡》作品中出现的造型进行过说明，认为牛就是牛，马就是马。作为观众来说，从自身的感受上，会对马和牛的象征性产生自己的见解，这也是允许的，但在 1945 年毕加索曾与画商的一次交谈中却说过，"公牛不是代表法西斯，是残忍和黑暗的象征，马是代表着人民。《格尔尼卡》的壁画是具有象征性含义的作品，因此我使用了马，公牛和其他造型"，从这里可以看到，毕加索对画中表现出的动物们的象征性是认可的，但是对于其他造型的象征性上，毕加索并没有进行更多的解释和说明的情况下就离开了人世，这是相当遗憾的。由此也成为了之后的爱好者和评论家们对作品产生出的众多象征的猜测也就不足为怪了，但是从毕加索本人的基督教的思想，以及死与再生的互相关系上，《格尔尼卡》反应的对人道主义和救济的愿望，应该是非常明确的。特别是对不合理的死，人间的愚昧和聪明，人的知识，善恶的关系，以及最好的结果，都进行了追求。

这里，对作品中的比较突出的造型进行分析，以便更容易理解毕加索的作品可以起到帮助的作用。

公牛：在现代绘画中，对画面中的造型表现，可以从各种方面进行解释的情况是不多的，通过自己的理解去观察其中的善恶是非常难的，特别是对公牛的善恶的理解更难。希腊神话中公牛类的动物是属于暴力，好色和平等的象征。毕加索在 1935 ~ 1937 年，一直以这主题进行了表现，毕加索非常喜欢看斗牛，而斗牛本身也是象征着西班牙的，这种灾和恶的理解，对毕加索来说应该是认可的。艺术评论家中也有人认为对牛的身体进行方向变化，传达出的苦恼和悲痛的画外音的作用也是可以理解的，同时又被认为是对法国政府无视西班牙内战的暗示。

马，拿着灯火的女性和士兵：濒死的马代表着《格尔尼卡》被轰炸后的牺牲者，或是西班牙政府的象征，也是人道主义（理想主义）的消灭和法西斯会崩溃的象征。在西洋绘画中，蜡烛和灯火象征着真理，因此这幅画中拿着蜡烛灯火的女性应该是代表了真理的用意是很明显的，并包含了善、正义和理性以及传送光明者的象征。小的灯火代表了西班牙的士兵，这种运用绘画与现实世界中进行的强烈的政治连接的做法，也被人们批判过，而死去的士兵成为了法西斯的牺牲品也暗示着西班牙的市民。

抱着婴儿尸体的女性：抱着婴儿尸体的女性在西方绘画中是传统的主题，也是格尔尼卡的受害者，这与 1929 ~ 1932 年期间毕加索制作的作品中，也是非常相似的，由右边向中央奔跑的女性，一般被认为是当时的苏联支援西班牙政府的唯一一个国家的象征，从建筑物中掉下来的女性则代表了毕加索自己，也象征着基督教。

光源·鸟：太阳一样的造型中展现出的电灯的光源是神的眼睛的说法被认为是可信的。在光源上，运用了唯一表现现代意识的电灯，可以理解为现代战争的惨状，也可以理解为是资本主义国家和基督教的救济受到欠缺的世界，台子上的鸟应该是精灵和和平的象征。

应该说这一作品对后人的影响是巨大的，特别是对艺术家们的影响是巨大的。之后在美国诞生的抽象主义画派，应该是受到这幅作品的巨大影响的。这么重大题材的作品，作为今天来看，这里，悲痛和协调，单调的色彩改变了多彩的世界，但是毕加索在这中间展现出的火的意志。作为今天来说，是神圣的火，是照亮前进和希望的光，应该是永远燃烧着的。

在《格尔尼卡》完成后的 80 年间，这一作品的成就得到了社会的认可。这幅高 349cm、宽 777cm 的尺寸，非常简洁的构图和单调的色彩，运用线条进行动感的表现，而作品本身包含的象征性又是非常惊人的。"光和影""生与死""希望与绝望""生存与屠杀""现实与非现实""这一世界和另一世界""有相物与无机物""人间与动物""合理和非合理""个人与社会""理解和不理解"，各种各样的想法都可以在这幅作品中找到，并在人们生活的现实世界中得到体现。

应该说这幅作品在巴黎世博会中引出的冲击力。在今天，其冲击力仍然没有衰落，并向人们告知了艺术新时代的到来。当接触过这幅作品的人，相信他的认识也会得到提升。对于今天的社会，其生存观和视觉观的影响之大，更证明了《格尔尼卡》的伟大之处。作为艺术新时代到来的预告，当人们站在作品前的一刹那，都会对自己的人生进行思考，生命的价值，生活的方式，对思想、感觉进行思考，这正是《格尔尼卡》的作用，正因为这一点，20 世纪最伟大的作品是属于《格尔尼卡》的。

世博会对社会的影响是巨大的，世界博览会是人类文明的驿站，自 1851 年伦敦的万国工业博览会开始，世博会正日益成为全球经济、科技和文化领域的发信地。

成为各国人民总结历史经验，交流聪明才智，体现合作精神，展望未来发展的重要舞台，因此，世博会对人类的文化和艺术的贡献是巨大的，也是世博会的价值所在。

博物馆场景中的教学特点："由一幅画展开"的启示

Pedagogical Features in a Museum Setting: Inspirations From "Take One Picture"

袁雁悦　Yuan Yanyue

【摘　要】　本文通过介绍"由一幅画展开"（Take One Picture）这一由英国伦敦国家画廊发起的博物馆与教师培训合作模式和由此展开的教学活动，提炼出教学过程中所体现的基于博物馆场景的三大教学特点：对话式教学、文化视野、"全方位"的艺术教育。文章最后简要分析了这一案例对中国博物馆的馆校合作及博物馆教学的启示。

【关键词】　博物馆教育；对话式教学；跨学科教育；建构式博物馆；馆校合作

1　引言

为了提供给公众更多机会接触博物馆藏品和相关内容，"博物馆"经常会采取"走出去"与"请进来"两种方式。"走出去"的表现形式通常是将博物馆的藏品、陈列、教育活动等"输送"到其他公共空间，让公众能在博物馆以外的空间体验博物馆文化（比如将专门为某一年龄段学生设计的"教育包"送进学校、将博物馆策划的展览送到社区展出）。"请进来"同样是基于博物馆提高社会责任与自身价值的使命，通过各类活动形式提供给某些特定人群更优质的体验（比如专门为社区的特定人群设计的导览活动[1]）。

"走出去"和"请进来"背后体现的是博物馆这一文化机构独特的魅力，可以从各个不同的角度结合具体内容与模式进行分析。本文将通过"由一幅画展开"（Take One Picture）这一项目，介绍项目中博物馆与大学（教师培训）的合作模式，挖掘其中体现的基于博物馆场景的教学特点，并讨论这一案例对中国博物馆的馆校合作及博物馆教学的启示。

2　案例："由一幅画展开"项目

在英国，博物馆与学校的合作最初多由博物馆发起，大约从20世纪80年代开始就已零星开展。1983年，英国伦敦的国家画廊（National Gallery，London）（以下简称"国家画廊"）专门为伦敦大区之外的教师组织了一天的活动，邀请他们走进博物馆。国家画廊的初衷是希望教师们能够了解博物馆的馆藏，并将其融入他们的日常教学中。但类似这样的"一日游"活动往往都是单次性的，如果学校方面没有主动性，也没有做任何准备与后续工作，则往往不能产生持久的影响。

为此，国家画廊于1996年启动了"由一幅画展开"项目：每年国家画廊的教育工作者从馆藏中选取一幅画作，推动中小学的跨学科教学，甚至会专门举办年度性展览来展示教学成果。

20世纪末、21世纪初，欧美国家的博物馆与学校之间的合作机制越发成熟，大学博物馆在其中尤为活跃，Jeffers认为大学的艺术博物馆能够起到纽带的作用，通过艺术与对话建立起学校与社区的联系。而在教师培训方面，英国2009年出台的报告《获得文化学习的力量》（GetIt: The Power of Cultural Learning[2]）中提到，在初级教师培训和继续教育的职业发展课程中（尤其是小学教师），艺术（尤其是更广泛意义上的创意教育与文化教育）往往被边缘化。

国家画廊的"由一幅画展开"项目在2013年进一步拓展，与6所大学的教师培训项目达成了合作①。2013～2014学年，国家画廊与剑桥的菲兹威廉博物

---

① 在英格兰、威尔士和北爱尔兰，"教师职业资格证"是成为中小学教师需要获取的主要教师资质，实习教师在具有提供这一文凭资质的大学中进行为期1年的培训（其中包括在对应中小学的见习教学）。这一资格证分为中学与小学，中学还会细分到各个科目，而小学教师资质则不分学科，因为英国的小学教师要负责所有科目的教学。

馆和剑桥大学教育系开展新的合作关系，开始试验名为"文化实习"的项目。剑桥大学教育系从教师培训项目的学员中选出 10 名实习教师，他们将在 9 周的时间内分别在 5 所小学驻地实习。这期间由教育系的指导老师、博物馆的教育工作者及小学中的导师共同指导并监督他们的见习教学。在这 9 周中（表1），他们会在国家画廊及菲兹威廉博物馆培训一周，在学校授课，并策划、引导小学生们在菲兹威廉博物馆内的 1 天课程。实习教师们也需要在授课后与小学生进行访谈，并将其作为他们硕士学位论文（6000 字）的一部分内容。

时间安排表   表1

第1周	第2周	第3～9周（包括圣诞假期一周）		
任务	见习介绍	文化实习	6周学校见习教课（包括带领学生在菲兹威廉的1天课程）	
地点	学校	国家画廊（2天）	菲兹威廉博物馆（3天）	学校（其中1天在菲兹威廉博物馆）

在国家画廊，实习教师们会了解"由一幅画展开"这一项目，并观察博物馆教育工作的日常授课方式，参与互动形式的工作坊。在博物馆场景中培训的主要目标是帮助实习教师训练提问技巧，尤其是课堂互动能力，给他们机会尝试在博物馆内进行教学并反思。在菲兹威廉博物馆的 3 天培训期间，实习教师们会有更多机会继续观察博物馆内的教学，设计自己的课堂，并得到来自博物馆专业人士、教育系老师及他们同学的反馈，不断完善教学方法。

"由一幅画展开"的这一馆校合作模式看似简单，而其核心则是"建构式博物馆"这一根本理念，让未来的学校教师们感受并实践博物馆基于这一理念的教学特点。"建构式博物馆"倡导的是"学习者主动参与，通过与周围环境的互动来学习"。"由一幅画展开"这一项目还具体体现了三大教学特点：

2.1 对话式教学：推动真正的对话

教师们从博物馆教育工作者身上学到的最主要的教学法是"对话式教学"，也就是教师通过问题形式带领学生去思考。教师与学生的关系不再是"授课者"

和"听课者"的关系。教师通过提问带领学生思考。值得注意的是，这其中的问题并不是"考核式""知识性"的问题，也就是说提问的目的不在于得到一个具体而固定的答案，而应当能够激发一轮轮的讨论，甚至新的问题。比如，项目中的一位教师选择了莫奈的作品《春》，她通过提问，引发学生思考莫奈的个人生活、画作所表达的各种感官，及画家是如何实现这些效果的。学生们因而需要仔细观察作品，他们不仅仅能通过教师的指导了解艺术家绘画的技巧，更能主动从艺术史及更广泛的角度来观赏并分析画作。在博物馆的教学中，有些教师还尝试让学生自己体会"对话式教学"：让学生两人一组互相交流，教师在一旁聆听他们的对话，并提供一定的指导；有一位老师甚至让学生来尝试设计问题并"引导"整个班级的学习。

2.2　培养文化视野

博物馆空间的一大特点是这一环境本身能够引发一种敬畏之感。通过实物的展陈，博物馆似乎天然能够激发人们的学习性及好奇心。博物馆中展品的"真实性"也能够引起人们的兴趣及注意力。"由一幅画展开"这一项目所涉及的画作多为欧洲传统中的经典绘画，也就是 DAMP HEMS（Dead Artists，Mainly Painters，Heterosexual，European and Male，即"过世的艺术家，主要是画家，异性取向的欧洲男性"）的作品[3]。博物馆学界的学者很早就对这种缺乏多元性、包容性的"博物馆政治"提出了批判。但从教育角度来说，这一项目恰恰是希望通过直面这一博物馆史上的现象，提高学习者思考与这些作品（和其他场所的视觉内容）相关的社会、政治、文化内涵。因而，实习教师通过博物馆内的课程也能激发学生思考博物馆的文化特性。当学生们在菲兹威廉博物馆中走进"二十世纪艺术"展馆时，他们自己也确实体会到了展示环境的变化和相对应的不同时期的艺术作品风格。"由一幅画展开"项目正蕴含了这一挑战，即通过画作这一切入点激发学生多角度的思考，而教学内容又远远"超越"了一幅画作，让学生能够从小培养起自己的文化视野。

2.3　"全方位"的艺术教育

"由一幅画展开"中所体现的艺术教育绝不仅仅是将艺术作为一门学科或是

一个学习领域，而是以人类的艺术创作为切入点开展跨学科的综合性艺术教育。"艺术创作"也是"由一幅画展开"的一个特色环节，自项目开展以来每年在全国范围的小学发起竞赛，最终会举办实体展览，在画廊的教育中心或是其他合适的空间展示学生的创作成果。2010 年所选取的画作是基于埃德加德加的作品《在海边》，圣路克斯小学的学生们用家中的物品编织出了一个巨大的渔网，而圣玛丽小学则在学校 10 英里外的海滩收集了漂浮木创作了玩具版帆船。在与剑桥合作的教师培训项目中，其中一所学校的实习教师带领学生欣赏了艺术家莫奈的《春》，随后学生们根据课堂上讨论与撰写的小故事创作了风景作品，每幅作品由拼贴画与他们自己创作的故事两部分组成。菲兹威廉博物馆专门请博物馆的专业人士来为学生们的作品策划展览，并于 2014 年 6 月在博物馆的咖啡馆边展出了学生的作品。由此，"观赏艺术""谈论艺术"和"艺术创作"这三个方面紧密结合起来，学生们体验的是"全方位"的艺术教育，并在教师的指导下进行思考与创作。

3　对中国博物馆教育的启示

我国的博物馆与学校之间的合作已有零星开展（至少在大城市如此）。"馆校合作"在博物馆界也已成为一个热度较高的语汇。在目前的实践与探讨中，有针对特定领域的学科教育（比如自然科学类博物馆与学校生物教学的联系）[4]，也有不少学者与从业人员从素质教育的角度强调博物馆这一教学空间的重要性。[5~7] 当前，最值得关注的挑战是如何从馆校合作的意识着手，在目前已尝试的多种形式的基础上，发展出更具可持续的机制和氛围——让博物馆空间真正融入教育体系中，为各年龄层次的学生们提供更好的学习体验。要做到这一点，需要在理念与实践两个方面着手。

一项具有潜力的、可持续的教育项目必然要有明确的教学理念支撑。"由一幅画展开"项目的核心是推动"跨学科教育"，并在项目发展中融入对博物馆空间和艺术作品本身的文化内涵的反思。这一项目的发展并不是一蹴而就的，是在不断完善、扩充中逐渐发展起来的：地理范围从伦敦逐渐辐射到英国其他地区，项目范围从直接输送内容到小学、中学扩展到教师培训，项目合作者也逐渐增多。

推动这一系列发展的不仅仅有博物馆工作人员的努力，还有相关的学术研究与探讨。"由一幅画展开"项目每年都会举行年度会议，比如在2002年的会议上讨论了对新教师缺乏艺术培训及跨学科课程设计经验的这一观察，这也为后期教师培训的开展打下了基础。

联系我国目前的情况，馆校合作多是为了满足学校方面的需求，往往是单次的、小范围内的活动。尽管我们不需要照搬"由一幅展开"这样的项目，但它对未来中国博物馆的馆校合作有不少借鉴意义。

首先，博物馆教育方面的研究应当更为深入，除了目前参照英美国家的一些成功案例，我们也需要提出适合中国国情（甚至当地地情）的理论，将研究与实践更为紧密的结合起来。我国的博物馆还缺少专业的"博物馆教育"方面的人才及岗位。在英国，较大规模的博物馆内都有专门负责与学校洽谈合作、沟通联络、开展教育活动的部门与专业人士，"由一幅画展开"项目中就有不少这样的博物馆工作人员，他们都有较为丰富的教学经验与教育研究背景。

其次，从需求与资源的角度来看，我国的学校规模与人数都远远超过英国，而人均博物馆覆盖率还远远低于英美国家。因而，博物馆很难在有限的时间与空间内，将教育活动与资源高效地分配到各个学校及每一个学生个体。在目前的博物馆运行机制基础上，中小学教师培训是扩大博物馆持续影响的有效途径之一。博物馆可以吸纳国际化、跨学科的人才，结合中小学的教学内容，从更新颖、更综合性的角度切入，通过中小学教师将博物馆的教育资源得以更好的发挥。而这其中的重中之重是引导教师思考如何能够将博物馆的展品资源及博物馆文化更好地融入他们的日常教学中，如何从实物切入激发学生的求知欲，如何结合"书本"上的知识与历史、社会背景。在策划与执行方面，博物馆间的有机合作也能提升影响范围，如"由一幅画展开"项目的这一理念由国家美术馆发起，进而拓展到各地区的博物馆。"合作"不仅仅是指博物馆参与数量的增多，而是基于共同的目标与理念形成资源的互相补充与"在地性"的探索。

以更长远的眼光来看，"由一幅画展开"最根本的启示涉及了教育理念的突破。"建构式博物馆"的根本意义在于强调教学中的"学生本位"，而以经典画作为切入点的跨学科角度也打破了狭义的"艺术教育"的壁垒。这对于我国当下的创新教育改革具有深刻的借鉴意义。博物馆与学校更深入的合作不仅仅在于提供更多元的教学环境与资源,[①] 还在于共同努力尝试打破学科壁垒,培养更具综合素质与独立思考能力的未来人才。可以说博物馆在整个社会的教育体系中扮演着非常独特的角色,承担着助推教育改革的使命,这一重任也将会是中国博物馆在未来几十年发展中必须思考的一大方面。

（本文原载于《博物馆评论》2018 年第 1 期）

参考文献:

[1] http: //www.fitzmuseum.cam.ac.uk/calendar/whatson/tour-blind-and-partially-sighted-adults-0.

[2] Rogers, R.（2009）. Get it: The power of cultural learning. London, England: Culture and Learning Consortium.

[3] Hickman, R.（2014）An Artist Miscellany for the Weary and Perplex'd. Corsham, UK: National Society for Education in Art and Design（NSEAD）Occasional Paper.

[4] 赵洪涛,曾筝,姜景.基于博物馆资源的生物学教育——北京自然博物馆中小学科学教育活动实践 [J].中国科技教育,2012（3）:52-53.

[5] 黄丹萍.素质教育理念下博物馆教育与学校教育的有机结合 [D].哈尔滨师范大学,2016.

[6] 卜珩一.浅析博物馆教育怎样为中小学素质教育服务 [C]// 博物馆学文集 7. 2011.

[7] 周颖.如何发挥博物馆在中小学素质教育中的作用 [J].辽宁省博物馆馆刊,2007（00）.

---

① 上海市中小学研究型课程的改革方案体现的就是实践能力、综合能力、跨学科思维模式的重要性。

若网在纲，有条不紊

观日本国立科学博物馆有感

If the Internet is in Order，there will be an Orderly Way——
View of the National Science Museum of Japan

董卫星　Dong Weixing

【摘　要】 日本国立科学博物馆，坐落在博物馆、艺术馆云集的上野恩赐公园内，虽然其展品繁杂多样、数不胜数，但是整个展览主线清晰，脉络分明。本文从展览主题、章节内容、观众定位、总体平面配置、章节区域、图文版面设计、主题营造互动传播与现场解说七个方面深入探究日本国立科学博物馆展示设计的过程，认为在展览计划实施过程中，展览大纲的编写、贯彻、落实是决定展览成败的关键。

【关键词】 日本国立科学博物馆；主题；展览大纲

现代博物馆展览展品繁杂、媒介多样、技术复杂、规模庞大，如何组织展品、协调媒介、利用技术、形成有效信息传播的整体，显得尤为重要。古人云："善张网者引其纲，不一一摄万目而后得。"网有万目，切不可抓目弃纲，纲举目张。展览大纲在庞杂的博物馆设计与施工中便是统领全局的纲纪。因此，在展览计划实施过程中，展览大纲的编写、贯彻、落实是决定展览成败的关键。展览大纲解决三个问题：

（1）确定主题；

（2）观众定位；

（3）编纂脚本。

日本国立科学技术博物馆，坐落在博物馆、艺术馆云集的上野恩赐公园内。成平十六年 11 月（2004 年 11 月）以"新馆"名义正式对外开放。新展馆占据 6 个楼面，展示物品林林总总，目不暇接，传播方式丰富多彩，变幻莫测。虽然没有十分前卫的艺术设计风格，也没有炫目的高新技术。但是整个展览主线清晰，脉络分明，整体性与条理性极为突出，分明得益于展览大纲三大问题的清晰界定和贯彻落实。细细品味，给予我们诸多启示。

1　主题鲜明，贯彻始终

展览的主题是对展览内容的高度归纳与概括，是展览会的核心精神所在。明确界定展览会的主题，有助于主办者明确通过展品的组织与陈列向社会传播一些什么思想与精神。明确展览的最终目的与意图是什么。在展览素材的组织与征集中、在展品的甄别和遴选中、在对形式设计的指导与评价中保持清醒的头脑，把握正确的方向；明确界定展览会主题，有助于展览设计师了解展览需要表达的中心思想是什么，增强设计师合理组织展品、协调媒介、贯彻主题思想的意识。将展品、图文、造景、灯光、色彩、空间等形式要素整合起来，凝结成一个表述主题的信息群，强化展品的表达力；明确界定展览会主题，有助于观众从总体上理解展览内容。展览主题是一条红线，可以将各个展点的零落信息与知识串联起来，形成整体的理解与认识。主题是展览中的灵魂，可以激活展览中每一个展品的生命火花。

"地球生命的历程——人类、自然共存共荣"，日本科学博物馆为其新馆展览提出了鲜明的主题。这个主题阐明了几个问题，首先，展览的内容框定在自然科学的范围之内，叙述地球 45 亿年来生命发展的历史。其次，站在人本位的立场上，观照自然界的芸芸生命。在地球生命发展的历程中，体现人类在自然界发展中的地位和作用。最后，关注的是人类与自然的关系，"共存共荣"即是对过去的描述，又是对未来的期许。人类是地球生命发展体系中的一分子，离开了自然万物，人类也无法生存与发展。只有与自然界形成共同繁荣的和谐关系，人类才能得以充分发展。但是，由于人类的过度膨胀，使这个问题变得日益严峻。为了地球的未来，为了人类的未来。馆长佐佐木正峰先生建议："为了保护生命赖以生存的地球环境，构建自然与人类共存的未来，我们应该怎么办才好呢？这个问题大家一起来思考吧！"呼吁观众在了解自然历史的同时共同考虑人类未来发展的重大问题。

2　纲目清晰，条理分明

主题不是一句空洞的口号，主题必须要落实在展览的早期筹划、形式设计、现场施工、展期服务等整个展览过程之中。而在主题落实到展览陈列过程中，展览脚本发挥着承上启下的作用。根据主题表达的需要，根据已征集和选择的展品情况，编写章节明确的脚本有着重要的意义。章节脚本的编写可以形成展示内容的总体框架，确定展览的重点、要点和亮点，便于有序组织展品，层层递进地表现主题。

日本科学博物馆"地球生命历程——人类、自然共存共荣"展示章节大致如下：

第一章　地球与生命

（1）地球变迁的证据

（2）地球的变迁与生物的变迁

第二章　地球生物的起源

（1）海洋生物的起源

（2）陆地生物的起源

（3）哺乳动物

（4）脊椎动物

（5）爬行动物

（6）恐龙探密

（7）人类社会的进化

第三章　地球生物的多样性

（1）海洋生物的多样性

（2）陆地生物多样性

（3）多样性的成因

（4）系统广场

第四章　现代动、植物

（1）森林造景

（2）动物、鸟类

（3）动物灭绝之虑

第一章节强调的是地球环境与生命产生、发展、消亡之间的关系，生命因地球环境的变化而产生，因地球的变化而发展，也因地球环境的变化而消亡，阐明了生命对环境的依赖关系，凸显了环境保护的重要性。第二章反映地球生命从低级到高级的演变，以及地球生命霸主地位的交替。第三章反映地球生命的多样性，在这45亿年间地球上演了一幕又一幕生命更替的变奏乐章，物种更替，新陈代谢，创造了丰富多彩的生命世界。第三章还点明了物种多样化的原因，并建立了物种变化的系统关系。第四章展现当代的动、植物面貌，并强调物种在环境恶化的情况下所面临的危机。从这些章节的内容与构成上看，条理清晰，内容翔实，观点鲜明，论据充分。为展览形式设计提供了清晰的轮廓。

3　大众定位，关怀备至

在展览主题和章节内容确定后，展览的观众定位也是展览大纲必须要明确的问题，所谓观众定位就是明确展览开幕之后主要面对的是怎样的一些观众，他们与展览内容的关系，他们的文化修养，他们对展览内容的背景知识有多大程度的了解，他们在观展过程中可能出现的生理、心理变化等，这些问题都直接影响展览形式设计的要素。而对不同的观众层，展览的方式，图文说明的深度，形式美的取向，观众与展品的互动方法等都有很大的不同。现代设计崇尚"以人为本"的原则，在确定目标观众之后，在设计上给予更多的人性关怀，将极大地提高展览的社会传播效果。

观众定位取决于主办方的社会责任，取决于展览的社会目的。随着社会经济的发展，大众文化建设已成为现代社会文明程度的重要标志。因此，博物馆不再只是提供给专业人士作研究的象牙塔，其主要的功能已转化为收集、保存、研究、展览。由此，最终达到社会教育的目的。作为日本唯一的一所国立综合科学博物馆，其社会职责亦是如此，馆长佐木正峰先生在新馆展览寄语中强调，广泛收集、保管自然科学资料，调查研究，并将这些成果展示出来，为社会提供一个"终生学习的机会"是国立科学博物馆的历史使命。所以，新馆展览以非专业社会观众为主要服务对象，根据非专业人士的特点，在展览的内容审定，章节内容的编排，形式设计的创作等方面都作了充分的人性化考虑。使展览成为普通观众喜爱的学习和娱乐场所。

主题确定，展示脚本编纂完成，展览观众定位明确，就已形成对展览形式设计具有定位和指导意义的展览大纲。大纲一旦形成，就要落实到形式设计的每一个阶段之中，这样才能确保最终实现展览的宗旨。日本科学博物馆在落实大纲精神方面做得非常出色。在总体平面配置，区域内容表达，图文版面设计，互动装置设计，馆内知识传授等方面，都能体现展览大纲的精神。

4 总体平面配置

总体平面配置是根据展览场地的空间条件和展览的章节内容进行的整体空间分配和安排。各个展览章节内容的空间位置安排与各个章节之间的起承转换，重点、亮点区域的平衡分布，展厅中观众走向的规约引导，展区热点的空间预留等，都要在总体平面配置过程中作出统筹处理。总体布局成功与否将对展览的最终效果产生重大的影响。

日本国立科学博物馆新馆展览主要是 45 亿年来地球生命发展的历史再现。从内容上来说，有清晰的历史脉络和时间流程。线性发展的内容决定了线性布置的展示顺序。四个楼面，从低层到高层，与地球生命从古到今，从低到高的发展历程相匹配。B2 楼层内容为远古时代地球生命的起源和远古时代生态面貌。B1楼层为恐龙专馆。1F 楼层展示的是地球生命的多样性，3F 楼层表现的是现代地球生命的状态。观众从 B2 楼层进入，逐层观看，可以循序走完 45 亿年来地球生命演变的历程。自然顺畅，井然有序。新馆的空间流程设计搞得很活，整体的线性结构与局部的自由漫散结构相结合。在基本参观顺序不错的前提下，让观众看得自由轻松一些。这样亦可适当分流人群，不致于造成拥堵。从章节区域划分来看，空间的团块性也很强，这样可以将相关的展示内容和各种不同的视觉传播形式整合起来，形成相关信息群落，便于观众形成整体的认识（图1）。

5 章节区域主题营造

由于脚本编纂章节分明，总体平面配置时主线和章节区域的空间分布合理，为主题章节区域的主题表达创造了有利的条件。日本科学博物馆新馆展览中最大的亮点是区域的主题营造。根据主题表达的需要，看似无关的展品有序排列，配合图文说明、多媒体放映、互动接触、光电引导等手段，将众多展示形态整合起来，充分表达某一个中心思想，所有展品不再只是一个孤立的展示物，而成为一个表达"有机体"中不可分割的一部分，展品的生命力由此产生，非专业观众可以在一个知识的框架和丰盈的背景信息中了解某一展品的意义。这亦是形式设计根据目标观众的特点所作的人性化考虑。

以1F楼层为例：该楼层在总体平面分布中被确定主要展示"第三章地球生物多样性"的场所。楼层空间又被分割为六大板块，分别展示："海洋生物多样性""陆上生物多样性""多样性的由来""系统广场"等三级标题内容。这些内容反映的是地球生命的多样化状态和形成多样化的原因。"多样""系统""缘由"是关键词，展览形式设计师抓住了这些要点，进行了充分的诠释（图1）。

"海洋生物多样性"展区充分利用展馆近10m的空间，分高、中、低三个层次布置展品，一块巨大的珊瑚礁拔地而起，各种鱼类高高低低悬挂在空中。展厅中间有一个挑高平台，观众可以在不同的高度观看周边悬挂的鱼群，在各种灯光的辉映下，鱼群若隐若现，真是一派生动的海底景象。全场造景，观众的亲临置身感较强（图2）。

"陆地生物多样性"展区环形分布，在不足200m² 的空间中，分段表现了热带雨林、湿原、高山、戈壁、沙漠等不同地貌条件下的动、植物生存状态。雨林中的大榕树，湿原中的地层断面，高山上的抗寒植物，沙漠中的爬行动物……虽然繁杂多样，但排列有序。场馆不少小景观制作极为精致，树上小昆虫用圆形有机玻璃罩住，并有灯光重点照明，枯叶风化过程一一呈现，并配有放大镜，让观众看到细部变化，细微之处，极具人性化的考虑。细节决定品质，让人感悟颇深（图 3、图 4 ）。

"系统广场"为观众理出了一条地球生物多样化发展的总体脉络。46 亿年来，地球生命从远古时代的原核细胞形式，经过不断地变异，演化成今天如此斑斓多姿的生命世界。"系统广场"清晰展现这一惊人变化的发展路径。"系统广场"平面上呈蛋圆形，周边是高达 3m 的环形玻璃立柜，分类陈列着各动、植物标本，数量多，品种全。主入口一端有一个精美的原核细胞的模型。生命现象皆源于此。最有特色的是广场的玻璃地板，黑色的地板下，布置着由 LED 珠灯勾勒的线条，从原核细胞的模型开始，不断地向前、分叉，再向前、再分叉，通向玻璃立柜中的各种动、植物形成了地球生物进化的树形图。简洁明确，一目了然。图表化的表达，有助于使观众在体验地球生物多样性的同时，认识到地球生命发展的系统性（图 5、图 6 ）。

6　图文版面设计

对于图文版面的处理，最能体现出一个展览的观众定位。若是专家定位，那么就会以展览器物为主，尽可能地消除观众与展品之间的隔阂，甚至可以让观众接触到展品，便于专家深入研究。说明文字尽可能少而精深，甚至可以不要。因为专家有相关的背景知识，毋庸赘言。若是非专业观众，中小学生、游客定位，情况就不同了。围绕着展示器物，或者某个主题，必须要适当的展开，介绍一些相关的背景知识，一些相关的典故、传闻逸事等。遣词用句要简明扼要，浅显易懂。尽可能用一些生动的形象来说明问题。图片、图表、实物、模型、多媒体影像视觉传播手段要有机糅合，不断唤起观众的好奇心和求知欲望，这样才能取得良好的展示效果。从目前情况来看，绝大部分面向社会的展览都是大众和非专业观众定位的，因此，如何全面而不失简约、深入而不失趣味、丰富多彩地展示主题内容显得尤为重要。

在大众定位的指导下，日本科技博物馆新馆展览中的一些图文版面做得非常有特色。B2 楼层展区的一个版面内容是 6500 万年前的一颗直径为 10km 的小天体撞击地球后，激起燃烧物和粉尘沉积，形成了大片陆地，造成地球环境的巨大变化，为地球生物的诞生和发展起到了重要的推动作用。这一展区的主要内容就是揭示地球环境变化和地球生命之间的关系。为了充分表达这一内容，采用的小通柜的展示方式。实物展品、模型、图片、图表、文字等视觉传播形式融为一体。在诸多的因素中，海流与气候、温度与湿度对生命体的发展来说是最重要的因素。因此，在立面图文版面中最突出的是反映历年气温、海温变化的图表和反映生命蔓延的路径。文字少而精练，简明易懂。前面斜板上镶嵌着五个地球仪，分别展示小天体撞击的位置、大陆与海洋的成型、冰川期的地貌等内容。穿插期间的是一些早期生物的化石标本和地质样板。这些展示物以各自特有的表达优势合力阐述着一个主题内容，产生了十分理想的视觉传播效果（图7）。

7 互动传播与现场解说

互动传播是运用声、光、电技术专门设计制作的一些观众操作，形成观众与展品发生相互交流的设施。互动传播在现代展览中运用广泛，品种繁多。有的通过触摸点击获得层层深入的相关知识与信息。有的通过按钮与操纵杆获得某种模拟驾驶感，有的通过竞技行为与虚拟对象对抗或比赛……互动操作是观众最能获得亲历体验和自主参与感的展区活动。对提高观众兴趣和获知欲望有十分重要的作用。日本科技博物馆新馆展览中的互动项目虽然并不是很多。互动装置基本上是一些个人操作的互动装置。但是，这些互动装置与区域展示内容结合得比较紧密。因而，效果突出。观众参与的热情很高。比较集中的互动活动安排在3F楼层的森林造景区域。有昆虫鸣叫选择的互动装置、植物风化过程的互动装置、溪水边生态信息互动装置等。特别是昆虫鸣叫互动装置，虽是一个人在操作，但昆虫鸣叫对整体的氛围的营造产生很好的作用（图8、图9）。

现场解说、讲座、资料查阅是日本科技馆新馆展览中又一个亮点。虽然在展区中没有专门的解说人员，但是观众可以用专用磁卡激活解说器获得讲解。现场还有很多老年志愿讲解员，随机组织学生讲解。老年人与小孩沟通特别有亲和力，使人感受很深。现场区设有现场讲座，内容与展区主题相关，观众可以在坐下来休息的同时，获得知识和信息，这也是克服观展疲劳的一个绝佳方法。在森林造景区旁边还有一个图书、标本资料查阅区，在此可以了解更多的植物知识。所有这些都是为了能让观众以更多样、更轻松、更适合自己的方式获得知识。大众定位，人性化的关怀在这些细致入微的设计中得到了淋漓尽致的体现（图 10 ～图 12）。

现代展览庞大的展览规模，复杂的操作程序、众多的传播媒介、丰实的展示内容、高度的效能要求，使展览成为组织、运作、设计、施工、管理、服务构成的庞杂的团队运作项目。控制与把握显得尤其重要。在整个过程中，展览大纲始终是指导与评价的准绳。近年来，国内展览业方兴未艾，虽然有了突破性的进展，但存在的问题还不少。展览主题不明确，观众定位不准确，展览大纲不落实，展览设计流于形式，现场服务不周到等问题比比皆是。在进一步提高我国会展行业水平，迎接世博会建设的高潮的时刻，日本国立科技博物馆的成功经验值得我们细细品味。

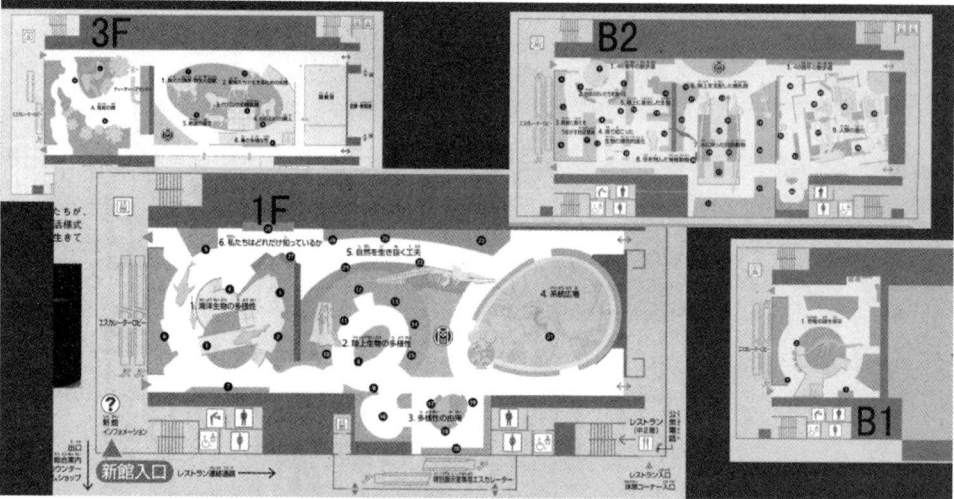

图1

图 2	图 3	图 4
图 5		图 6
图 7	图 8	图 9
图 10	图 11	图 12

大·小·多·少
——日本博物馆观后小记

Big, Small, Many, Little
—— View of the Japanese Museums

董卫星　Dong Weixing

【摘　要】 日本的各类博物馆藏品内容丰富、展示形式多样、展示制作工艺精良，令人赞叹不已。本文从"大规模""小细节""多样式"和"少浮夸"四方面对日本多个博物馆进行赏析，以期为推动我国博物馆事业的发展做出贡献。

【关键词】 日本博物馆；展示形式；规模；工艺

1 大·拔地倚天 气势恢弘

日本凭借其雄厚的经济实力，建造了一些超大规模的博物馆。

大阪的"海游馆"，以一个十多米深，储水量达 5400t 的巨大的海水池为中心展区，参观路线穿越在水池之中，观众盘旋而下，仿佛潜入海底观赏海洋世界。当六七米长的巨大鲸鲨瞪眼冲来时；当桌面般大小的鳐鱼在头顶上飘逸而去时；当几条海豚在你近身欢腾跳跃时……可以感受到惊心动魄的震撼（图1，图2）。

东京的"江户东京博物馆"。主体建筑造型源于日本古代高床式仓库。其最高峰为 62.2m，占地面积为 3 万 m²。有现代建筑的高大雄伟，又不乏日本传统建筑的韵味。反映江户和东京历史发展的常设展位于架空的 5 层和 6 层，中央区域为 5 层和 6 层的共享空间，净高将近 25m。展厅的空间布局和观展路径新颖别致，6 层入口进入后，迎面就是复原的"日本桥"，穿越"日本桥"时可以俯瞰左右两边江户时期的标志性建筑"中村剧院"和"朝野新闻社"。由于展厅空间巨大，这些建筑物全都按原尺寸复制，显得气势特别宏大。也能使观众产生在历史实景中畅游的强烈感受（图 3，图 4）。

而大阪世博公园内的"国立民族学博物馆"则是另外一种宏大，陈列面积虽不十分庞大，约 5732m²。但收藏了有关世界各民族历史、语言、宗教、艺术、工艺、家庭、住所、织物、食物、器具等的文物资料数十万件。按大洋洲、美洲、非洲、西亚、东南亚、中亚、北亚、东亚 8 个地理区域展出。在那里，你才能真正感受到什么叫"海量展品"（图 5）。

超常尺度和规模也是一种感人的艺术力量，西安的兵马俑博物馆。俄罗斯伏尔加格勒的反法西斯胜利纪念碑，美国南达科他州"总统山雕塑"，都是以超常的规模和尺度令我们难以忘怀。

2 小·运思精微至美尽善

日本历来号称"技术和工艺大国"，创意可以平平，但是制作绝对精良。那种气定神闲、专注不苟的敬业精神在展览和展品制作中体现得淋漓尽致（图 6，图 7）。日本东京国立科技馆"陆地生物多样性"展区中的一个不起眼的小展项——复制的池塘边小景，然而仔细品味会让你惊诧不已。圆形的展柜一分为二，一半表现的是岸边情景，半干半湿的小沙滩，螃蟹、跳鱼、螺蛳、枯枝、落叶错落分布，沙地上还有许多螃蟹、跳鱼洞，洞边零零落落撒着螃蟹挖洞时推出的小泥球，生动至极。另一半表现的是水中情景，池水由清澈的硅胶制成，固化了小鱼、小虾标本的形态和位置，与真实环境中鱼儿游弋的景象并无二致，硅胶水面用刀雕出了水的细波，灯光照射后，在池塘底部形成了粼粼波光，令人拍案叫绝。

在日本的历史博物馆中还有大量的历史场景沙盘，场面巨大，布局合理，建筑结构精致，材质逼真。特别是场景中的人物塑像，绝非随意点缀之笔。而是根据历史逻辑关系和生活逻辑关系设计的、情节中的人物形象。所以不仅是雕工精细、服饰真实，而且人物之间动静有致、神情呼应，展现出来的是活生生的生活情景（图8，图9）。

日本博物馆精良工艺还体现在展柜、展板、展示构架的细节制作上。日本展示设计和制作公司充分利用其先进和成熟装潢、装饰技术，精心处理一些结构和装饰的节点。牢固、合理、便捷的节点处理本身也具有一种技术的美感（图10，图11）。

细节决定品质。尽精微才能致广大。创意构思固然重要，技术落地，细节完善更是不可忽视。日本博物馆之所以经得起细细推敲，与他们运思精微、至美尽善的精神是分不开的。反观国内的博物馆，并不缺乏良好的创意和构思，但是，我们"粗放型"的后期制作毁了我们的一切。与日本相比，令人汗颜。

3 多·异彩纷呈　襟灵无限

形式多样、不拘一格，也是日本博物馆的重要特征之一。日本是一个科学技术高度发达的国家，也具有足够强大的经济实力。但是在博物馆形式设计中，并不沉迷于高新技术。相反，现在国内展示行业中非常流行的幻影成像、数码感应、全息影像、雾媒体、水媒体等时尚、高科技、大投入的展示形式并不多见。而一些民众喜闻乐见、低成本、小制作的展示形式经过设计师的精心组合散发出缤纷多姿的异样光彩。

"浮世绘"是日本江户时代兴盛风俗画，具有鲜明独特的民族风格。在博物馆形式表现中依然发挥着重要的作用。日本大阪历史博物馆九楼展厅反映的是大阪中世纪时期的社会面貌。令人意外的是整个展厅由大幅面的浮世绘和两座等比例复原的木桥构成。浮世绘并不是新颖艺术表现手段，但经过设计师的匠心独运，超常尺幅的浮世绘画，局部的多层景象以及与大木桥的巧妙结合，产生了独特的艺术氛围。由此可见，表现形式无所谓新旧。新的构思和组合同样可以让传统的表现手段焕发新的生命力（图12）。

类似的情况在日本博物馆中非常多见。特别是在一些科技馆中，运用一些机械、液体、气流、光源、磁力的简单运动现象，创造出形式多样，生动有趣，能够给观众带来快乐的展示装置和展示项目，日本展示设计师调动形式手段的聪明才智展露无遗（图13）。

博物馆以社会教育为本，而不在于展示形式猎奇追新。博物馆教育也并不限于展示和观看。现场解说，互动交流都是效果良好的传播和教育形式。在日本博物馆中时常可以看到一些年长者主动为游客和少年儿童讲解，态度和蔼，娓娓道来，就像聊天一样。还有一些青年志愿者坐在地上与小朋友们一起学习与展示相关的知识。在东京"烟草和盐的博物馆"，工作人员组织小朋友在参观之后现场考试，气氛异常热烈。与一本正经、制服、话筒加教鞭的靓女解说相比，这样的教育和传播方式效果更好（图14）。

不拘一格、服务社会、传播知识是博物馆形式设计的准则，在这方面，日本有许多值得我们学习和借鉴的地方。

4 少·守本弃末 观众至上

有人说：欧美的博物馆有学术气息，日本的博物馆有市民气息，中国的博物馆有……博物馆是人类文明的标志，最早的博物馆是学术的天堂，马其顿的亚里士多德讲堂，亚历山大里亚的缪斯神庙都收藏了一些来自世界各地的奇珍异物、古籍经典而被认为是早期的博物馆。当时，这些东西为社会上的文化精英所占有，作为其确立理论的佐证和教学的道具。文艺复兴时期，时兴文物、古籍的收藏和玩赏在私人博物馆涌现了，但这些博物馆是贵族和富商满足私欲、炫耀财富、附庸风雅的场所，与一般的平民百姓无关。17世纪英国的阿什·莫林在牛津大学建立了第一所面对社会大众的博物馆。从此以后，面向大众，服务社会成为现代博物馆的根本特征。

日本博物馆有"市民气息"，说明日本的博物馆少了高高在上的学究气，少了标新立异浮夸气，少了追求盈利的商业气。把握现代博物馆的根本，使博物馆真正成为服务市民、传播知识、展现艺术的公共空间。如，提高展项的趣味性和艺术性，增加一些背景知识的说明、多与观众互动交流等；在展厅中增加一些供观众休息的座椅、开辟母婴休息室、提供廉价和便利的午餐、增加盲文字符等。真正有了为市民服务的思想，一切就变得自然而然了。博物馆面向广大民众，才能真正成为民众向往的地方。在日本期间，许多博物馆观众盈门的热闹场景让我们深深感动（图15，图16）。

日本参观十日，感悟良多，收获颇丰。希望借此机会与大家分享心得，共同勉励，为促进我国的博物馆事业的发展而努力。

图 1 海游馆轴测图	图 2 海游馆	图 3 江户东京博物馆
图 4 江户东京博物馆轴测图	图 5 国立民族学博物馆	图 6 东京国立科技馆 1

图 7 东京国立科技馆 2	图 8 大阪历史博物馆 1

图 9　大阪历史博物馆 2	图 10　东京船舶博物馆 1	图 11　东京船舶博物馆 2
图 12　大阪历史博物馆 3	图 13　大阪科学技术馆	
图 14　烟叶和盐的博物馆	图 15　大阪交通博物馆	图 16　大阪交通博物馆 2

时空连接：当代博物馆建筑的转型和演变
——关于上海地区博物馆建筑的案例研究

The Historical Evolution and Contemporary Transformation of Architecture of Shanghai Regional Museum

程雪松　Cheng Xuesong

【摘　要】 本文通过对博物馆建筑演变历程的梳理、连接特征的总结，对当代上海地区博物馆建筑设计转型现象和要素的案例分析，以及对未来博物馆建筑发展趋势的判断，指出在新的历史时期，博物馆建筑设计正在致力于创造人与展品、人与人、人与城市时空以及人与自然的连接，并最终向集知识传播、交往互动、文化体验、绿色休闲于一体的主题性博览公园发展。

【关键词】 时空；连接；博物馆；转型；演变

当代的博物馆建筑，以其独特的社会影响、叙事能力和个性特征，吸引广大建筑师和全社会的关注。中国进入新世纪以来，随着地产经济和城市开发的大潮涌动，博物馆建筑从建设规模数量，到设计理念方法，都进入了一个急剧转型演变的发展时期。

1　博物馆建筑的演变历程

"最初的博物馆观念与人类的两种天性相关，即积累器物以及向他人炫耀的欲望。"[1] 源于好奇心和炫耀欲望的博物馆从萌芽成为一种稳定的制度现象，依赖的是健康的价值观引导、不断健全优化的理念支持，以及开放广阔的文化视野。表 1 是博物馆及其建筑载体发展历史上的重要标志节点。

博物馆及其建筑载体发展历史上的重要标志节点　　　　　　表 1

公元前 5 世纪	希腊	特尔费·奥林帕斯神殿	战利品宝库
公元 284 年	埃及	亚历山大的缪斯神庙	最早的博物馆
1759 年	英国	伦敦大英博物馆	最早公益性博物馆
1905 年	中国	南通博物苑	中国最早自办博物馆
1929 年	美国	纽约当代艺术博物馆	现代主义博物馆❶
1977 年	法国	巴黎蓬皮杜艺术中心	后现代主义博物馆❷
1997 年	西班牙	毕尔巴鄂古根海姆博物馆	当代主义博物馆❸

在当代，不同样态的博物馆建筑集中交替出现，也导致学界对博物馆发展和内涵有不同的争论。建筑师章明针对艺术博物馆提出"艺术博物馆建筑经历了注重收集的保管期、注重启发的展览期、注重体验的参与期、注重成长的互动期 4 个阶段"。[2] 又指出"艺术博物馆建筑不再仅仅局限于一个物质性的建筑空间，而呈现出一种以全方位、整体性与开放性的观点洞察世界的思维方式"。[3] 表明博物馆建筑正在转变传统的物质形态，变得更加开放和非物质化。建筑师汪克没有采取传统学科分类方式，而是根据氛围对博物馆进行分类："博物馆氛围分成四种：压力型，宫殿式空间氛围；体系型，自成系统的整体空间氛围；友好型，关联容器的空间氛围；创意型，艺术空间的博物馆氛围。"[4] 虽然划分逻辑上未必严谨，但是表明建筑设计师也在越来越关注博物馆建筑的无边际化和非物质性特征。梳理和考察博物馆及其建筑整个历史视域的变迁，笔者认为大体上经历了四个比较典型的发展阶段，不同阶段从主要目标到空间形式都呈现出不同的样态，包括保管储藏型、陈列展示型、感受体验型和时空连接型。发展演变主要是沿着"器物—器物与人的关系—人—人与时空的关系"这一看不见的脉络移动，"从物

---

① 以可变的展览内容为核心，建筑及展览空间呈现中性化特征，通常展现"白盒"样态——笔者。

② 博物馆建筑作为第一展品，关注展览空间实用性的同时也关注建筑本身的技术性和情感性——笔者。

③ 博物馆建筑关注自身的表现力及其在公共话语结构中的强势作用力，采取批判姿态面对过去——笔者。

的存在到人的存在"乃是发展的轴心。

1.1 保管储藏型

以器物为轴心的博物馆建筑，往往以巨型器物或者古建的形式出现。这其中蕴含着传统的文博器物观念或者"古建藏古物"的逻辑。西方博物馆建筑常常以古典柱廊和山花反映内部藏品的古典特征，比如利奥·冯·科兰策（Leo von Klenze）设计的慕尼黑艺术博物馆；现代主义大师密斯·凡·德罗（Mies Van der Roe）在玻璃幕墙的柏林国家美术馆中都摆脱不了圣殿思想；台北故宫博物院因为希望成为正统中华文化的传承者而拒绝了王大闳的现代建筑方案，而采用了复古的大屋顶形式；邢同和设计的新上海博物馆也凭借青铜鼎的建筑造型试图展现当时为人称道的上海青铜器收藏。

1.2 陈列展示型

以器物与人的关系为轴心的博物馆建筑，更加关注建筑内在展览空间的质量。以1929年纽约当代艺术博物馆MoMA"白盒"为开端，通过抽象客观的素色空间提升人对作品观看的专注程度；又有呈现影像等多媒体艺术的"黑盒"空间，以及与器物时代背景关联的"黄盒"空间。在此基础上，博物馆建筑的"容器"观应运而生。建筑师和学者王路就指出,关于博物馆（建筑）有两种认识："一种认为，博物馆应该是一个容器，一个中性的盒子，重要的是其内容，而不是容器本身……另一种则认为，博物馆建筑本身也应该成为一件被展示的艺术品，容器的形态也可表达强烈的情感，使建筑成为博物馆展品中最大最重要的展品……如何在'容器'和'内容'之间取得平衡，并植入所处环境，是当代博物馆建筑的一大命题。"[5]

1.3 感受体验型

以人为轴心的博物馆建筑，更加关注人在博物馆中的感受和体验。人作为感受的主体，不仅需要考虑展陈空间内的专注气氛、交互感应，更要考虑在整个建筑空间内外的体感舒适性、心理愉悦度。因此博物馆大厅内外需要配备足够的服务设施，商业配套也变得分散、趣味和多元，保障人的生理功能需求，诱发新的心理需求；博物馆公共空间需要有充沛的日照、自然的绿色、多元的交流以满足人的心理需求；博物馆展厅则出现更多的互动式展项、原真式展项和开放式展项。科技馆中的互动展览，遗址馆中的考古发掘现场，以及自然馆中的自然山水体验，都是典型代表。

1.4　时空连接型

以人与时空关系为轴心的博物馆建筑，把博物馆作为人与时间和空间连接的纽带，通过强化连接关系来印证和强化人的当下存在。恩格斯指出："一切存在的基本形式是空间和时间。"[6] 人作为一种特殊的时空存在，既创造了文化时空，又见证了历史时空，更畅想着虚拟时空。在博物馆中，时空以浓缩的、片段的、原真的或者是虚拟的形式呈现，通过延伸参观者的感官体验，印证人的价值和存在。

2　博物馆建筑的连接特征

2.1　互联网时代特征是连接

今天我们已经进入互联网时代，互联网在改变着我们的生活和思维方式。互联网的核心特征是"任何人、任何物、任何时间、任何地点、永远在线、随时互动"。① 个体与世界保持无缝的连接。在这样的时代中，我们投身博物馆时也会渴望连接，与陌生世界对话，连接神秘、艰深和日常，理解迥异的情境和文化。

2.2　博物馆遗产的破碎时空需要被连接

传统博物馆是古代器物的储藏所，可移动的文物离开它的时空语境，在博物馆空间中向参观者陈述历史。"馆内的遗产远离了它们的所有者及其所处的环境，显得支离破碎。物质文化与非物质文化的关系断了，遗产的生态链断了……人们需要延伸博物馆的时空。"[7] 当代的博物馆需要在有限空间内呈现大千世界，呈现特定时空的完整生态，使参观者完整理解遗产器物所代表的历史片段。

---

① 引自曾鸣在长江商学院演讲《互联网本质》。

2.3　人类通过与虚拟世界的连接思考现实存在

电影的本质是一种对话："借着流动的光影，在一面薄薄通透的银幕上，创造出与镜子类同的异质空间，这个空间，存在又不存在，透过流动的影像跟生命的记忆对话。"[8]电影屏幕是虚拟的光影故事与观众沟通连接的载体。《爱丽丝梦游仙境》用魔镜提供了梦境和现实连接的通道，克里斯托弗·诺兰（Christopher Johnathan James Nolan）的《星际穿越》，通过墨菲小屋的书房让三维空间和五维空间得以连接互动。人类憧憬梦想和未来，见证现实的残酷和美好。博物馆的虚拟时空是类似电影的独特存在，其建筑抽象而具体的空间特征放大了连接性，其展览片段而完整的陈列叙事拉长了连接体验，让人的感受生动而响亮。

3　博物馆建筑的设计转型

以连接为特征的当代博物馆建筑，其设计理念和方法都在发生深刻的变化。展览、交往、场所和透明四大核心要素推动着博物馆建筑的设计转型，让参观者与更广阔的博物馆时空进行连接和互动。

3.1　仓库—展库："展览"连接人与展品

展览源于炫耀，展览的发展趋势是针对特定的话题探讨和交流。展览把保存遗产的仓库变成呈现遗产的展库，藏品成为展品，仓库成为展库。位于徐汇滨江西岸艺术走廊的余德耀美术馆，是日本建筑师藤本壮介（Sou Fujimoto）由飞机库改造设计而来。两个面积各达到近2000m²、净高8~10m的钢桁架支撑无柱大空间展现了过去飞机仓库空间的恢弘，现在由于艺术展览的需要，钢结构体系和周边墙体一样都被刷成白色，以塑造当代艺术展览空间的纯净体验；高耸的天窗采光被细密的桁架线条过滤后播洒到展厅，烘托出柔和神圣的展览气氛；为了展览需要建筑师还在展厅南北两侧加建了服务性的玻璃大厅和后勤空间。在配备了足够的展览服务空间后，机库才得以面对观众，发挥展库的功能。放置在展库空间中的巨型当代艺术品，通过展厅氛围完成与观众的对话。在对话过程中，展览空间自身的历史内涵和改造经历，就已经制造了话题和语境，从而为艺术作品当代性的讨论奠定了基础。

正是因为博物馆建筑具有仓库的基因，建筑师也常常追根溯源，试图追寻仓库与展览的本质联系，比如赫佐格和德默隆（Herzog & De Meuron）设计的瑞士巴塞尔仓库美术馆（Schaulager）。"仓库"的涵义从两方面体现：在运营方面，美术馆每年仅开放 3 个月，其余时间仅作为储藏画作的仓库；在设计理念方面，场地周边是工业区，设计者认为美术馆和周围的工业仓库一样，行使储藏的功能，只不过里面的藏品是较为昂贵的艺术品，因此美术馆的外观也很像一所安静的仓库，人们很难想象里面的艺术场景。香格纳画廊在上海桃浦地区运营的展库空间，也改造自旧的工业仓库，同样借用了"仓库美术馆"的概念进行运作和宣传。

3.2 会馆—客厅："交往"连接人与人

当代博物馆建筑不仅是欣赏展览的场所，更是人与人交往互动的空间。进入博物馆的观众正在从少部分专业或者准专业观众，转变为平凡市民和普罗大众。来自不同背景的人在博物馆中寻找共同感兴趣的议题，从而诱发交往的可能。各种各样的餐厅、报告厅、阅览室、咖啡厅、互动区、商品售卖区，甚至公共卫生间这样充斥私密性 [9] 的场所，都是承载公共交往活动的重要辅助空间。

原上海美术馆建筑（现在改造为上海历史博物馆），1999 年改造自殖民地时期的跑马厅俱乐部，跑马厅俱乐部建筑英式折中主义风格的外立面，暗示了馆藏以西洋美术作品为主的特点。从少数人赌马的会馆俱乐部，到大多数人欣赏艺术的圣殿和客厅，在外观上最重要的变化是观看赛马的看台变成面向人民公园的柱廊，内部则通过公共直跑大台阶联系各层楼面，提供参观者交通和互动的空间，建筑公共性和开放性特征显著加强。

三山会馆是上海现存历史最悠久、保存最完整的商帮会馆，2011 年会馆历史建筑进行了修缮整治，并且在旁边加建现代的上海会馆史陈列馆。建筑师章明采用了色彩一致的半透明陶棍幕墙和钢结构柱廊灰空间与历史建筑对话，同时提供参观者交流、等候、回望的空间，"透过幕墙和门洞感受到的老馆的剪影是完全不同于实体的虚幻影像。它不同于外部场地的一览无余，朦胧的遮蔽使老馆恍若隔世，若即若离" [10]。外向的陈列馆和内向的会馆两两相望，相互欣赏，围合出的场地地坪与建筑墙体肌理对缝衔接，如同装修般浑然一体，整体细腻的界面和开放的空间演绎了城市客厅的姿态。

世界级的当代艺术博物馆伦敦泰特现代美术馆更是利用了超大尺度（152mX24mX35m）的涡轮机大厅，改造成具有展览和集散功能的室内广场，向下挖至基础的发电机车间，通过坡道与城市联通，大量人流自然被吸入有自然采光的城市客厅。

3.3 地标—城记："场所"连接人与城市

"建筑与场地之间应有一种历史发展背景上的联系、玄学上的联系、诗意上的联系。当建筑作品成功地把房屋同场地融合于一处时，第三种情况就会出现。在这种情况下，外延与内涵相结合，表达方式同投入于场地的意念（Idea）相连接（Linked），引起联想的和固有的都是一个意向（Intention）的多种方面。"[11]作为活跃在现象学舞台上的建筑师，斯蒂文·霍尔（Steven Holl）在建筑作品和文字表述中都强调建筑和场地、历史乃至玄学的联系，从而创造出"诗意的栖居"场所。这种场所感使人与建筑乃至城市产生息息相关的归属感，人和城市的前世今生通过建筑形成时空脉络上的连接。

詹姆士·斯特林（James Stirling）设计的斯图加特美术馆把城市生活的轨迹引入建筑的开放庭院，通过环形转折的坡道引导让城市画面在博物馆中徐徐展现，并且沟通了不同标高的两个街区。斯科菲迪奥＋迪勒（Scofidio+Diller）设计的波士顿当代艺术博物馆是他们第一座大型建成作品。建筑延续设计师长期以来对于时空弯曲主题的关注，把波士顿海湾优美的公共步道纳入建筑内部，并与建筑的内部功能相连接，如餐厅、剧院和悬挑平台等，从而把人的观看和场地周边的风景通过折叠状的建筑空间进行弯曲和连接。这些建筑作品创造的场所感为城市奉献了诗意，把多彩的都市时空和静穆的博物馆体验进行了有机的连接。

3.3.1 连接时间

1. 连接过去——记忆

从原南市发电厂到上海2010上海世博城市未来馆，再到上海当代艺术博物馆，章明主持改造设计的这一历史建筑虽然没有泰晤士河畔泰特现代美术馆恢弘尺度的涡轮机大厅，但是面朝黄浦江的 $3000m^2$ 超大露台、165m 高大烟囱中的圆形展廊和入口钢架桁车大厅仍然成为延续记忆、塑造标志性的重要依托。如同镌刻在人脑中的记忆沟壑一样，历史建筑在城市空间中得以确立自身意义的要素除了原真性、完整性，更重要的是其特征性，因此改造、复建、迁建和平移的做法虽然一定程度上影响了历史建筑的原真、完整，在今天仍然不断有案例涌现。对于上海中心城区浦江西岸这一独特的工业建筑，以当代艺术博物馆的永久形式将其留存，焕发新的生命力，或许是连接发电厂历史和世博会记忆的最有效方式。

就上海中心城区的城市空间来看，从交通航运空间转变为公共空间的黄浦江和苏州河滨水开放空间，正在成为时间流淌、记忆连接的重要载体空间，比如在徐汇滨江西岸艺术走廊里，美术馆入口处保留的北票码头煤漏斗，改造自炼油仓库的建筑与当代艺术双年展厅，余德耀美术馆的飞机仓库展厅，又如苏州河沿线益新面粉厂改造的苏河艺术馆、原上海博物院改造的外滩美术馆、银行仓库改造的 OCT 当代艺术中心等。这些投入当代城市生活的历史建筑都构成了城市整体历史记忆和当下生活连接的纽带。

2. 连接现在——当下

作为一座建筑面积仅有 760m²、展览面积仅 380m²、几乎没有收藏空间的微型博物馆，张江当代艺术馆创造的"现场张江"品牌却让人记忆深刻。建筑师周伟采用十字形建筑平面回应场地附近交叉的河流，把玩虚实对比的建筑表皮和光线游戏塑造林荫道漫步的空间效果，挖掘"亭者、停也"[12]的哲学思考营造建筑与场地既锚固、又飘移的离合关系，从而强化建筑的现场感。所谓现场，正是当时、当地的瞬间再现，而非永恒，这也正表明当代艺术既超越时代、又投身社会的特质，博物馆也因此突破了空间界限，与张江艺术公园、张江高科技园区的当下时空产生更加紧密的连接。

朱家角人文艺术馆则通过建筑中借景的方式强化当下。镇口的古银杏作为当下的注脚，在建筑的主入口处、二楼阅览室的落地玻璃窗前、坡屋顶水池前反复出现，强化了古镇人文自然的存在感和场所感，只是被设计"剪裁"过的借景画面又给当下增添些许神秘唯美的意味。

3. 连接未来——梦想

作为南汇临港新城开发建设的标志性项目，中国航海博物馆的规划建设开启了城市奔赴海洋时代的帷幕。德国 GMP 事务所设计的这一典型面向未来的博物馆建筑，以台地状的建筑造型和风帆式的空间结构，在一览无余的冲积平原上，把城市生活和海洋梦想进行连接。尤其是两片 58m 高的风帆壳体，以及高技的钢索网架结构曲面玻璃幕墙，围合成建筑内部的主展厅，把古老的渔网隐喻、郑和的宝船故事和未来的海洋文明相连接，造型、技术和光线细节都铺陈出建筑的海洋性和未来感。

3.3.2 连接空间

1. 连接世界——外部

上海国际汽车博物馆的建筑设计面临与斯图加特（Stugart）梅赛德斯—奔驰（Mercedes-Benz）博物馆新馆近似的时空情境，都是世纪之交进行设计建造，在同样的工业区环境中创造文化空间，建筑坐落的安亭新镇在上海一城九镇建设中被定位成德国小镇，安亭汽车城的建设在很大程度上正是以斯图加特为建设样板，博物馆展览主题都是汽车。最终德国 IFB 进行方案主创的上海汽车博物馆与荷兰 UNStudio 设计的奔驰博物馆也具有文化和形式上的关联性。

汽车文化的舶来特征明显，带给人工业、速度和自由的感受，乃至西化的生活方式，都是汽车博览公园力求营造的体验。尽管与老牌汽车强国德国相比，我们对汽车文化的理解尚属肤浅，但是作为新兴市场的兴奋和信心仍然在博物馆中展露无遗。开放少柱的大空间带来视觉上的自由，坡道游线带来形式上的动感，复杂剖面带来认知上的复杂技术感，都是建筑与世界汽车文化连接的重要形式，甚至胶囊型电梯在内部大厅创造的速度和奇幻，两座建筑也如出一辙。在奔驰博物馆中，参加 1986 年老馆改建的梅兹（HG Merz）教授进行了前期概念咨询和任务书制定，以"传奇"、"典藏"两条展线的策划，奠定了后期设计工作的良性基因。相比之下，上海汽车博物馆的内在结构性基础策划工作略显薄弱，当然这也体现了今天中国大部分博物馆建设工作"身心分离"[13]的普遍问题。

2. 连接乡土——内部

王澍设计的宁波滕头案例馆所展现的"剖面的视野"[14]，在世博会光怪陆离的博览建筑中，无疑是一个独特存在。建筑师以开放的态度设计了一个开放的展馆，却以剖面设计的传统形式，力图反观内在，聚焦乡土。与大部分世博展馆类似，整个建筑的"展线结构开放、展厅空间开放、建筑形体开放、服务空间开放"[15]，而建筑最具特征性的内在复杂剖面，外在朴素瓦片墙和竹模混凝土表皮，在喧嚣的世博展区中，独树一帜。尤其是剖面展览带来的窥探性、碎片感、动态性和未完待续的体验，更加强化了内在连接的意图。如建筑师本人所言："就像回忆，没有历史，有些破碎模糊，想办法控制住它的真实，触摸到它的质感，构造出一种新的东西来。"[16] 在他看来，城市和乡村是同一事物的两面，如同外在和内在，文明和文化，梦想和回忆。

3.4 宝盒——绿盒："透明"连接人与自然

从内向的"宝盒"到外向的"绿盒"，今天博物馆建筑的这一变化在一定程度上可以理解为人类对自身存在的思考，对原始丛林生活的追忆。在建筑设计上人与自然的连接表现为"透明"的状态。这并不仅仅意味着建筑外观的通透，更重要的是人在建筑空间中对于外部自然的复合感受。"透明性意味着同时对一系列不同的空间位置进行感知……透明性不再是毫无瑕疵的明白，而是明明白白的不太明白。"[17] 斯蒂文·霍尔（StevenHoll）设计的位于堪萨斯的尼尔森·阿特金斯艺术博物馆新馆（Nelson-Atkins Museum of Art），并未遵循任务书的扩建要求，而是把新馆主体部分设在地下，地面仅设计了 5 个透明轻盈的玻璃盒子。这5 个玻璃盒子把地面的老馆和地下的新馆、雕塑公园和博物馆、历史和现代、白天和夜晚、人和自然连接在一起，创造了一种独特而朦胧的透明性。

柏金思和威尔（Perkins & Will）设计的上海自然历史博物馆新馆，是当代上海博物馆作品中具有透明性的典型作品。三层网络的南墙表皮来源于细胞组织创意，围绕着中央的中式山水花园，让自然融入展览；三层高的透明落地门厅让博物馆的服务空间与自然相交融；起伏的建筑绿色屋顶连接雕塑公园植物群落，让参观者的空间体验与自然相连接。这种多重连接模式也让我们对广义透明性有更深入理解："在任意空间位置中，只要某一点能同时处在两个或更多的关系系统中，透明性就出现了。"[18]

4 博物馆建筑的发展趋势

4.1 功能复合

早在 30 年前，建筑师关肇邺就对艺术博物馆的发展趋势做出了大胆的判断："人们除去要在这里欣赏艺术品外,还希望欣赏建筑本身。人们还希望在这里休息、进餐、买东西以至当做和朋友约会的场所……。人们也期望美术馆建筑能美化环境，与环境结合得更紧密……。各种美术馆藏品的性质不同，在社会中的地位不同，起的作用也不能强求一律。"他同时也强调："美术馆建筑的'多种功能和单一功能'，或者所谓'是为了展品还是为了人'两种趋向将是长期存在的。"[19] 从欣赏、交往、美化环境的功能角度指出博物馆建筑的发展趋向，今天看来，关先生的预言并不过时。

4.2 时空组合

新世纪以来，又有博物馆学者指出："时间和空间的不同组合方式生成了不同的博物馆时空形态。作为博物馆，它的外在环境与建筑都是为连接遗产与公众服务的，因而遗产的时空才是最终决定博物馆时空的。"[20] 这一关于博物馆时空的论断在博物馆学层面基本明确了博物馆时空的基础，也就是遗产时空。同时也再次强化了遗产时空为公众服务的本质。

4.3 多维体验

今天，博物馆的建筑设计和实践正在走向一个更加开放和自由的时代。随着传统房地产经济的转型发展，主题地产的发展模式正在得到确立；现代人对文化旅游的热情，推动博物馆的普及和发展；灌输说教式的文化传播模式，被分享启发式的传播模式取代；以参观者为核心的博物馆服务理念，正在解构传统博物馆凝固内向的形态；规划、建筑、景观、视觉、艺术、文博等多学科发展和互动，也衍生了新的工作领域。博物馆从传统二维的架上展览模式，正在向强调三维空间的感知模式、强调四维时空的叙事模式、强调多维度体验的情感和无边际模式演进。2016 年意大利米兰国际博协 24 届全体大会的主题确定为"博物馆与文化景观"①。原上海玻璃博物馆馆长、祁县玻璃艺术与历史博物馆馆长和策展人庄晓蔚解读为"这一主题表明，博物馆不仅保护、推广和传播自有的收藏，他们还保护、推广和传播周边的文化遗产和文化景观，包括考古、历史、艺术、人类学或科学景观。"[21] 他在自己一手推动的祁县玻璃艺术与历史博物馆建设中，也力图彰显"保护 + 推广"的理念，让玻璃博物馆成为地方文化时空与参观者连接的聚合点。

---

① 转引自国际博协 ICOM 官网 http://icom.museum/.

4.4 主题公园

因此，随着博物馆越来越强调多维连接，博物馆建筑也变得更加开放、变化和多元。张扬个性化的外部形态不应是博物馆建筑的终极追求，服务的意识和能力、连接的广度和深度才是博物馆可持续发展的本质目的。未来的博物馆建筑更像是一个多功能的 USB 连接器，把不同的参观者和特定的主题时空进行连接，开启思想、信息流动的通道。博物馆建筑呈现出向主题化、群落化、休闲化和片段化的转变趋势。博物馆实践者、建川博物馆馆长樊建川在谈论他的博物馆群布局时就说过："它有几个好处，第一个使这个博物馆的房子和题材是吻合的。这个同时它会产生一种更好的效果。第二个好处是商业布局产生的好处，三个博物馆变成 24 个博物馆，一个变八个，就有更多的面来带动物质商业，就是所谓的街道……第三个好处就是使这个博物馆符合人们的阅读和习惯。"[22] 世界知名的维特拉（Vitra）家具公园、福特（Ford）汽车公园等，都是这样的博物馆群落典范。上海也出现了红坊城市雕塑中心、红木艺术公园、玻璃主题园区、广富林遗址公园等相关案例。博物馆建筑形式冲破了单体建筑空间的束缚，融入了园林、社区和综合体，为参观者提供多功能的服务，形成主题性的博览公园，最终"从'馆舍天地'走向'大千世界'"[23]。

（本文原载于《建筑技艺》2016 年第四期）

参考文献：

[1] Buecaw, George Ellis. Introduction to museum work [M]. 3rd ed. Walnut Creek: Altamira Press, 1997: 24.

[2] 章明，张姿 . 新博览建筑的文化策略——以上海当代艺术博物馆为引 . 建筑学报，2012（12）：P66.

[3] 章明，张姿 . 新博览建筑的文化策略——以上海当代艺术博物馆为引 . 建筑学报，2012（12）：P66.

[4] 汪克 . 博物馆，中国时代的城市发动机 .UED 城市·环境·设计，（053）：P71.

[5] 王路.关联的容器——当代博物馆建筑的一种倾向.时代建筑,2006(6):P22.

[6] 恩格斯.反杜林论.

[7] 涂师平.博览园:遗产保护博物馆化的新趋势.苏州文博论丛,2013(12):P213.

[8] 梁豫章.爱丽丝的镜子——光点华山:华山电影馆.建筑学报,2014(3)P18.

[9] 程雪松.争论私密性——作为公共艺术的公共卫生间设计研究.建筑学报,2006(5).

[10] 章明,张姿,赵鑫甜.传承语境下的应变者——上海会馆史陈列馆,时代建筑,2011(5):P117.

[11] 斯蒂芬·霍尔著.锚.符济湘译.天津大学出版社,2010:P7

[12] 罗致.潜在的应对——张江当代艺术馆阅读.时代建筑,2007(4):P105.

[13] 吴云.新博物馆学与当代建筑学双重语境中的博物馆建筑特点研究.同济大学,2008,P14.

[14] 王澍.剖面的视野——宁波滕头案例馆.建筑学报,2010(5):P128.

[15] 程雪松.变革中的时代、开放性的设计、时装化的建筑.建筑技艺,2014(5)P94.

[16] 王澍.剖面的视野——宁波滕头案例馆.建筑学报,2010(5):P130.

[17] 柯林·罗,罗伯特·斯拉茨基著.透明性:物理层面和现象层面.金秋野,王又佳译.北京:中国建筑工业出版社,2008,P25.

[18] 柯林·罗,罗伯特·斯拉茨基著.作为设计手段的透明形式组织.金秋野,王又佳译.北京:中国建筑工业出版社,2008,P85.

[19] 关肇邺.美术馆建筑设计的趋向.世界建筑,1985(3):P13.

[20] 刘迪.博物馆时空刍议.东南文化,2009(1):P83.

[21] 祁县玻璃艺术与历史博物馆展览大纲.庄晓蔚提供.

[22] 樊建川:一个人的博物馆.2009年3月6日搜狐文化频道 http://cul.sohu.com/20090306/n262649337.shtml.

[23] 单霁翔.从"馆舍天地"走向"大千世界"——关于广义博物馆的思考.天津:天津大学出版社2011.

图片来源：

图2　纽约 MoMA 的雕塑庭院（转引自《21 世纪博物馆—概念·项目·建筑》大连理工大学出版社 P16）

图4　连接——互联网时代艺术家梁硕的装置作品《费特八号》

图5　墨菲的书架（转引自电影《星际穿越》剧照）

图8　巴塞尔仓库美术馆（转引自《21 世纪博物馆—概念·项目·建筑》大连理工大学出版社 P10）

图10　伦敦泰特现代美术馆的涡轮机大厅（转引自《伦敦泰特现代美术馆映像》周宇舫《城市·环境·设计》2011 年 9 期 P246）

图11　波士顿当代艺术博物馆外观（转引自《定位移位和再定位》刘珩《时代建筑》2008 年 1 期 P39）

图12　上海当代艺术博物馆鸟瞰（转引自《新博览建筑的文化策略》章明　张姿《建筑学报》2012 年 12 期 P59）

图16　中国航海博物馆外观（转引自 GMP 官网）

图18　上海国际汽车博物馆外观（转引自《运动的建筑形态：上海国际汽车博物馆》张丽萍《建筑创作》2006 年 1 期 P111）

图19　梅赛德斯－奔驰博物馆新馆外观（转引自《梅塞德斯奔驰博物馆建筑空间的文化释义》刘谯《建筑技艺》2009 年 10 期 P118）

图20　上海世博宁波滕头案例馆外观（转引自《剖面的视野》王澍《建筑学报》2010 年 5 期 P128）

图21　王澍的剖面设计草图（转引自《剖面的视野》王澍《建筑学报》2010 年 5 期 P129）

图22　上海自然历史博物馆新馆夜景鸟瞰图（同济设计集团同励建筑设计院提供）

图23　上海自然历史博物馆新馆共享大厅效果（转引自《自然的灵感—上海自然博物馆设计策略》陈剑秋　高一鹏　张鸿武《时代建筑》2009 年 6 期 P78）

图24　协调亚洲设计的祁县玻璃艺术与历史博物馆园区（庄晓蔚提供）

图25　宝山红木艺术公园鸟瞰（城启 CITYCHEER 设计提供）

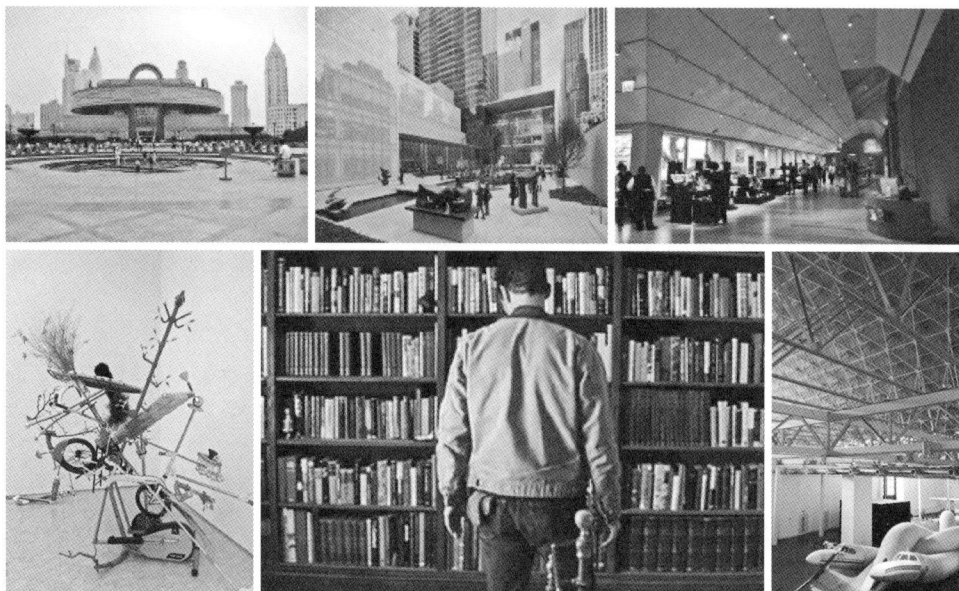

图1　上海博物馆立面

图2　纽约 MoMA 的雕塑庭院

图3　芝加哥艺术博物馆公共空间随处可见商业设施

图4　连接——互联网时代艺术家梁硕的装置作品《费特八号》

图5　墨菲的书架（《星际穿越》剧照）

图6　余德耀美术馆机库改造的展厅

图 7　余德耀美术馆外观

图 8　巴塞尔仓库美术馆

图 9　上海会馆史陈列馆灰空间

图 10　伦敦泰特现代美术馆的涡轮机大厅

图 11　波士顿当代艺术博物馆外观

图 12　上海当代艺术博物馆鸟瞰

图 13　建筑与艺术双年展炼油仓库展厅

图 14　张江现代艺术馆的穿插连接造型

图15 从朱家角人文艺术馆屋顶庭院看古树　图16 中国航海博物馆外观　图17 中国航海博物馆的宝船展厅

图18 上海国际汽车博物馆外观　图19 梅赛德斯-奔驰博物馆新馆外观　图20 上海世博宁波滕头案例馆外观

图21 王澍的剖面设计草图　图22 上海自然历史博物馆新馆夜景鸟瞰图　图23 上海自然历史博物馆新馆共享大厅

图24 协调亚洲设计的祁县玻璃艺术与历史博物馆园区　图25 宝山红木艺术公园鸟瞰

当代美术馆展示空间的叙事性表达

The Narrative Expression of Exhibition Space in Contemporary Art Museum

李　苑　Li Yuan
尚慧芳　Shang Huifang

【摘　要】　自当代艺术进入美术馆之时，美术馆便从保留文化遗产的容器转为关注当代艺术的场所，其展示空间的文化性质与功能属性随之改变，因其艺术展览的形式多元化，展示空间呈现出了多元叙事探索的趋势。本文将引入叙事学的思维与方法，从叙事结构、叙事意象、叙事手法三个层面入手，结合相关应用实际案例，重点阐述面向当代艺术展览的美术馆展示空间叙事表达。

【关键词】　美术馆；展示设计；叙事；主题并置；情感体验

在博物馆领域，叙事逐渐变成了展示中常用的设计语言，是展品与观众之间的移情纽带，弥合时空距离和文化差异的黏合剂。[1] 叙事是对知识、信息、经验的整理和加工，叙事介入展示设计有助于观众更好地接收与整合展览信息。如今，当代美术馆中的展示形式多元化，不只是静态作品的展示，也包含动态行为艺术、虚拟现实等互动体验的展示，而空间作为主要的物质载体，在展览与观众之间承担着重要的转换角色。在美术馆以往的展示设计中，因其聚焦于展览的艺术意义，展示空间中叙事手法的运用，加之公众文化及审美意识的距离，造成了展览内容与观众难以沟通的困境，这与美术馆试图构建对话与传递信息的初衷大相径庭，因此，展示空间的角色空前重要。如何利用叙事手法去梳理空间、传播信息，创造互动的展示空间场域，形成良好的空间体验是急需关注的设计要点。

1　叙事结构与空间构成

在文学理论中，叙事结构是指在表达主题的基调下，从"事件之海"中挑选出具有意义的事件并赋予其合理的"秩序"，编织成为最终完整的叙事作品。类比于美术馆展示空间，叙事结构即是"谋篇布局"，体现在展览主题对空间构成的设计编排。

空间构成的设计离不开展览的文本提炼、主题定位、展示空间以及设计转化这几个重要因素。艺术展览的展示设计通常是以展览的内容策划和资料收集开始的，进而确定展览的主题定位，撰写出具体的文字脚本，初步形成展览内容的叙事结构，而展示空间中的设计则主要是根据前期已经确定的文案脚本和展览主题，将展览文本的叙事结构转化成空间中的叙事结构，对文字脚本中的主题情节、空间场景等将其诉诸视觉化、具象化的创作过程。当叙事主题被作为展示空间平面规划的内在核心，空间构成则变成叙事结构的外在形式。

文学上的叙事结构有正叙、倒叙、并叙、插叙等方式，因其展览主题与故事内容的迥异，不同叙事结构形成了各有特色的空间框架，单线叙事结构的严谨朴实；平行叙事结构的说理和比较；非线性叙事结构的冲突与融合等。[2] 因其艺术展览内容的复杂性与杂糅性等特点，当代美术馆展示空间如今转向了灵活化的非线性叙事结构探索，其中，"主题—并置"这一叙事结构在当下美术馆的展示空间广泛运用，即因"同一主题"将多个子叙事主题相互并置，形成"故事集"的叙事方式。[3] 它运用不同的空间构成与尺度初步建立起故事框架、叙事路径与情感线索，使得观众更好地去获取整体感知意象。

上海喜玛拉雅美术馆"时间的种子"展览中，因其涵盖自然生态和物种灭绝、未来发展等有关"可持续"的展览主题，美术馆的展示空间划分为三个独立并置的"子叙事"主题空间，分别为场域——广场与镜面、次序——消失的踪迹、房间——纪事与事迹。三楼"次序——消失的踪迹"展厅与四楼"房间——纪事与事迹"展厅均围绕三楼中庭空间中"场域—广场与镜面"而展开，各子叙事空间分别以独立的方格单元并置成清晰网格化的空间布局，且在四楼展区空间中，一侧设置能够直接望见中庭的回廊，拓宽了竖向交通空间心理层面的视角关联，使得整体空间的构成关系更趋于稳定的网格状形态，在"可持续"叙事主题的作用下，初步建立起了展示空间中"未来"—"过去"—"现实"的叙事结构。

与规整性的空间布局形成反差的是各子叙事主题空间构成，三条不同叙事线索借由不同空间体态与表现形式，呈现出某种衔接与碰撞的发生趋势，彼此依附于展览主题中。如图2所示，在"场域—广场与镜面"展区中，主题基调是关于百年城市与未来可能性，展区则被设计安排在高而宽的中庭空间中，通过巨大空间尺度构建出未来的叙事语境。9件艺术作品散落并置于同一空间，使得观众拥有多种浏览路线之时，又为其构建出"偶遇"的情景节点，形成并叙的叙事线索。而在"次序—消失的踪迹"展区，主题则是关于历史与消失现象的反思，空间尺度由大及小，叙事路径由繁化简，展厅中的线性叙事使得"消失的踪迹"主题特征与表达意图更为明显。在该展区中，设计者注重作品的叙事顺序与观众视野的转折，形成了空间与时间的叠换与交接，呈现出围中有透、透中有围的构成逻辑，观众能在依次递进的叙事线索中能更为清晰地获取信息。

目前，当代美术馆展示空间中的叙事结构呈现出非线性、多元化等设计趋势，多种叙事结构被运用于不同的主题展示空间中，叙事路径也因此匹配多种的观展动线，其目的均在于依靠不同的空间结构表达出展览主题的逻辑性与复杂性。当叙事结构转化成空间构成，奠定了展览与空间的故事框架。展览的本质特征潜藏在其物质空间的叙事结构中，空间与作品形成相匹配的主题叙事环境，设定引发观众联想和体验活动的叙事线索，提高了观众的信息接受率，达到了深化主题的作用。

2　叙事意象与空间情节

展览主题确定空间的"谋篇布局"，而空间中的"遣词造句"，即情节片段的编排，是赋予空间精神的重要阶段。在当代美术馆展示空间中，叙事意象基于展览主题，依附于空间序列的情节串联，设计者期望观展者通过亲临现场，再对空间拓展和时间延续的感官即时性中进行此时此刻的体验。[4] 因此，叙事意象需要通过"故事发展的变化——空间情节的转移"，产生"现场"的起伏节奏感，并在时间的作用下，唤醒并触发观众的情感爆发，从而完成了叙事意象与个人情感的互动关系。

空间情节的铺垫、伏笔、衔接甚至是冲突与碰撞，使空间中的叙事形成完整的故事氛围，穿插的编排与设计使空间有了重点、有了主次、有了变化、有了节奏，也就有了空间情节的感染能力。在"时间的种子"展示空间中，"次序—消失的踪迹"展区以"逝去与毁灭"为情节题材，设计者采用了线性的叙事结构将作品串联，将消失的片段转化成每一个叙事线索，去循环渐进地调动观众的好奇心，培养观众的个人情感。策展人首先在该展区入口开始处放置了一件名为"出口"的艺术影像作品，面向观众视线的白墙只写"出口"二字，使观众对于展区的入口产生了迷惑与想象，引导观众去自发地思考"出口在哪儿？"，当观众带着这种对展项内容的疑问而开始自己的观展路径。随着观众观展时间的推移，观众会依次在展区中欣赏到一系列有关"逝去与毁灭"叙事情节："因为人类而灭绝的动物雕塑""一年只盛开一次的花朵""随机舞动又停止的软管"等，这些不同的情节随着观众观展时间而推移，使得观众在情节衔接与转变中，酝酿出对主题内容的情感变化。直至快要结束时，设计者把同名影片《时间的种子》纪录片作品放在了展区真正的出口处，策展人试图进行一系列的悲伤线索叙述之后，给沉浸在悲伤情景中的观众予以希望的宽慰，在持续不断的紧张节奏下，为观众带来片刻的安静时间。这种空间情节的首尾呼应加深了观众对展示主题的理解并产生情感上的共鸣，设悬解悬的空间关系也点明了子叙事空间的叙事主题。因此，在这样的空间场景编排下，观众像是翻开了一本"文学小说"，随着观众观展时间的推移，使人置身于如此富有悲伤语境的空间中去慢慢阅读故事，寻找记忆的线索。

节点空间的设立也是空间情节中重要的环节，如同小说中的起承转合，展示空间中也有起始、过渡、高潮和结尾。在"次序—消失的踪迹"展区中，策展团队巧妙地将名为"地震"艺术装置放在了展厅的转角过道空间，装置与空间的不同尺度产生了冲撞，形成一个情绪高潮的节点空间。展厅中的"地震"艺术装置，创作灵感来源于2008年5月12日的四川汶川大地震，黑白珠帘相串形成排列的熊猫，演变成生命的阴阳界限与地域象征，意图表现被地震所毁灭的家园。当观众进入到该展区,装置如同雕塑静静地矗立于空间之中,当观众身体试图尝试穿过其装置时,珠帘的晃动与瞬间的视觉晕眩将人不由得想到地震的毁灭现场,身处空间场景中的观众从而便唤醒了对所指涉事物的体验和记忆。策展人希望通过观众主动去对作品的身体干预(穿过/环绕),勾起对曾经家园毁灭的时空记忆,从而推动整个展厅的故事线索和情绪发展。

与其他类型的博物馆展示相比,当代美术馆展示空间的叙事性更为突出的特点是可以通过运用某件艺术作品含有的象征意义与时空意味来塑造或升华整个空间情节。2018 年,上海当代艺术博物馆中展出的克里斯蒂安波尔坦斯基《忆所》展览中,策展人将艺术家名为《无人》艺术装置作品设立在展区入口。一楼展区 1200m² 空间被将近 10 万吨衣服占据,而这些衣服的主人都已离世,当观众进入展区的那一刻,视线便被这一"人形山丘"所遮挡,而高达 15m 的起重机钩爪悬挂在衣服堆砌而成的山峰之上,持续不断地重复着"抓起—抛下"衣服的动作。在艺术家的创作概念中,这些废旧的衣服象征了"人类"的肉身,而这台起重机则代表着上帝之手以及不可预知的命运。空旷的展厅中回响着嘈杂而单调的机械声,刺激着观众的听觉,散落在一楼侧厅的衣服遮蔽整个地面,当观众穿行于特定的人形通道中,仿佛走进了对逝去者的回忆通道。这一艺术作品中隐喻着对命运与偶然的诘问与情感,巨大的空间尺度塑造出了作品本身含有的"冥冥之中的偶然"叙事意象。在这样的环境氛围中,随着观看时间的增加,观众的情感变化也随之增强,体会着关于命运的茫然未知感。艺术作品自身所具备的"叙事意象"在空间中表现的更为明显,更为直接触动观众的情感共鸣。

叙事意象的创造取决于观众对空间的感受,空间情节的设计目标是寻求实体空间之外的另一个空间——创造展示内容和信息媒体与受众对话的空间,只有当观众主体融入不同的空间情节中时,在时间的作用下,观众才能引起自身的感官体验与情感共鸣,实现对观众在叙事意象上的反馈。[5]

3 叙事手法与空间体验

叙事结构和叙事意象保证了美术馆展览的空间构成和情境生成,而叙事手法转化为展示手段与传播载体,影响着空间体验的构建。在当下的美术馆展示空间中，需要借助多种媒介实现信息的传达，设计者要考虑二维（图片）、三维（装置）以及四维（录像、影像）相结合的设计方式去达到艺术作品原初环境的场景重现，通过实物模型、虚拟技术等多种展示技术的运用，充分调动参观者的视觉和听觉，甚至是嗅觉和味觉，从而唤起参观者的心理情绪和记忆，在对于多元媒介的表达中获得更为完善的空间体验。[6]

2017 年，在民生美术馆中展出的塞莱斯特·布谢－穆日诺《生声不息》展览中，在《此地入耳》装置作品的展示空间里，设计者将自然环境拉入到室内，用细沙、干草丛与蜿蜒的小路等道具营造出自然的空间场景，布满鸟粮的电吉他则是取代鸟儿憩息的树木，168 只斑胸草雀可以在空间内自由飞行，成为了音乐的自由演奏者。当观众在空间穿行、驻留、说话等进行不同行为时，都会影响着草雀飞翔、停留与啄食等动作。人与动物在空间中产生的这一行为碰撞，促使草雀无意地拨动着琴弦，室内的电吉他随机发声，不间断的旋律在"自然的空间"中回响，形成美妙又神秘的梦境。观众会好奇地去循着扩音器的连接线，试图追踪"演奏者"，去揣测声音的发生是来自于哪一只草雀的什么动作。这种随机的现场音乐产生于观众在场的空间和时间，将不同维度的感官效果如和弦般叠加，通过空间场景的营造与作品对观众视听觉的刺激，使观众更真切地感受此刻的在场体验。

在时间的种子艺术展览中，"什么正在消逝？空房间"装置作品混合了多种展示方式，巧妙地模糊了三维与四维之间的界限。相比于传统的影像作品，这个媒体互动装置并不是常规地让观者舒适地坐着平视作品，与此相反，空间被设计成封闭的黑暗场景，观众必须两手端捧着分量不轻的矩形"荧屏"，低下头，站立 35 分钟来观看来自地上的影像作品。这件设计精巧的艺术互动装置，企图呼吁保护濒危动物、保护我们赖以生存的生存环境，而创作者巧妙地去"强制"观众用这种"劳其筋骨"的姿态去亲身体验，在黑暗的空间氛围中，随着观看时间的增加，沉重的头颅与酸痛的手臂是观展时必然的身体物理感受，也因此当观众感知到手里捧着的是同呼吸共命运的大自然时，对于作品的体会将会更添不安与愧疚的心理情绪。"大洪水 × 思维宫殿"艺术作品中，作者受到达·芬奇的启发，创作出了名为"思维宫殿"的艺术项目，借助于 VR 技术来创作出虚拟的体验空间。观众通过 VR 设备来感受不断变化的模拟景观，可以在那里亲身目睹达·芬奇的发明和设想。在这个空间中,VR技术让物质空间转化为了未来思考的虚拟"语境",会让观众完全投入与参与进这个"思维宫殿"中。

叙事手法极大影响着观众的空间体验,通过用空间、灯光、色彩、道具、影音等多元化的叙事手法,建立观众与空间、作品三者之间的联系,通过观众自身对作品的参与、互动或干涉,空间中的观众也会成为展示作品的组成部分。在这样多元媒介的叙事手法运用中,要重点考虑人的主体行为与展示媒介的互动关系,以观众为主体,考虑其展示媒介的作用,才能达到空间、作品、人三者之间融洽的叙事效果与空间魅力。

4 结语

在美术馆展示空间中,叙事设计的介入能够更好地帮助展示效果的呈现,叙事结构、叙事意象以及叙事手法三者相互递进,构建出完整的展示框架创造出灵活的空间场域,达到了良好的空间体验。希望本文围绕相关展示叙事的案例分析与理论探讨,可以为日后当代美术馆的展示设计带来一些新的思考与探索。

参考文献:

[1] Suzanne Macleod, Laura Hourston Hanks, Jonathan Hale. Museum Making: Narratives, Architectures, Exhibitions[C]. Abingdon: Routledge, 2012: xix-xxiii.

[2] 王亚明 . 博物馆专题展示空间中叙事性设计方法研究 [J]. 包装工程,2018（03）:23-29.

[3] 龙迪勇 . 试论作为空间叙事的主题——并置叙事 [J]. 江西社会科学,2010(07): 23-40.

[4] 寇树德 . 综合媒介造境与受众体验——以南昌《金塔传奇》实景演绎为例 [D]. 中国美术学院,2016:89.

[5] 郭涛 . 展览策划的构造性叙事方法——以南京博物院民国馆为例 [J]. 艺术研究, 2014（02）: 156-157.

[6] 黄建成 . 空间展示设计 [M]. 北京 : 北京大学出版社，2013: 67.

图片来源：

图 1　展厅平面布置图（图片来源于上海喜玛拉雅美术馆，作者改绘）

图 2　"场域—广场与镜面"展区（图片来源于上海喜玛拉雅美术馆）

图 3　出口（图片来源于上海喜玛拉雅美术馆）

图 4　"一年只盛开一次的花朵"（图片来源于上海喜玛拉雅美术馆）

图 5　地震（图片来源于上海喜玛拉雅美术馆）

图 6　无人（图片来源于上海当代艺术博物馆）

图 7　此地入耳（图片来源于上海民生美术馆）

图 8　什么正在消逝？空房间（图片来源于马修·尼德豪泽）

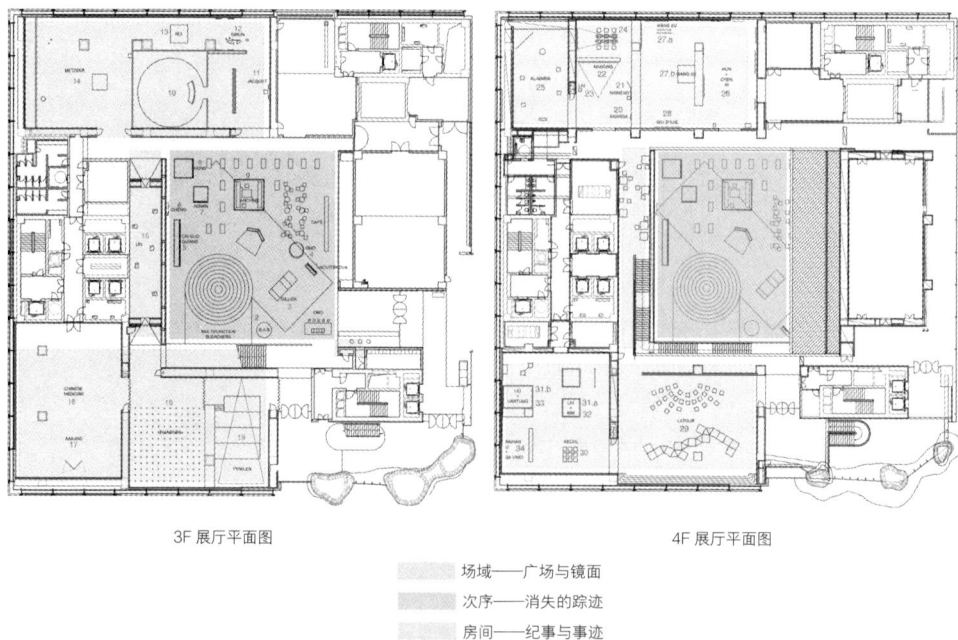

3F 展厅平面图　　　　　　　　　　　　　　　4F 展厅平面图

场域——广场与镜面
次序——消失的踪迹
房间——纪事与事迹

图 1　展厅平面布置图

图 2 "场域—广场与镜面"展区

图 3 出口	图 4 "一年只盛开一次的花朵"	图 5 地震
图 6 无人	图 7 此地入耳	图 8 什么正在消逝的空房间

附录：

2017 未来畅想 沟通桥梁
—— "世博语境下的展览创意设计" 学术论坛系列活动侧记

Appendix:

2017 Future Imagination Communication Bridge
——Symposium on the Series of Activities of the Creative
Design Academic Forum in the context of World Expo

附录1　工作坊

| 图 1　老师们前期讨论 | 图 2　老师们前期讨论 |
| 图 3　工作安排 | 图 4　工作安排 |

图 5　工作安排	图 6　工作安排
图 7　小组讨论	图 8　小组讨论
图 9　制作方案	图 10　制作方案

附录2 主论坛

图1 会场布置

图2 主论坛

图3 嘉宾合影、论坛接待、采访嘉宾

汪大伟	徐旭	阮炜
刘绣华	范圣玺	段勇
李超	黄克俭	范红

顾骏	何小青	李杰（加）
葛剑雄	俞力	千哲
董卫星	弗朗索瓦(法)	苏丹

陈雨昕	马孟超	马丁（英）
刘森林	彦坂裕（日）	米盖尔（法）
杨明	金江波	石川明（日）
阿历克谢(德)	孙佳妮	常光希

附录3　分论坛

3-1　分论坛——建筑与环境

程雪松	俞力	马丁（英）
杨明	金晨宇	徐洁
何孟佳	刘廷杰	邓刚

袁雁悦	刘勇	吴云一
张一戈	陈强	杨秀
李伟	张骏	陈文佳

建筑与环境分论坛嘉宾合影

第一届"未来畅想 沟通桥梁——世博语境下的展览论坛创意设计"
建筑与环境分论坛回顾

1 基本概况

2017 年 11 月 4 日,第一届"未来畅想沟通桥梁——世博语境下的展览创意设计"学术论坛·分论坛在上海美术学院南院一楼会议室举行。本次分论坛共设3 个会场,主题分别是"展览与展示设计""建筑与环境设计""视觉设计与视频创意",分别由上海美术学院设计系董春欣、程雪松、汪宁和葛天卿主持。

"建筑与环境"分论坛围绕世博会语境下世博场馆的可持续发展,人、建筑和环境的关系,展览建筑和展览内容的关系,互联网时代建筑和展览模式的变迁以及教育等主题展开研讨。围绕上述议题,共有 16 位专家受邀参加并发言,数十位专家学者、行业人士和博硕研究生参加了本论坛的研讨。

2 主要内容

分论坛于 11 月 4 日上午在真大路 520 号 125 室顺利召开。首先由论坛的主持人上海美术学院设计系副教授程雪松向与会观众介绍嘉宾。程雪松指出,时光飞逝,2017 年又是世博年,今年世博会在哈萨克斯坦首都阿斯塔纳刚刚落下帷幕。每一位新美院的师生都值得深入思考:未来我们将以什么样的身份和特色去介入城市变迁、介入到新的城市话语转换中?基于这样的目的,上海美术学院组织、策划了相关的活动,并希望通过关于世博话题的讨论,一方面带动展览学科发展,另一方面更多参与后世博的城市经营和实践。

出席分论坛的嘉宾既有来自业内的大咖,也有来自各高校的资深教师。会议全程,各位学者和设计师即畅所欲言,就相关议题发表真知灼见。

第一个议题聚焦在世博会和世博场馆的可持续发展之上。首先分享自己观点的是世博会博物馆原副馆长俞力老师。俞力老师挑出来了历届世博会的建筑中他心目中最喜欢的 10 个，并对这 10 个建筑进行了逐一评述。他指出历届世博会建筑都承载了人类文明和人类文化，每一个建筑都记载了我们人类不断发展的故事，我们应该更好的去考虑每一个世博场馆的后续利用；英国 Foster+Partners 建筑事务所合伙人 Martin Castle 表示，延长世博场馆建筑的生命周期对建筑的内容和功能提出更大的挑战。如果能提前计划好世博展馆的生命周期，那么我们就可以使世博场馆的建设变得更加有序，从而促成整个项目的成功；华东建筑设计研究总院副总建筑师杨明老师也紧紧围绕世博场馆的可持续发展，指出目前虽已迈入了全面小康社会，但场馆浪费问题却十分突出，可持续发展是任何公共性事物都必须要考虑的问题。从展览角度讲，无论是展馆内外，都应当围绕可持续进行考虑。他很赞成 Martin Castle 的观点，即现在的展馆设计，可持续发展是非常必要的。除此以外，我们期待的世博会还应该宣扬一些积极美好的事情，我们的建筑应该表现出更多轻松、有趣的内容，而不仅仅是宣扬比较强大的国家统一的东西；悉地国际 CCDI 副总裁金晨宇老师关注于后世博时代的场馆运营，希望以展览中激活城市，从而扩大世博的能量；《时代建筑》杂志执行主编徐洁老师主要讲了世博会建成环境和建筑的价值，认为我们应该做好世博场馆空间的公共艺术开发，让世博会遗产有更好的发展和运营，让世博的部分遗产带给城市、带给公众更多的机遇和更美好的日常生活。

人、建筑、环境三者的关系是第二轮发言的中心思想。瑞士 Playze 建筑事务所合伙人何孟佳老师结合上海世博德国馆和宁波城市规划馆的案例，指出人、环境、景观这三者永远会在设计中产生深远的影响。世博场馆建筑设计应该更多与周围的景观相融合，同时更多地体现出对人的关怀；加拿大考斯顿首席建筑师刘廷杰老师指出，未来的城市发展肯定是从垂直往水平方向发展，那么我们的建筑活动必须更关注大地或是与大地粘连的关系。当代环境设计必须根植于土壤上的城市公共功能、基础设施、景观与构筑、地质地貌、生态、河流、植被之上，同时与隐性文化、历史、事件共同交织形成适应人居的有创造性的组织和结构；金地商置集团华东公司助理总经理邓刚老师的视角也聚焦在世博会后的地块再开发，他以原 2010 上海世博阿联酋馆用地基础上再开发的天安保险大厦作为案例，指出我们应该在世博会后更好地反思，今天的城市建设和未来的地块开发应当如何推进；剑桥大学博士、独立学者袁雁悦老师认为不管是博物馆也好，还是世博会也好，任何体验最应该关注的是人和人之间如何进行互动的话题。

第三阶段讨论围绕建筑与教育的关系展开。上海美术学院建筑系执行主任刘勇老师，他更关注新美院的发展和建筑系未来的走向，他坦言希望能够围绕展览建立一个平台，走出封闭性教学的困境，让建筑系与美院融合得更加紧密，也让学生有更多的发展、发挥空间；东华大学服装工程与艺术设计学院吴云一老师从学生的世博作品以及自身在教育教学过程中的体会表达了对世博会设计的看法，认为世博展览会已经从原来物质空间变成沟通体系，我们着重在沟通过程中让大家认识，并且友好地合作。

第四类讨论主要集中在互联网时代的建筑创作模式和评价上。享念科技创始人、设计总监张一戈老师表示我们的建筑师应该关心其他行业发展走向，这样就会有一些不同的感受，要从用户角度出发思考怎样才能让建筑更有趣，让用户感受更美好，互联网环境下建筑师应该与用户形成交互关系，关注用户的需求；同济大学建筑与城规学院副教授陈强老师立足于互联网的发展，提出新的看法：我们的建筑在互联网时代是不是可以做的更小，以更多地融合到城市里，让它成为网络，更好地服务城市。不管是世博会建筑也好，还是展览建筑也好，博物馆建筑也好，如何融合到城市中是我们这个时代需要思考的问题。

第五轮发言着重讨论建筑与展览的关系。上海同济室内设计院照明设计总监杨秀老师认为我们的展览建筑设计应该是从观展体验语境中出发，更多考量在这样的空间中人的行为是怎么样，或者人需不需要这样的行为，反过来，我们也需要考量该给人提供什么样的空间；意大利 Kokai 建筑事务所合伙人李伟老师表示建筑和展览的关系有点接近一个产品的硬件和软件的关系，只有硬件和软件真正地匹配在一起，才能让软件更好发挥作用；建筑师和装置艺术家张骏老师给大家分享了装置和人、空间的关系，他认为装置除了是一种视觉物之外，还可以成为在空间中和你处于相对位置的感知媒介，引领你去理解空间、浏览空间的一种渠道。

最后会议主持人程雪松针对本次论坛的成果进行了总结。他指出，建筑和展览的关系、展览和教育的关系、世博会和人类未来的关系是我们过去和当下都不陌生的议题，但是值得我们长久去思考。在不同的时代语境下，这些问题有不同的表达形式，重要的是，开放和创新是我们每个设计师和教育者都需要具备的基本态度。希望所有嘉宾关注上海美术学院的建设和发展，大家共同携手，推进学科发展和学院建设。最后所有与会嘉宾在上海美术学院南院中庭合影留念。

3　相关成果

本次分论坛成果可以归纳为：

（1）为本科生、研究生后续课题研究与创作积累了宝贵的素材；

（2）论坛专家的发言将整理成论文集出版，成为公共艺术和展览学科建设的思想宝库；

（3）为上海新一轮城市更新、为上海美术学院吴淞艺术城建设提供了智力资源。

供稿：杨璐

3-2   分论坛——主题演绎与展示设计

主题演绎与展示设计分论坛

董春欣	弗朗索瓦（法）	李杰（加）
黄克俭	马孟超	冯节
苗岭	胡杰明	王启照

第一届"未来畅想　沟通桥梁——世博语境下的展览创意设计"论坛

主题演绎与展示设计分论坛回顾

第一届"未来畅想 沟通桥梁——世博语境下的展览创意设计"学术论坛——主题演绎与展示设计分论坛回顾

论坛设立 11 月 3 日的主论坛与 11 月 4 日的分论坛。分论坛的主题分别是"建筑与环境""主题演绎与展览展示""视觉设计与视频创意"。

1　基本概况

2017 年 11 月 4 日上午，第一届"未来畅想 沟通桥梁——世博语境下的展览创意设计"学术论坛之"主题演绎与展示设计"分论坛在上海美术学院（南院）举行。由上海美术学院设计系副主任、副教授董春欣主持，并邀请了海内外 十多位专家出席发言，同时近二十位专家学者、行业人士和研究生参加了 本论坛的研讨。

2　主要内容

圆桌论坛首先由主持人 ——上海美术学院设计系副主任、副教授董春欣向前来参会的中外嘉宾及与会观众表示热烈欢迎，并对各位嘉宾进行一一介绍。在回顾了前一天主论坛诸多演讲发言与专题探讨，通过提出世博会对当今展览创意和设计学科发展有着极为深远的影响，随之本次分论坛的研讨拉开了序幕。

来自于法国安纳展览公司国际事业部负责人 Francois Quere 先生首先就世博主题演绎方式进行了探讨，主要指出了设计的包容性和与周围环境的融合；此外在充分考虑预算和有限空间的前提下，设计需要考虑到大多数观众的喜好和体验。同时 Francois Quere 先生也强调对用户 / 观众的分析(例如:测 试和工作坊)在整个设计环节中的重要性和意义,并从设计实践的角度对当 前的设计教育发展提出自己的见解。

随后另一位在设计管理领域有着丰富经验的咨询师 Jay Lee 先生对 Francois Quere 先生所分享的内容给出了自己的理解和补充。他强调运用叙事性的方式把所要表达的内容融入当前所要创建的空间中。同时他又指出设计需要考虑到空间所能承受的人流量,以此带来空间的舒适性。最后 Jay Lee 先生列举了乐高积木的例子来阐述设计的弹性。

随后的专家们也纷纷对论坛主题探讨自己的观点:中央美术学院中国文字艺术研究中心主任黄克俭教授谈到创意策划过程中的论道、说法、行术和用器,这个方法可以帮助我们在创意活动中清晰地认识到表达什么和如何表达。通过讲述世博会不同的案例来帮我们充分地认识设计背后哲学和文化的重要性。北京七展创意集群合伙人马孟超先生指出了当数字展示会作为未来会展的发展方向,中国会展人才匮乏的问题,并对未来的跨学科人才培养和设计教育提出了自己的期待。经过短暂的休息后,中国美术学院上海设计分院城市空间设计系主任冯节教授主要基于日本的留学和工作经历分享了接触世博会的感悟,并讲述了当时国家会展设计师职业标准的拟定。冯节教授也对后世博人才的培养和会展设计教育提出了顺应时代的真知灼见。来自上海视觉艺术学院展览专业负责人、副教授苗岭分享了新媒体技术在会展设计中的开发与应用,同时指出当前的设计教育需要从设计实践出发。来自东华大学服装与艺术设计学院会展艺术与技术副教授胡杰明从一个时间轴出发为我们介绍了国内会展行业的发展脉络,并且叙述了以展示学为学科基础而形成的产学研平台。来自上海商学院艺术设计学院环境设计专业展示设计方向负责人王启照副教授指出教育首先要培育一个人具有爱心,在这个基础上才能让学生理解设计的服务对象。此外他还提到新时代下的设计思维的变革和创新等。

最后,主持人董春欣副教授表示论坛不仅仅是一个未来沟通的桥梁,更是学科内部、学院之间、企业和学院之间,共同沟通的桥梁,也希望此次论坛能够对我们未来的学科建设发展有更多的促进作用。

3　成果与总结

　　本届论坛成功围绕展览相关专业凝练出策划和演绎、建筑和环境、展览与展项、媒体和视觉等四大专业方向，探索如何构建和完善后世博语境下展览学科的学术体系和专业构架，如何通过主题性的展览设计来演绎和畅想世博的未来，并作为公共艺术重要表现形式推动城市转型发展，也为上海设计之都建设和世博会发展进行全方位服务。

供稿：董春欣

3-3 分论坛——视觉设计与视频创意

视觉设计与视频创意分论坛

汪宁	葛天卿	周非	朱晟昊
尹超	张弢	陈志刚	袁东
孙佳妮	桂正琳	高搏	刘莹
施屹	陈海璐	周娴	张赢文

第一届"未来畅想 沟通桥梁——世博语境下的展览创意设计"论坛

视觉设计与视频创意分论坛回顾

1 基本概况

2017 年 11 月 4 日，第一届"未来畅想沟通桥梁——世博语境下的展览创意设计"学术论坛分论坛在上海大学南院一楼会议室举行。本次分论坛共设 3 个会场，主题分别是"建筑与环境设计""展览与展示设计""视觉设计与视频创意"，分别由上海美术学院设计系副教授程雪松，上海美术学院设计系副主任、副教授董春欣，上海美术学院设计系副教授汪宁和上海美术学院设计系讲师葛天卿主持。"视觉设计与视频创意"分论坛围绕世博会视觉识别系统、导视系统、吉祥物及衍生产品系统、主题演绎视频等主题展开研讨。围绕上述议题，共有 16 位专家受邀参加，14 人实际出席并发言，近 20 位专家学者、行业人士和博硕研究生参加了本论坛的研讨。

2 主要内容

论坛开始由论坛的主持人上海美术学院设计系副教授汪宁老师向与会观众介绍嘉宾以及新落成的美术学院南院的学术作用和意义，并对世博会的几大板块和流程做了简单的介绍，还回顾了前一天主论坛部分专家的精彩发言，指出由于时间的原因，很多没能在主论坛上充分展开的议题希望在专题性更强的分论坛上进行深入探讨。随后央视百家讲坛主讲人、著名文化学者周非老师从理念的角度切入视觉设计，指出世博会需要传递给全世界观众的一个是中国精神，中国的展览，要表达中国精神、中国传统文化的思想；还有一方面要表达中国新的发展理念，包括习近平总书记讲的人类命运共同体。周老师通过文字和图形信息传递到达率的比较，指出了视觉在信息传递方面绝对的优势，但是他也指出，新时代的表达方式，不仅要考虑到视觉，还要把听觉、嗅觉和触觉同时考虑进去。最后周老师讲到了吉祥物的重要性，指出吉祥物不仅有视觉传播的价值，也有商业价值。

随后的专家们纷纷发言：旧金山艺术大学的朱晟昊老师谈到2005爱知世博会的标志的审美情趣与中国传统思维的差异。云南艺术学院的尹超老师分享了他参与2008年北京奥运会非赛事场馆视觉设计的经验，指出了中国传统文化造型的核心图形元素是"曲线"，获得了在场专家的一致认同。论坛的共同主持人上海美术学院设计系讲师葛天卿讲师讲到视觉设计必须有质感，徒有高科技的设备是会很快被淘汰的。应用技术学院的张弢老师和上海美术学院数码系的陈志刚副教授分享了他们在新媒体艺术和展示的经验，阐述了媒介与内容之间的关系。来自行业的专家—神兵天将传媒公司的创意总监袁东先生提出了受众的重要性，指出必须先要了解、研究设计的对象，才能说出他们愿意接受的信息。也提出了作为甲方的政府方与作为乙方的设计方之间的博弈和无奈。来自九木传盛广告有限公司的孙佳妮创意总监进一步分析了他们企业主创的10年上海世博会吉祥物"海宝"。

经过短暂的休息后，张弢老师讲解了在品牌驱动下展示的方式。来自颖灵（上海）广告有限公司的桂正琳创意总监通过演示一部电影的前期设定，讲解了视觉符号的现代化与视觉整体营销的概念。来自同济大学创意设计学院的高搏副教授分享了她目前的研究领域"服务设计"的相关知识和理念，并指出针对世博会的设计要具有前瞻性，因为世博会的观众是未来的年轻人。来自上海工程技术大学的刘莹副教授分享了他们与上海音乐学院合作的多媒体舞台剧，形象地阐述了音乐对于画面的重要程度。来自上海美术电影制片厂的施屹导演和来自华东师范大学艺术设计学院的陈海璐副教授共同给大家分享了《奥运申办宣传视频》，施屹导演讲到了为政府机关制作动画的困难和妥协。最后，来自《公共艺术》杂志的副主编周娴老师通过分析10年上海世博会英国馆的设计主题和表现，将话题提高到如何建立中国文化自信的课题。

3 相关成果

在论坛参与者和主办方的共同努力下，本论坛举办得十分成功，不仅每位专家都上台发言，并有多人准备了演讲的PPT，最后不得不延后半小时才结束论坛，大家仍觉得意犹未尽。

分论坛邀请的专家大部分是世博会相关项目的合作方，因此大家对议题并不陌生，与会专家在休息时间和随后的午餐时间里仍旧继续热烈讨论。本次分论坛的成果可以归纳如下：

（1）为研究生后续课题研究与创作积累了大量宝贵的素材。本次论坛的专家发言都将整理成论文集出版，将研究成果加以固定。

（2）汇聚了世博会项目视觉设计与视频创意人才。本次论坛的受邀专家既有来自学院的教师，也有来自行业第一线的创意总监，通过论坛，大家进一步互相了解和沟通，为未来的产学研合作打下了基础。

（3）深入探讨了世博会视觉设计和视频演绎的细节，为后续的学习和创作实践提供了很多有用的线索。尤其是"中国传统文化——曲线"的概念提出，为研究生毕业创作打开了一扇窗。

供稿：汪宁

附录4 成果展

第一届"未来畅想 沟通桥梁——世博语境下的展览创意设计"论坛
工作坊成果展回顾

　　2017年12月4日下午三点，首届"未来畅想沟通桥梁"——世博语境下的展览创意设计工作坊成果展拉开帷幕。本次成果展是世博讲堂、世博设计工作坊、世博论坛、工作坊成果展等系列活动的组成部分，由中国美术家协会指导，上海大学主办，上海美术学院承办，世博会博物馆和上海市教委高等学校设计学科专业教学指导委员会支持，由上海美术学院设计系董春欣、程雪松、汪宁、葛天卿、董卫星和旧金山艺术大学朱晟昊担任主策展人。展览汇集了2017年7月暑期以来上海美术学院、东华大学服装工程与艺术设计学院等院校设计学科研究生、本科生在专业教师和设计师指导下进行的世博研究，他们分别来自环境设计、建筑设计、会展设计、视觉设计、多媒体设计等专业方向。在本次工作坊实践中，同学们围绕世博命题，发挥协同优势，对接重大课题，突破专业局限，对世博会的历史脉络、世博研究的最新进展、世博未来的发展趋势等方面都进行了有针对性的研究，并且从年轻人的视角，提交了关于人类未来生活方式的畅想。

　　成果展在美院新展厅举行了简短的开幕式。开幕式邀请到中国国际商会展览部处长葛杰、世博会博物馆党委书记蒋莎、中央美院教授黄克俭等领导和专家莅临。开幕式由设计系程雪松副教授主持，上海美术学院执行院长汪大伟教授致开幕词。汪院长回顾了上海美术学院设计学科师生艰难探索世博文化之路的初心，指出上海美术学院对接国家重大项目办好教育的目标，邀请各界领导和专家为美院发展献计献策，也表达了美院建设世博研究平台汇聚世界智慧、讲好中国故事的愿景。中国国际商会展览部处长葛杰在发言中指出，年轻的设计师关注世博，关注人类的未来，这也是时代赋予大家的使命。设计师们不应仅仅满足于自己的个人趣味，更应主动思考历史的责任、变革的时代、国家的未来，拓展自己的视野，加强和社会沟通的能力，勇于担当，砥砺前行。世博会博物馆党委书记蒋莎介绍了世博会博物馆的定位和目标，她多年来参与世博会的工作，通过世博会结交了许多朋友。世博会有非常强大的连接和动员力量，把不同背景、不同领域的人维系在一起，也把上海美术学院和世博会博物馆连接在一起。作为多年参与奥运会、世博会策划研究工作的先行者中央美院教授黄克俭把奥运会总结为"生命"，把世博会浓缩为"生活"，他认为180天会期的大世博已经不仅仅是一场展览、一场秀，更是一种新的生活方式的引领、一次时尚文化的洗礼。他倡议上海美术学院成立"世博研究中心"，更好地服务世博，同时也更好地推动未来生活方式的更新。

美国展览设计师福森（Fausino）和越南建筑师艾提安（E Tien）代表国际设计师发言。福森说他曾经为可口可乐做展览设计，现在他在上海衡山路开办了工作室，他的业务跨越了太平洋两岸。他会持续关注上海美院展览学科的发展，并且为上美展览平台的建设贡献自己的力量。艾提安本次展览也贡献了他的作品，在作品中他以生活、居住在上海的外国人的视角，对世博文化进行了独特解读。他表示感谢上海美院的邀请，有机会和同学们一起探讨世博话题，有很多碰撞，也激发了许多思考。

研究生代表黄逸鲸在发言中说，她和同学们很荣幸有机会参与本次世博研究系列活动，作为上海美术学院毕业的本科生，她感到研究生阶段的学习压力跟过去相比不可同日而语，在痛并快乐的设计工作中，他们也在重新认识设计，并且不断重塑自己。

最后设计系主任董卫星教授代表策展团队和设计团队总结发言。他梳理了自2005年爱知世博会以来设计系师生认识世博、研究世博、服务世博、推广世博的历程，虽然一路走来并不轻松，但是在参与世博的过程中培养了很多优秀的设计人才，也搭建了一个集聚全球优质设计资源的平台，这也是最大的收获。世博会是一次盛会，更是一种体验，每个人从中都可以寻找机遇，发现快乐，收获知识。

参加本次展览开幕式的嘉宾还有上海工艺美术学院徐勤副教授、独立学者、剑桥大学袁雁悦博士、华东建筑设计研究院创作中心原建筑师、享念科技创始人张一戈、东华大学服装工程与艺术设计学院吴云一老师、复旦大学文史研究院段志强副研究员、上海美术学院设计系杜士英教授、赵蕾副教授、数码系陈文佳副教授等。

开幕式之后，来宾和专家在策展人和参展学生的引导下，饶有兴致地参观了展览，并且针对设计教育、合作与交流等议题进行了研讨。

供稿：程雪松

工作坊成果展展览前言

"一切源于世博"这句话似乎有一些夸张。但是，自 1851 年伦敦世博会以来，世界完成了工业化的过程，人类跨入了现代生活。世博会，作为一个世界性的展示平台，在这过程中无疑发挥了非常积极的作用。

这一百六十年来发生的变化是人类历史上任何一个时代无法比拟的。而在这个历史时期中出现的新事物，从蒸汽机、发电机、发动机、汽车……到电灯、电话、电报、电影、电视、电梯、录音机、摄像机……乃至观光大转轮、冰激凌、汉堡包、游乐场、大型演艺会等等，无一不是通过世博会进入人们的视野。世博会作为一个国际性的舞台，激发了人类无限的创造力和想象力。新的创意、新的创造、新的产品通过世博会为人们认识和接受，并由此改变了人类的生活方式。世博会引领了人类生产、生活、娱乐和新潮流。

物质与精神总是相互转化，相互促进。新的理念催生新的产品，新的产品又带来新的观念。工业崇拜、国家至上、和平大同、崇尚科学、绿色循环……世博会关注的一个个主题思想又是近百年来人类思想进步的足迹。1851 年世博会也让人们看到设计的重要性。莫里斯、拉斯金从世博会的产品和建筑中发现的工业时代的设计问题，这个问题叩问了之后一代又一代的设计师，并以世博会为试验场不断尝试解决这一问题的可能性，从而催化了现代设计和后现代设计潮流的产生和发展。世博会的建筑设计，展示设计，环境设计，视觉形象设计已成为世界设计潮流最敏感的风向标。

中国与世博会渊源久远。早在 1851 年伦敦世博会的开幕式上，就有"希生广东老爷"的身影。湖州蚕丝、茅台酒、苏州竹扇……都是世博会上常见的中国展品。当然，贫弱的中国在世博会上一直都是边缘的角色。改革开放以后，中国加快了工业化的进程，国力渐强。20 世纪 80 年代以后，中国参与世博会的态度越来越主动。并于 2010 年成功主办上海世博会。之后，2015 年米兰世博会，2017 年阿斯塔纳世博会上中国都有不俗的表现。日益强盛和自信的中国需要，也有实力在这一国际舞台上展现自己靓丽的身姿。上海大学上海美术学院作为上海设计教学、研究和社会服务的重要力量，自然不会置身于世博设计之外。

2005 年至 2010 年积极参与上海世博会的设计工作。在上海世博会足迹馆、世博会博物馆、世博会演艺中心的设计中贡献了自己的力量。通过世博会设计，不仅为世博会作出了贡献，同时也锻炼了队伍，促进了设计教学和设计研究。上海世博会结束了，但是我们的视线从来没有离开过世博会，因为我们深知不断发展的中国需要世博会，而世博会上的中国形象需要中国设计，这是我们的使命和责任。也深知世博会这一类大型的展示活动对设计的整合与引领作用。以世博设计为契机，激活上海美术学院设计各个专业方向之间的融合与协作，以实战模式展开设计教学和设计研究。从而真正提升设计教学的质量，真正提高上海美术学院的社会服务能力。

今天，这里展示的是近期我们在世博调研、世博理论研究和世博设计教学实践方面的成果。我们通过文献收集整理、世博讲堂、世博实地考察、专项设计实践等等环节使教师和学生对世博会的认知有了新的提升，设计能力有了新的提高。展示中有对世博会历史的回顾和梳理，有对世博建筑设计、世博展示设计、世博环境设计和世博形象设计等等专项的分析和研究，也有对近期几届世博会的考察和调研的回顾和总结，更有一大批学生设计实践作品的呈现。

所有的理论研究和设计实践自然还有待于进一步的提高，但足以体现我们对世博设计的热情和专注、足以体现我们对世博设计教学研究的丰硕成果、足以体现我们进行专业协同后同学们获得的综合设计能力。在此，我们也希望获得业内领导，专家和相关同行的批评和指导。

董卫星

2017 年 11 月 26 日

嘉宾致辞	嘉宾致辞	嘉宾致辞
嘉宾致辞	嘉宾致辞	海外设计师分享
海外设计师分享	展览现场	展览现场	展览现场
展览现场	展览现场	展览现场

合影

展览现场 | 展览现场

视觉设计与视频创意 A

视觉设计与视频创意 B

视觉设计与视频创意 C

主题演绎与展示设计 A

主题演绎与展示设计 B

主题演绎与展示设计 C

主题演绎与展示设计 D

附录 5 "你好，世博"展！

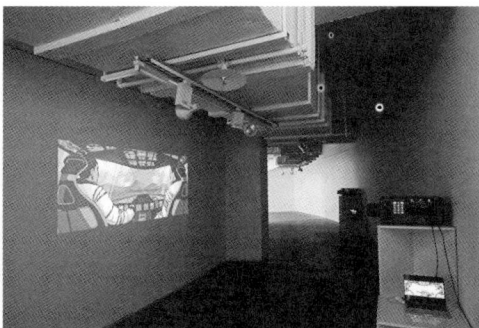

"你好，世博！" 展览回顾

2018 年 9 月 7 日，迪拜世博局内容规划部高级副总裁 Manal AlBayat 马纳尔·阿尔巴亚特女士、迪拜世博局内容规划部（主题与意见领袖项目）副总裁 Federica Busa 费德丽卡·布萨女士，在世博会博物馆馆长刘绣华女士的陪同下，到访上海美术学院，适逢"你好，世博！"展开幕，迪拜世博局官员遂在有关人员陪同下，兴致勃勃地参观了展览。

由上海美术学院世博会研究课题组策划设计的"你好！世博——上海大学世博会研究汇报展"在上海美术学院 3 楼典藏室开幕。本次展览借助影像、图形、模型和文本的方式，通过世博讲堂、工作坊、论坛、考察、出版物、方案等多个篇章，完整地回顾了上海美术学院自 2006 年参与 2010 上海世博会展馆设计以来，在世博设计研究领域走过的辉煌历程以及取得的相关成果。

在世博会研究课题组老师们的导引和介绍下，来自迪拜的友人观看了院长作业展和"你好，世博"展。她们对上海美术学院暑期作业多专业互动的教学形式表现出浓厚的兴趣和高度的赞赏，同时被上海美术学院把世博课题和教育教学深度融合的创新举措打动，对整个课题组师生全身心关注迪拜世博会以及中国馆创意设计，给予了充分肯定。

在随后的座谈会上，上海美术学院执行院长汪大伟教授热情欢迎两位国际友人和刘馆长的专程来访，向她们介绍了上海美术学院的办学和师资条件，并且重点围绕美院世博会课题进行教学研究的相关情况进行了讲解。汪院长说："我们正在筹办世博学科，让美院教书育人和世博会发展进行更好的互动与融合。"世博会博物馆刘绣华馆长深情回顾了她和费德丽卡早年参与上海世博会策划演绎的经历，对上海美术学院和世博会博物馆未来的进一步合作进行了积极展望。

来自迪拜世博局的两位女士指出："上海美术学院为世博所做的工作和取得的成果给我们留下了深刻的印象。2020 迪拜世博会必定是世博会发展历史上重要的一届。本届世博会以'沟通思想、创造未来'为主题，关注人与人之间、国家与国家之间、文化与文化之间的沟通和交流。"她们又强调："面向未来的世博会不应拘泥于传统博物馆形式的展览，而要创新更加超前的表达方式。所以要关注普世性的理念和普通人的体验，同时还要考虑主题和形式对未来 10 年、20 年城市变迁和世界发展的影响。"她们高度评价了上海美术学院丰富多彩的世博创意设计作品，相信这些作品一定可以在迪拜的世博舞台上落地开花。她们还表示回到迪拜后，将会力促当地艺术与设计类的大学和上海美术学院进行深入的交流和多维的互动，共同为世博会发展出力。

世博会博物馆邹俊副馆长、展览部楼思岑女士、上海美术学院特聘教授黄克俭、复旦大学文史研究院段志强教授、上海美术学院设计系董卫星教授、董春欣副教授、程雪松副教授、汪宁副教授、葛天卿老师、黄祎华老师等和设计学科多位研究生参与座谈。

（程雪松供稿）

附录6 研讨会

"一带一路"与伊斯兰文化座谈

参会人员：

段志强	复旦大学文史研究院	副研究员
邱轶皓	复旦大学历史系	副教授
邹　磊	上海市委党校	讲师
董卫星	上海美术学院设计系	主任、教授
董春欣	上海美术学院设计系	副主任、副教授
程雪松	上海美术学院设计系	副教授
汪　宁	上海美术学院设计系	副教授
葛天卿	上海美术学院设计系	讲师
陈文佳（女）	上海美术学院数码系	讲师

上海美术学院设计系　硕士研究生　李松、张旭、关雅颂等

附录 7 媒体报道

第一届"未来畅想沟通桥梁——世博语境下的展览创意设计"学术论坛媒体回顾

2017 第一届"未来畅想沟通桥梁——世博语境下的展览创意设计论坛"主论坛于 2017 年 11 月 3 日在上海大学落下帷幕，本次论坛受到国内众多知名媒体的关注和争相报道。特别感谢：人民网、新华网、中华网、北青网、上大网、《建筑时报》、《上海画报》、《装饰》等媒体单位的支持。感谢微信公众号：上美艺设、青春上美。

国内外重要媒体报道：

人民网

链　　接：http://www.people.com.cn/n1/2017/1103/c32306-29626109.html?from=timeline&isappinstalled=0

新华网

链　接：

http://sh.xinhuanet.com/2017-11-06/c_136732025.htm?from=timeline&isappinstalled=0

中华网

链　接：

http://3g.china.com/act/culture/11159887/20171103/31630460_2.html?from=timeline&isappinstalled=0

北青网

链　接：

http://expo2017.ynet.com/2017/11/03/627577t1724.html?forward=1&from=timeline&isappinstalled=0

上大网

链　接：

http://expo2017.ynet.com/2017/11/03/627577t1724.html?forward=1&from=timeline&isappinstalled=0

《建筑时报》

英国 Intellect 出版社电子杂志：

https://www.intellectbooks.co.uk/weblog/view-Post,id=89971/

《上海画报》

链　接：

http://mp.weixin.qq.com/s/i56cLK8l5m05njccrl_aCA

SH

《装饰》

链　接：

http://mp.weixin.qq.com/s/bRHpmHNipTFoo1n046Rwug

上美艺设

青春上美

英国 Intelleat 电子杂志报道：
Building Visions, Making Connections

Diverse Perspectives on World Expo and Creative Design
THURSDAY, 16 NOVEMBER 2017

Shanghai joined the UNESCO Creative Cities Network as City of Design in February 2010. In the same year, Shanghai hosted the World Expo and attracted 73 million visitors. Since then, the cultural and creative industries in Shanghai are growing rapidly, and new technologies and social trends have also been reforming the exhibition industry. This has generated great demand for new talent.

This November, Shanghai University organised the 1st Symposium on Creative Exhibition Design from the World Expo Perspective: Building Visions, Making Connections. Scholars in the field of arts and humanities as well as designers, artists and entrepreneurs were invited to share their views on Expo-related design. The symposium was organised as part of the initiative to create a platform for building theoretical frameworks and opening up practical opportunities for exhibition-related disciplines. It is proposed and hosted by Shanghai Academy of Fine Arts, Shanghai University, and advised by China Artists Association.

Xu XU (Vice President of Shanghai University) delivered a welcome speech, in which he mentioned 'The three-month Astana Expo 2017 has just ended. Back in 2010, World Expo in Shanghai attracted over 70 million visitors from all over the world and it has left many wonderful memories. In the future, we plan to co-organise symposiums with other Expo host cities to promote communication of issues of vital importance for human development.

We are devoted to creatively transforming and developing Expo concepts by integrating Chinese wisdom.'

Wei RUAN (Director of World Expo Affairs Office at China Council for the Promotion of International Trade) gave a short review of the history of World Expo and introduced the roles China played (in particular the Expo Shanghai 2010). He suggested that Expo had always been a platform for demonstrating technological innovations and promoting regional development and investment. He stressed the importance of the interpretation of Expo themes, in the form of both architecture and exhibition. In addition, he provided his view on the future of World Expo and predicted that sustainable development would stay the main focus of Expo for the next 10 to 15 years.

Xiuhua LIU (Director of World Expo Museum) introduced the World Expo Museum, which opened its doors to the public in May 2017. It is a permanent museum jointly built by the Government of Shanghai and the Bureau of International Expositions (BIE), and is the only official museum and documentation centre in the world entirely dedicated to Expos and authorised by the BIE. Liu mentioned that the museum would serve as a research center for Expo-related studies and further strengthen its social and educational roles by collaborating with higher education institutions and practitioners.

The invited speakers each gave a 20-minute presentation around the 4 topics of the symposium: Interpretation of Expo Themes, Exhibition Design, Architecture and the Environment, and Media and Graphic Design.

Li YU (Former Deputy Curator of the World Expo Museum and Former Curator of the Pavilion of Future at Expo Shanghai 2010) and a few other scholars noted that while Expo provided crucial chances for public diplomacy, it had always been important to take visitor experience into account. In this aspect, several practitioners (exhibition designers, architects, and project managers) discussed their own experience and observations on Expo projects, including challenges and techniques of working with local partners, designs that foresee the reuse and afterlife of both pavilions and exhibitions, and application of interactive technologies.

In terms of Expo themes, **Hong FAN** (Director and Professor at National Image Communication Research Centre, Tsinghua University) discussed exhibition and architecture design from the perspective of communicating national image. She stressed the importance of establishing a common discourse, delivering multi-dimensional spatial design, and creating interactive events, which would demand collaborations between different professionals.

When it comes to communication between different cultures, **Jianxiong GE** (Former Library Curator and Professor at Fudan University) offered his opinion on the differences between 'silk roads' and the Belt and Road initiative. After a short review of cultural exchanges along silk roads, GE suggested that we should not over-romantise its historical value.

He proposed that along the historical silk roads, China mainly 'imported' foreign culture. In comparison, the Belt and Road initiative adopts a very innovative approach for cultural exchange and for communicating Chinese culture. He stated that Expo had always been an excellent platform for cultural exchange, and deep understanding of human history from the perspective of historical geography could make great contribution to successful cross-cultural communication.

Architects from different countries shared their design experience.

Martin Castle (Partner of Foster+Partners, Chief Architect of UAE Pavilion at Expo Shanghai 2010, UAE Pavilion at Expo Milan 2015 and "Mobile" Theme Pavilion at Expo Dubai 2020) introduced the experience of designing UAE pavilions based on the team's analysis of the 'desert culture' of UAE as well as cultural diversity within the country. He shared creative approaches of combining distinctive features of UAE and different host cities, including details at practical levels such as temperature variations and queueing experience. He also talked about how exhibition design needed to take into consideration expectations of different types of visitors.

Ming YANG (Chief Architect of the World Expo Museum, Deputy Chief Designer of East China Architectural Design & Research Institute and Director and Professor-level Senior Engineer at Creation Center of East China Architectural Design & Research Institute) reviewed his design experience with the World Expo Museum. The greatest challenge, he said, was to condense a rich history of World Expo into the museum space. The design team combined steel and glass to pay tribute to the 1st World Fair in the Crystal Palace in London. The whole structure is mainly composed of two parts, the 'History Valley' which symbolizes history and eternity and the upper part called 'Celebration Cloud' that forms a transparent space with 4,000 glass panes. Yang emphasised that he aimed to design a citizen's museum that both exhibits the history of Expo as well as the spirit of Shanghai. The sunlight constantly changes the colour of the museum building, and the use of copper as the main material is also meant to reflect the passage of time.

Scholars from the field of exhibition design covered a wide range of topics, including the application of interactive technologies, integration of architecture, exhibition space and content, and challenges of applying ideas into practice. **Dan SU** (Deputy Dean and Professor at Academy of Arts & Design, Tsinghua University) shared his experience of designing the China pavilion for Milan Expo 2015. He also reviewed the changing style of pavilions in the history of World Expo and pointed out that in recent decades Expo architecture had been greatly influenced by contemporary art and new aesthetic values. **Francois Quere** (Advisor of the Louvre Abu Dhabi Project, Head of the Alsace Pavilion at Expo Shanghai 2010 and Chief of the International Division at Anamnasia) shared his experience of working on Expo projects. He emphasised that when designing exhibitions for Expo, three aspects needed to be taken into consideration: improving queueing experience, striking a balance between experience and content, and aiming for integrated design.

During the session of Media and Graphic Design, designers shared their practices on designer Expo logos, mascots, and interactive experience. **Akira Ishikawa** (Chief Designer of Expo Aichi 2005 Logo) elaborated on his design ideas for the logo for Aichi, in which the character Ai (Love) refers to both Aichi and love for planet. Rather than adopting a design approach of highlighting fashionable and modern elements, Ishikawa created a unique style that rendered his design easily approachable and understandable to the public.

On the following day, Nov. 4th 2017, three parallel round-table forums were held in a newly transformed campus site (located in an industrial park) of the Academy of Fine Arts, Shanghai Universities, where delegates delved into further discussions on Expo-related design.

Dawei WANG (Executive Dean and Professor at Shanghai Academy of Fine Arts, Shanghai University) made a few closing remarks in which he stated that the Academy is devoted to transforming its art and design education, which will lay more emphasis on cross-disciplinary topics and new social trends. He expressed gratitude to all speakers who shared their unique views and diverse perspectives, and he specially thanked Weixing DONG, Xuesong CHENG, Chunxin DONG, Ning WANG, and Tianqing GE who co-chaired the organising committee and put much efforts in organising and facilitating the symposium.

In December 2017, the Shanghai Academy of Fine Arts will set up an exhibition to display student work as outcomes of design workshops, which are part of the series of events related to the symposium.

The theme of the Expo 2020 Dubai is set as Connecting Minds, Creating the Future, which will foreseeably inspire creative designs that reflect upon the changing interrelations among people and the relationship between man and the environment in the era of digital technology. China will certainly play a significant role on this global stage and Shanghai Academy of Fine Arts aims to create more opportunities for students, scholars and practitioners to keep the dialogue going. To make this possible, more publications will be issued and more events will organised in the coming years.

Please do not hesitate to contact us directly if you would like more information or discuss a collaboration opportunity:

Dr. Xuesong Cheng (Associate Professor at the Design Department, Shanghai Academy of Fine Arts, Shanghai University; Project Co-chair): gerardcheng@qq.com

Dr. Yanyue Yuan (Independent Scholar; Project Co-chair): dreamingselena@icloud.com

附录 8 访谈

石川明（日）访谈

Akira Ishikawa （Japan）

【简　介】2005 年日本爱知世博会会徽主创设计师　东京都广告意匠审查部委员

Chief Designer of Expo Aichi 2005 Logo

Q1：日本是一个非常重视传统文化保护和继承的国家，也很善于吸收外来文化。您认为如何恰当的把本国传统文化融入设计中，如何与国际化接轨，平衡好本土文化和外来文化？

A1：在年轻的时候，曾经担任过外国企业广告的策划时，对于国际上常用的表现手法在日本很难获得成功的经验还是记着的。或者说没有自己的特点进行表现，就不会受到欢迎，在这里"日本的规则并不是世界的规则"的语言也许是最体贴的。因此，抓住日本人的心理和独特的世界观是必需的，"西欧风格""日本风格""西欧与日本结合的风格"的语言表现，从表现手段上来说，"纯日本风格"和"外国风格"的区别，也许是日本人对不同风格进行理解的一种表现吧。

当下，世界正不断进入全球化的阶段，在日本，这种倾向也是很明显的，针对这一特点，保护好日本传统特色的这一重要财产，是不能忘的，也是走向世界时需要好好珍惜的。

Q2: 看了您的许多设计项目，都让人耳目一新，留下深刻印象。在做 VI 设计或者 CI 设计的时候您是如何把自己想表达的东西通过作品来传达的？您认为在进行设计的时候哪些是最重要的考虑因素，一般在设计过程中遇到比较多的问题有哪些？

A2: 说到设计，其实范围是很广的，而我从事平面设计的工作已经有 30 多年了，作为设计师的我，之前参与过的 CI、VI 和品牌的策划和设计的企业经营方面的工作相对较多，并且成为了一种专业的工作，CI、VI 的设计和视觉设计的最大区别是时间上的长期性，利用范围之广，重大的责任性，不同的对象等，这在创作时是必须要考虑到的，同时，如果最终的形状越简洁，就越会出现相似，或被认为是抄袭的问题，并可能会随时发展成为多方面的法律问题等。

在创作时，要对现状和时代的特点进行分析和考虑。在此基础上，从各个方面的可能性上进行掌握。在满足商家的需求，消费者容易接受的程度方面去进行追求和创意构思的同时，更重要的是从市场规律的理论方面去进行实践。

我在创作时的重要规则是，不仅要追求美的造型或感觉，更要从心理和思想上进行挖掘，通过语言展现联想，产生故事性，使作品具有附加值的效果是最重要的方面。

Q3: 世博会不仅展现了人类文明的最新成果，而且推动了多元文化的交流与融合，因此每一届的世博会的主题内容、设计理念以及应用技术手段都在不断的发展、进步，您觉得世博会未来的发展趋势可能会是怎样的？

A3: 世博会已经经历了从近代到现代的几个世纪，并成为了对社会发展作出贡献的一种活动，通过举办世博会，产生出了众多产业，并对世界上的很多国家，特别是在提高举办国的人民生活水平的改善方面，还是很明显的，这一切相信大家也是有目共睹的，但是从今后的发展来看，现在的这种模式是否是一种好的形式，特别是现代科学、信息和经济的发展，正以迅猛的速度向前发展，以往要用 100 年的时间，现在只需十年就可以达到这种进化速度，让人眼花缭乱，由此产生了我们这一代可能跟不上时代步伐的感觉。我认为，今后的世博会的使命，应该是针对地球的温暖化、水、有限的资源等方面的问题进行探讨和表现。地球上的环境问题是人类需要思考的，也是世界可持续发展所需要面对的问题，应该说，经济的发展期已经结束了，所以今后的世博会的主题应该转向如何保护地球是非常突出和更重要的方面吧。

我对爱知世博会的主题标志进行了设计，不是会徽，因为只有会徽的话，就不容易很好地传达出世博会的主题，为了让世博会更加容易理解和共鸣，主题标志的存在是非常重要的。

作为当时的背景，在日本大阪举办的世博会已有 35 年的历史了，还有，举办地的爱知省本身也有众多问题，针对这些方面的思考对主题标志进行了设计和制作，从主题和理念中去寻找语言，于是诞生了"爱－地球博"的关键词，在此基础上，设计出的爱知世博会的主题标志在形象上可以感受到朴素和亲切感的。当然，在制作时也应该考虑到整体的统一性以及利于宣传，具有对世博会起到说明的作用。因此主题标志的诞生，不是单纯的标志形式，而是要展现出整个主题特点的重要性上进行追求。

供稿：门亚斌

東京施上120周年

チェースマンハッタン40周年

リコー60周年

WOWOW5周年

第一ホテル東京

70th Foundation
& 15th Anniversary

NTT10周年

阪急第一ホテル20周年

80th ANNIVERSARY
聖隷福祉事業団80周年

ニチレイ アセロラ 20周年

ホテルグランドパレス25周年

後楽園ゆうえんち35周年

地方自治法施行50周年

郵便50周年

関東農政局農等政官農務局事務所50周年

JACCS

「踊る！さんま御殿!!!」日本テレビ

「ふうふうごはん」フジテレビ

「地球VOCE」テレビ東京

「恋のから騒ぎ」日本テレビ

正月特番・日本テレビ

日経チャンネル

埼玉スーパーアリーナ

SAITAMA SUPER ARENA

第一ホテル両国

DAIICHI HOTEL HIKARIGAOKA
第一ホテル光ガ丘

第一ホテル東京シーフォート

GRANBELL HOTEL
グランベルホテル

IMABARI KOKUSAI HOTEL
今治国際ホテル

東京グリーンパレス
ホテル東京グリーンパレス

Fuji 富士の国 YAMANASHI
富士の国やまなし館

BiViO ビビオ
ショッピングセンター ビビオ

TOKYO DOME HOTEL
東京ドームホテル

海河原ミュージアムパーク
海河原ミュージアムパーク

TEPCO 地球館
東京電力・テプコ地球館

日本・フランス文化会館（パリ）

夢みなと公園（鳥取）

筑波科学館

OAB 大分朝日放送
大分朝日放送

TUY
テレビ・ユー・山形

ncc
長崎文化放送

AAB 秋田朝日放送
秋田朝日放送

TVQ
ティー・エックスエス九州

花美人の里
岡山県 道の駅

総務省

総 務 省

国土交通省
国土交通省

内閣府
内閣府

築地本願寺
築地本願寺

徳島市

Yac's
千葉製品

SAN HOLDINGS
㈱ホールディングス

公益社
公益社

SHOWA DENKO
昭和電工

TOTETSU
東鉄工業

大阪樟蔭女子大学
大阪樟蔭女子大学

メディカルネットサービス
メディカルネットサービス

KMS
九州医療スポーツ専門学校
九州医療スポーツ専門学校

盲導犬支援センター
GUIDE DOG SUPPORT CENTER
盲導犬支援センター…

東立貿易機械

ALSOK
ALSOK 総合警備保障

HOME ALSOK
ALSOK 総合警備保障

Money Partners
マネーパートナーズ

ロジスティクス・ネットワーク
ロジスティクス・ネットワーク

国立情報学研究所
National Institute of Informatics
国立情報学研究所

TABLELAND
大春食品工業

JT (日本たばこ)

JT

安藤ハザマ
安藤・間

LIFIX
ライフィックス

N
ニチレイ

OTANI
大日製鉄

ヘラルド・コミュニケーションズ

大和証券
Daiwa Securities
大和証券

OTAKI GAS
大多喜ガス

RUBYCOM
ルビコム

TOKIMEC
トキメック

ORICONSUL
オリエンタル・コンサルタンツ

宇宙通信
宇宙通信

TXN
TXネットワーク

TOKYO DOME
東京ドーム

森・濱田松本法律事務所
Mori Hamada & Matsumoto
森・濱田松本法律事務所

NSSC
新日鐵住金ステンレス

HANDS ON
ENTERTAINMENT
ハンズオン・エンタテインメント

MH
三菱日立パワーシステムズ
三菱日立パワーシステムズ

ANA
全日空

MIRAIRO
ミライロ

RMGT
リョービMHIグラフィックテクノロジー

彦坂裕（日）访谈

Yutaka Hikosaka　（Japan）

【简　介】2005 爱知世博会日本馆创意总监　2010 上海世博会日本馆总设计师　空间孵化器株式会社社长

Producer and Architect of the Japan Pavilion at Expo Shanghai 2010

尊敬的彦坂裕先生您好，为了深入了解您对世博和展览的研究和实践，并准备撰写相关报道和研究文章，我们组委会特别对您进行邮件访谈。请您就我们关心的议题提供答案，用于会后的文字梳理和文献出版工作。问题如下：

Q1: 2010 年上海世博会日本馆"紫蚕岛"在中国颇受好评，请问您可以带我们回顾一下设计这个可爱的"蚕宝宝"时的设计过程吗？

A1: 虽然是蚕的形状，但是也可以理解为是一种"未完成"的造型更好。同时又代表了实际中的各种展示空间以及对各种各样的环境技术进行追求结果的形状。紫色和绿色在对比的和谐中相衬。又是太阳（红色）和水（蓝色）的调合色，当然，紫色也代表了高贵的色彩。

Q2: 日本馆的主题是"心之和，技之和"，即想要展示日本的技术和文化。请问您是如何通过设计来演绎这个主题的？

A2: 在 21 世纪的今天，科学技术和文化艺术的融合和相互交汇，同时作为基础来说，传统和历史也是必须要参考的，设计中正是从这种融合和交汇的表现中进行了思考。

Q3：在"紫蚕岛"的设计中，日本和中国两国文化完美交融，既和谐融洽，又姿态万千，您可以和我们分享下当时的设计思路吗？

A3：现代社会，对于中国和日本中的文化以及背景，在信息方面都可以进行共享。当然中国和日本存在着众多的不同方面，同样，也存在着很多相同的或者是相似的东西，这在创意中是足够共享的。

Q4：世博会不仅展现了人类文明的最新成果，而且推动了多元文化的交流与融合，因此每一届的世博会的主题内容、设计理念以及应用技术手段都在不断的发展、进步，您觉得世博会未来的发展趋势可能会是怎样的？

A4：与第三个问题有重叠之处，但世博会的信息在社会中还 是很盛行的。

但是，除非你参加了世博会，否则不可能有实际的体验，同时世博会又成了媒体把世界各国对地球问题的想法进行交流的场所，这在未来的世博会中更会展现出价值，作为节日型的交流环境的世博会，不断深化文化的多样性方面来讲，这对未来来讲应该是最重要的吧。

供稿：朱婕

彦坂裕先生作品

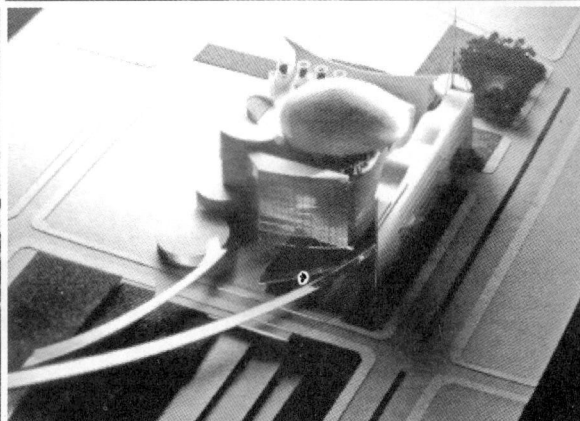

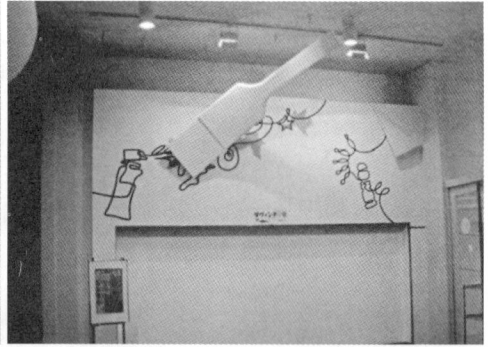

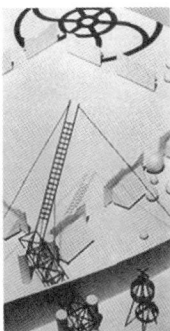
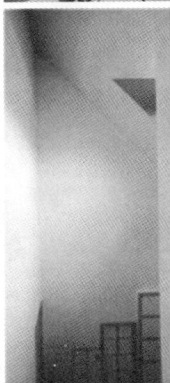

阿历克谢（德）访谈

Aleksej Schoen （Germany）

【摘　要】波茨坦广场皇宫 YMA 秀、阿斯塔纳城市节庆设计师、新媒体艺术家　导演

Designer of Potsdamer Platz YMA, urban festivals of Astana and new media artist director

Q1: 因为最能调动情绪的是声音，所以，对于任何一场演出而言，声音设计都显得至关重要。那么，是否能够详细解释一下，您是如何将声音和其他艺术手法一同融入演出设计的呢？

A1: 声音与演出是个热门话题。我们可以从成百上千个层面去考虑和探讨。有些人可以探讨波场分析和三维声音等新型技术概念。另一些可以从研究舞蹈和音乐的相互关系进行探讨。但是今天，我想就 Neil Mortimer 在节庆盛典的音乐体验来谈谈我个人的看法。

未来的节庆将如何改变？如何在生活这个舞台上感知音乐与演出？这些对于舞台设计和体验设计又意味着什么？现阶段，我们致力于解决这个问题：

参与者会呈现何种不同的体验及其对节庆组织者和营销者的意义是什么？

预测 1: 通过节庆，可以更好地参透一个人的音乐品味。

个人的音乐爱好在网络世界体现得淋漓尽致。

一旦播放音乐，这个行为就被统计和记录。例如 Spotify 和苹果音乐这样的服务程序，就是利用点播量来支付乐队和唱片公司版税，形成数据，进而推荐你可能喜欢的其他音乐。

节庆的作用无异于 Spotify & Co.。

技术手段会帮助节庆组织者真正理解人们的行为以及喜欢的现场音乐类型。

观众在音乐现场会站在哪里，舞台前还是后排？

观众是否会开场前二十分钟就排在了剧场关卡外？

观众是否会只听一曲就离开，还是听完整场演出？

我们可以 360 度地观察到观众的行为。

节庆观众会优先获得购票机会，观看到当年还会在当地音乐会场演出的节庆乐队。

读过我们的随机案例研究，就会了解到，节日赞助商 EE 推荐的类似行为，是如何帮助观众，以节庆所见为基础，来实施消费。

预测 2：现场直播将更加重要。

现场直播永远不会取代现场节庆的全方位体验，但在未来这一趋势将更加凸显。

YouTube 的直播能力，保证了 2016 柯契拉音乐节作为启动盛典的全程直播。这一战略加强了品牌建设，并扩大了受众。

同时，新型直播技术还为需要营销音乐会的筹办人开辟了额外的收入来源。

很多观众没有机会参加一票难求的音乐会，也可以在卧室里，享受现场直播带来的乐趣。

Q1: Sound can easily affect our mood and sound design is thus vital for any performance. Could you elaborate on how you to incorporate sound and other artistic expressions in your performance design?

A1:Sound and performance is a hot topic. There are hundreds of aspects that can be considered and discussed here. On the one hand, one can talk about the new technical concepts such as wave field analysis and 3d sound. On the other hand, one could look at the correlations between choreography and music. This time, however, I would like to pick up the ideas of Neil Mortimer on the context of the music experience at festival events.

How will festivals change in the future? How will music and performance be perceived on the life stage? What does this mean for the stage and experience design? For the time being, we are dedicated to the question:

But how will the participant experience be different and what does this mean for festival organizers and marketers?

Prediction 1: Festivals will be used to better understand your music tastes.

Your listening habits are well known in the online world.

Whenever someone streams music, this activity is charted and logged.

Services like Spotify or Apple Music use it to pay royalties to bands & record labels, construct the charts and to recommend other music you may like.

Festivals will be no different to Spotify & Co.

Technology will help festival organizers really understand what music people enjoy "live" and their behavior.

Where do people stand during a gig, in the mosh pit or the back?

Whether you arrived 20 minutes before the performance for your place at the pit barrier.

Whether you left after the first song or listened to the entire performance.

You will be able to gain a full 360-degree view on your audience's behavior.

Festival-goers will receive advanced opportunities to purchase tickets for the band they saw at the festival, performing later in the year at their local concert venue.

Read our Latitude case study and learn how the festival sponsor EE recommended similar acts for people to check out based on what they had seen at the festival.

Prediction 2: Live streaming will be more prominent.

Live streaming will never replace the full 'live' festival experience, but the trend will be more prominent in the future.

YouTube's live streaming capabilities allowed Coachella festival in 2016 to live stream the entire event as a launch event. This strategy strengthened the brand and extended it to a wider audience.

New streaming technology also open up additional revenue streams for promoters of sold out events.

Participants that didn't get the chance to score a ticket for the sold-out festival will benefit from a live stream delivered to their own living room...

Q2: 当今科技快速发展，我们该如何将新型技术与传统文化融合，向观众呈现难忘的演出呢？

A2: 我还会就盛典和节庆讨论这个问题。新技术对于盛典技术人员和艺术指导来说是挑战。混合现实将增强现场体验。

随着创新技术，如魔法飞跃和微软全息透镜的发展，节庆的主流混合现实很快将会变成现实。这些技术提供了额外的视觉层面，增强了现场表演和体验。

现如今的观众希望能够身临其境的感受异域风情，但 VR 提供的仅仅是模糊不清的。真正能令人感到兴奋的是，增加内容渠道，使体验空间里创造动态变化。

这一概念来源于现实扩展。然而，这种现实的增强超越了模拟能力范围。我们试图在有机 / 物理现实和虚拟仿真之间架起一座桥梁。可能性与现实性的二元性失去了焦点；在空间上安排以上方法，可以将表演演出最优化，还可以创造新的舞台表演空间。

身体和手势识别系统

可以让主持人和表演者直观地处理预先编程或实时控制的内容和效果。虚拟图像（图案背景）和主持人身体符号将以难以置信的形式组合在一起。

手势控制图像，身体变成投影面，房间内一个位置的改变就会造成图像位置或相应内容的变化。人和内容成为合作关系，呈现出新型互动特点。

个人识别系统（受众跟踪）

将观众视为一个个体或一个群体是可行的。因此，观众可以真切地感受互动，以便能够在节目中与观众反映的内容进行连接，然后连接所有技术内容（图像、音乐和效果）。

较之于以往该类型过程，互动是即刻被理解和触知的。

直观的群体互动可以被感知，这也造成信息或语言的个性化。

Q2.Considering that modern science and technology is developing rapidly, how can we present an unforgettable performance by integrating new technologies and traditional culture?

A2:I would also like to hold on to this question on the subject of events and festivals.New technologies are challenges and event technicians and their art directors.Mixed reality will enhance the live experience.As innovative technology such as Magic Leap and Microsoft HoloLens evolves, mainstream mixed reality at festivals is something that could turn reality very soon.The technologies provide additional visual layers to enhance the live performance and experience.

The modern visitor wishes to be transferred to other worlds, but capitalize only on VR is short-sighted. The real thrill is, to generate kinetic changes in the experience space, which is associated with an increase in the number of content channels.

The concept derives from the idea of an expanded reality. This augmented reality, however, goes beyond the phenomenon of simulation. We try to create a bridge between organic/physical reality and virtual simulation.

The duality between possibility and reality loses its focus; The arrangement of such means in spatial, optimizes display and performance possibilities and creates new scenic play spaces.

Body and gesture recognition system.

Allows moderators and performers an intuitive handling of pre-programmed or real-time controlled content and effects. The reference between the virtual image (between pictorial backgrounds) and the physicality of the moderator is combined in an unimaginable form.

Gestures control images, the body becomes a projection surface, and a change in the position in the room creates a change in the position of the images or the referring content.

People and content enter into a dynamic partnership and impart a new quality of interaction. Personal Recognition system (audience tracking).

It is possible to perceive the audience as a single individual or as a group. And thus to bring them into a truly felt interactivity, in order to be able to connect to content positions during the show on the reactions of the audience-following up with all the technological content (image, music and effects).

In contrast to previous processes of this type, the interaction is immediately comprehensible and tangible.

Intuitive group dynamics can be felt, which may lead to personalization of information or speeches.

供稿：李根

弗朗索瓦（法）访谈

Francois Quere （France）

【简　介】阿布扎比卢浮宫项目顾问　2010 上海世博阿尔萨斯馆项目负责人　法国安纳 Anamnesia 博物馆设计公司国际事业部负责人

Advisor of the Louvre Abu Dhabi Project, Head of the Alsace Pavilion at Expo Shanghai 2010 and Chief of the International Division at Anamnasia

Q1: 作为上海世博会 2010 阿尔萨斯馆的负责人，你能分享一下你的设计理念吗？

A1: 当客户（阿尔萨斯地区）推出展馆室内设计竞赛时，没有真正的计划。这座大楼已经规划和设计，有餐厅和商店。但展览本身的空间非常小。雕塑艺术家 Aslace 的作品将一个指定地方作为场地。

我们赢得了展览设计的竞标，我们有很多关于内容的讨论:展览应该讲什么？它应该是非常技术还是非常低的技术？它应该以历史的、传统的方式呈现阿尔萨斯，还是更注重当下？

我们最后提出了两个选择：一个非常高的技术，提供机器和技术。而另一种则更为经典，向观众解释并展示了该地区及其宝藏。我们最终选择了第二种，因为我们认为这将是更好的与世博会观众期望对齐，对旅游的发展更有效。

我们的初始想法是基于季节的：春季、夏季、秋季和冬季。每一个季节，我们都会展示阿尔萨斯的丰富和典型的产品。但由于种种限制，我们终于有了一种更简单、更直接的方式来展示传统、图片和产品。路线非常简单，有单向走廊设计，身临其境的装饰（天空设计的天花板，大图片），集成了一些展柜来展示美术产品和一个大的视频投影。

Q2: 你在巴黎博物馆的香水展中，运用了大量的嗅觉方面的技术。在这个展览中，你如何结合嗅觉和视觉效果来提高观众体验？

A2: 香水博物馆的设计是由工作室 Projectiles 的设计师设计的，我们联系了技术专家，特别是硬件集成方面。我们还制作了大概 80% 的媒体和多媒体，连接到气味的香水扩散器。

所有媒体和多媒体的设计都与博物馆的整体平面设计相一致：优雅、经典、非常有巴黎情怀。我们发展了动画电影，展现了历史、时尚、科学、创造等诸多方面与香水有关的主题……互动的技术被运用成了创造一个更有趣的体验：让观众体验、测试、参与气味识别……我们把展览与先进的气味扩散器连接，提供干燥的气味，并限制空气和大气的饱和度。游客被邀请参加测试，来体验许多气味博物馆内的互动设施，而且游客可以创造自己的嗅觉肖像。

Q3: 在你的展览项目中，你已经使用了相当多的交互技术。你能谈谈你对新媒体技术在展览中应用的看法和预测吗？

A3: 我们主要是在科学博物馆和历史博物馆使用高科技技术。事实上，互动和电影被用来解释说明是一个很常见的手段，例如，如果屏幕和展览没有相悖的关系的时候而且我们讲述一个有故事的展品时，我们会用到这个手段。现在许多艺术博物馆会要求使用技术，并允许在画廊里装置越来越多的屏幕。这是很新的，而且将来会发展的产业。这让参观者有了更好的欣赏艺术、创作过程、技巧……我们最近在艺术环境中创作了许多电影和互动技术。

我们还注意到，现在趋势倾向于"带来自己的设备策略"：越来越多的交互式内容通过应用程序传递给访客设备。特别值得注意的是，音频指南正在演变为多媒体指南。

当然，我们在博物馆里也看到了越来越多增强现实和虚拟现实，例如实时

3D。这些技术是非常有前途的，但我们面临两个主要问题。首先，他们通常对游客来说是非常"排外"的：只有一个游客可以使用他们，这对其他人造成许多孤立和挫折。我们喜欢创造包容性的体验，游客可以在包容式体验里与别人互动。第二，它们不是非常成熟的技术，我们有许多稳定性或维护问题。

但我们使用技术的最大问题是，有时我们的客户会说："我们想要一个触摸表"或者"我想要增强现实"。但有时他们不知道怎么向游客提供内容或经验！我们把这种要求视为"技术本身"。在这些案例中，我们需要后退一步，再次讨论：技术是表达内容的最佳方式吗？答案不一定是肯定的……

Q4：你对主办方、观众和你作为展览设计师之间的互动有何看法？你是如何处理这些关系？

A4：我们认为展览设计师的地位是甲方和观众之间的桥梁。他需要了解客户的期望，但也要预见（并研究）观众的反应和访问者的感知。他需要向甲方解释他的想法和理念如何能适应不同的受众，并将其转化为具有创意和概念的设计。

Q5：许多发达国家认为，世博会的价值不在，美国退出了国际展览局，但近年来以扭转的形式，如美国明尼苏达准备在 2023 举办世博会，能否告诉我们有关您的社会和设计师如何看待世博会？为什么一些发达国家对世博会感兴趣？

A5：我认为发达国家了解世博在国际上的交流力量，特别是在塞维利亚、Lisbon 或上海世博会之后。世博会不仅促进技术或知识的增长，它也成了一个旅游项目，可以促进当地经济的发展。这就是为什么一些发达国家如明尼苏达或城市（如巴黎 2025）要再次举办世博会。我们在设计上看不到太多的差异，但当然，在不熟悉展览的国家里开发和建设一个概念对我们来说更具挑战性，同时也是发展合作交流、培训和相互学习的大好机会。

Dear Francois Quere,

Can you please spare a few moments for a short interview via email? The organizing committee would love to gain further insights into your research and practices in the field of Expo-related design and exhibition. Please can you provide your answers to the following questions? We will edit the answers from all our guest speakers and this will be integrated into reports, articles and other forms of publications in relation to this symposium.

Please can you return your answers by replying to this email before Nov. 8th, 2017?

We really appreciate your time and effort!

As the Head of the Alsace Pavilion, Shanghai Expo 2010, could you share you design ideas?

When the client (Region Alsace) launched the competition for interior design of the Pavilion, there was no real program. The building was already planned and designed, with a restaurant and a shop. But it was allowing very little space for the exhibition itself. A special commission had been place for a sculture by an artist from Aslace.

We won the competition for the exhibition design and we had many discussions about the content: what should the exhibition speak about and how? Should it be very technologic or very low tech? Should it present Alsace in a very historical and traditional way, or be more focused on the present?

We finaly presented two options: one very high tech, presenting machines and technology. And the other one was more classic, to explain and present the region and its treasure to the audience. We agreed with the client on this last vision, because we thought it would be better aligned with the audience expectation at expos, and more effective for touristic development.

Our first design was based on seasonality: Spring, Summer, Autumn and Winter. For each season, we would present the richness and typical products of Alsace. But because of many constraints, we finally had a more simple and direct way to present the tradition, pictures and product. The route was very simple, with one-way corridor design, immersive decoration (sky designed-ceiling, big pictures), integrated some showcases to display fine arts products and a big video-projection.

You applied a large number of olfactory aspects to the "The power of flower" in Paris museum. In your design, how do you integrate olfactory and visual effects when it comes to enhancing the audience experience?

The design of the Perfume Museum was made by Studio Projectiles exhibition designers, we were associated to the project as technical experts, notably for hardware integration. We also produced about 80% of the media and multimedia, connected to smell and perfume diffusers.

All the design for media and multimedia was aligned with the overall graphic design of the museum: elegant, classic, very Parisian chic. We developed animation film to present the history and anecdotes connected with perfume in many dimensions: history, fashion, science, creation... The interactive assets were designed to create a more playfull experience: quiz, tests, smell recognition⋯ they are connected to state-of-the-art smell diffusors that provide dry smell and limit the saturation of air and atmosphere with different smells. Visitors are invited to test, guess and experience many smells inside the museum, in order to elaborate their own olfactive portrait.

In your exhibition projects, you have used quite a lot of interactive technologies. Can you share your opinions and predictions on the application of new media technologies in the exhibition?

We started using technology mostly in science museum and historical museum. Indeed, interactive and movie are very use-full to explain a process for instance, or tell a story about the exhibits, and there was no "competition" between screens and the exhibits. What we saw recently is that many art museum are now asking to use technology, and allow more and more screens inside the galleries. This is quite new and will evolve in the future. This allow visitors to have a better appreciation of art, creation process, techniques... we produced many films and interactive recently in artistic environment.

What we also noticed is the tendency to move to the "bring your own device strategy" : more and more interactive content is delivered through apps, on the visitor devices. It is notably the case for audio-guides who are evolving to multimedia guides,

Of course, we see Augmented reality and Virtual reality more and more inside museums, as well as real time 3D for instance. These technologies are very promising, but we face two main issues. First, they usually are very "exclusive" for the visitors: one visitor can use them only, and it can create a lot of isolation and frustration for the others. We prefer creationg inclusive experiences, where visitors can interact with the content and with each other. Second, they are not very mature technologies and we have many stability or maintenance issues.

But the biggest problem we have with technology use is that sometimes our clients say "we want a touch table" or "I want augmented reality" for example. But sometimes they have no idea of the content or the experience they want to provide to visitors! We consider that kind of request as "technology per se". In theses cases and we need to step back and discuss again: is technology the best way to deliver your content? Not always...

What is your view on the interactions between the commissioner, the audience and you as the exhibition designer and how do you deal with these relations?

We consider the exhibition designer position as a bridge between the commissioner and the audience. He needs to understand the expectations of the client but also anticipate (and study) the reaction of the audience, and the visitor perception. He needs to explain the commissioner how his ideas and concept can be adapted to the different kind of audiences and translate it into the design with creative ideas and concepts.

After many developed countries believe that the value of the Expo is not, the United States out of the International Exhibitions Bureau, but in recent years to reverse the form, such as the United States Minnesota ready to compete for the World Expo in 2023,could you tell us about your society and designer how to treat the Expo? Why are some developed countries re-interested in the Expo?

I think that developed countries understood the communication power of Expos, internationally, especially after Seville, Lisbon or Shanghai Expos. It's not only about promoting technologies or know-how any more, but it also became a very touristic event, able to boost local economy and development. This is why some developed countries like Minnesota or cities (like Paris for 2025) want to host expos again. We don't see many differences in terms of design, but of course, develop and build a concept in countries that are not familiar with exhibition is more challenging for us, but also a great opportunity to develop collaboration and exchange, training and mutual learning.

供稿: 黄晶

李杰（加）访谈

Jay Joohyung Lee (Canada)

【简　介】Expo 顾问和概念开发者　体验营销策划师

Independent Consultant and Business & Concept Developer in Experiential Marketing Field Including Expo

Q1: 您是一位具有丰富设计经验和优秀设计技能的设计师。那么，作为 2015 年米兰世博会俄罗斯馆的概念开发与设计负责人，您能谈一谈您的设计思路吗？

A1: 当我参与这个项目时，这是一个最初的概念开发阶段。俄罗斯馆的法定代表团已经提出了其他的建议，但我依旧很高兴在这个项目上工作。

下面分享一个我在这个项目中的设计过程：

（1）在设计过程中，首先要准备好设计过程的结构和示意图。

（2）研究他们的饮食和生活文化，包括相关的历史背景。

（3）因为主题与食物有关，所以要找出俄罗斯的纯净自然。

（4）收集所有的事实，从研究数据中提取设计元素。

（5）将设计元素转换和结构化为建筑组件。

（6）根据指挥官的要求，将整体空间规划作为一个固定的位置和基本的路径连贯起来。

这个想法来自于俄罗斯的纯净自然和他们的饮食文化。大部分的建筑语言来自于他们的自然和饮食文化。

Q2：当今世界各国对世博会非常重视，本次学术论坛的主题也是"世博语境下的 展览创意设计"。那么，您认为世博会的开展是如何推动设计发展与改革的？

A2：在我看来，世博项目就像现在的文化奥运。各国之间在产业和文化活动方面存在着许多无形的竞争。世博会展示你的历史、现在和未来。每个展馆都需要包 含昨天、今天和明天的所有事实。战略智慧以及良好的初始协调总是会产生出色的 结果——意味着作为一个设计师，你需要将展览元素安排到合适的空间和时间。同时，你也需要开发展览内容来有效地介绍。但是时间和空间是有限的，因此我们需要更 灵活的思维方式，比如超越时间和空间的技术。

Q3：您是一位在各个领域都颇有建树的优秀设计师。请问您是如何权衡建筑空间设计、交互设计、业务发展等方面的工作的呢？

A3：据我 17 年以上设计领域的经验，特别是市场营销／品牌化的领域，其实建筑空间设计、交互设计、业务发展这些方面的基本方案是一样的，只是用不同的媒介与客户或观众进行沟通。通过了解这样的过程，我可以在项目中发现我能做得更好，以及我如何为团队贡献我的经验。基本上，我在开始的时候就想以该项目的顾问或类似顾问的身份参与到这样的项目中来，一旦它的大局形成，我就会转而去做更多的细节规划和设计。在从咨询到设计的整个过程中，相关或未来的业务发展总是同时参与进来。

Q4：不少发达国家认为世博会的价值不大，美国甚至退出国际展览局，但近年来形式扭转，例如美国明尼苏达州就准备争夺 2023 年世博会举办权。那么您能告诉我们您所在的社会和设计师对世博会的看法吗？为什么一些发达国家对世博会重新产生兴趣？

A4：正如我所说，世博会是世界上最好的整合营销和文化营销活动之一。所有人都知道这是一项非凡的活动，然而每个国家都有自己的营销活动作为日常事务。因此，一些国家不会试图在相同或类似的活动中两次使用公共预算。因此，一些国家正在以文化为导向，以纯粹的民族品牌视角来看待世博会。

Here are my answer about the questions.

Q1. You are a designer with rich design experience and excellent design skills. As the Head of Design of the Russian pavilion of Milan Expo 2015, can you share your design ideas?

A1: It was an initial concept development phase when I was involved in the project. The OC of Russian pavilion has taken other proposal though it was very pleasure to work on the project.

To share my design process on the project is

(1) to prepare structure and diagram of design process how to research and design at the beginning.

(2) to research their food and living culture including related historical background.

(3) to find out Russian clean nature because of the main theme related to food.

(4) to gather all the facts and extract design elements from the researched data.

(5) to transform and structure the designing elements to architectural components.

(6) to prepare overall spatial program as a place holder and basic path flow based on the requirement from OC.

The idea was coming from Russian pure nature and their food culture. The most of architectural language was from their nature and dining culture.

Q2. Many countries are now paying great attention to the World Expo. The theme of this academic symposium is creative exhibition design in the context of the Expo. In your opinion, how does the Expo promote the development and reform of design?

A2: In my opinion, Expo project is like a cultural olympic game at the moment. There is many invisible competition in-between each countries in terms of their industries and cultural activities. Expo shows your history, present, and future. Each pavilion would need to contain all the facts of yesterday, today, and tomorrow. Strategic wise, well initial coordination always makes outstanding outcomes – means that as a designer, you would need to arrange the exhibition elements into right space and time. Also you would need to develop exhibition contents to introduce efficiently. However the time and space is limited, so we would need to think more flexible like beyond time and space with technologies.

Q3. You are an outstanding designer with great achievements in many fields. How do you balance your work on space design, interaction design, and business projects.

A3: Over 17years experiences in designing field especially marketing/branding oriented area, its basic scheme is same, just taking different media to communicate with clients or audiences. With understanding such process, I could see in the project what I can do better and how I contribute my experience to the team. Basically I am trying to be involved in such project as a consultant or advisor at the beginning, and once its big picture settle down, I am moving to more detail planning and designing stage. During whole process from consulting to designing, related or future business development always be involved in simultaneously.

Q4. After many developed countries believe that the value of the Expo is not, the United States out of the International Exhibitions Bureau, but in recent years to reverse the form, such as the United States Minnesota ready to compete for the World Expo in 2023, could you tell us about your society and designer how to treat the Expo? Why are some developed countries re-interested in the Expo?

A4: Like I said, Expo is one of the best integrated marketing and cultural marketing events in the world. All knows that this is a remarkable event however every countries have their own marketing events as daily business.

So some countries wouldn't try to spend public budget twice in same or similar activities. So some countries is participating in Expo as cultural oriented, and purely national branding perspective like developed countries.

Again, you would need a proper own platform to promote and use Expo as the most efficient industrial and cultural market place to sell what you have and what will you have. You would need to consider how to sell your yesterday, today, and tomorrow.

If you have any questions, please feel free to send me an email.

Thank you.

Jay

供稿：王雨瑶

马丁（英）访谈

Martin Castle (Britain)

【简　介】Foster+Partners 建筑师事务所合伙人　2010 上海世博会阿联酋馆、2015 年米兰世博会阿联酋馆主创建筑师

Partner of Foster+Partners, Chief Architect of UAE Pavilion at Expo Shanghai 2010, UAE Pavilion at Expo Milan 2015 and "Mobile" Theme Pavilion at Expo Dubai 2020

在本次的世博论坛中，我所接待的专家是 Martin Castle 先生。马丁先生是福斯特建筑事务所的合伙人。福斯特建筑事务所是世界上排名非常靠前的建筑事务所。马丁的团队在 2010 世博中设计了阿联酋馆、在 2015 年世博会中设计了阿联酋馆。可见马丁先生有丰富的世博会国家馆的设计经验。并且与阿联酋国家的合作也非常的密切。这两点都对我们本次设计 2020 年迪拜世博会中国馆很有帮助。

在本次论坛中，马丁先生的演讲中就有他们在设计 2010 世博会阿联酋馆的案例。让人印象深刻的是马丁先生的设计团队对当地人文、环境的深度理解。他们运用了沙丘的外形作为 2010 世博会阿联酋馆的外形。这种自然的形态也是阿联酋文化中熟知的，也是大众对于阿联酋国家的第一印象。

在建筑外表皮的材质上他们使用了会反光的金属材质。这使得阿联酋馆在一天阳光不同角度的照射下变化无穷，就像一个流动的沙丘。当上海世博会开幕时，阿联酋馆在阳光下富有层次的沙丘外观给我留下了很深刻的印象。正确的材质选择，能够让整个展馆更具有生命力。

马丁的设计团队在 2010 世博会结束后，并没有将展馆直接拆除利用可回收材料。而是将这个展馆又搬回了阿布扎比（阿联酋国家的一个城市），阿联酋馆在阿布扎比的沙漠中与自然融为了一体。在对建筑进行有规划的改造后，它成了一个永久性的博物馆。这也是马丁先生的设计团队所倡导的，要赋予展馆更悠久的生命。这一点让我受益匪浅。

除了本次的演讲以外，我们还向 Martin Castle 先生提了几个问题。

以下是他的回答：

Q1：Mr Martin Castle，从 2010 年开始，福斯特工作室就时常在世博会中，为阿联酋设计场馆。请问您最早接到阿联酋国家的合作项目时，您是以什么样的方式将自己的风格与阿联酋文化契合，让阿联酋的甲方能够接受您的设计。

A1：UAE 是由七个酋长国组成的联盟组成的。代表该国的主要风景是沙漠。沙丘有许多形式和颜色，所以在上海和米兰的展馆都受到沙丘景观的启发。UAE 的许多文化遗产也与在这种艰苦的气候环境下生存有很大关系，因此文化与景观密切相关。

我们用两种不同的方式来解释这个问题：

（1）上海世博会的阿联酋馆的形式是一个沙丘的形状。它是设计在一个模块化 的系统里，以便它可以在世博会的过程中组装和搬迁。这种材料是一种有色不锈钢，当太阳移动不同的角度时，他会形成不同颜色的反光。就像是不同颜色的沙子时，它在这个过程中不断的变色。

（2）米兰馆更为抽象，我们创造了一个由 GRC 材料制成的墙壁峡谷，给你在进 入展馆后的路上有一段穿越沙漠的经历。展馆设计在一开始就计划将展馆搬到 Masdar，这座低碳城市。

（The UAE is made up of a union of seven Emirates and to represent the country it was decided to represent the landscapes of the country. The sand dunes come in many forms and colours and so both the Shanghai and Milan

Pavilions were inspired by the dune landscape. The heritage of the UAE was very much related to surviving in this difficult climate and so the culture was very much related to the landscape.

We interpreted this in two different ways. The Shanghai pavilion form was in the shape of a sand dune but it was designed in a modular system so that it could be dis-assembled and relocated after the Expo. The material was a coloured stainless steel which changed colour as the sun moved over it to reflect the different coloured sands of the Emirates.

The Milan Pavilion was more abstract and we created a canyon of walls made from GRC to give the experience of walking through the desert on your way to the entrance. The pavilion was designed at the outset to be moved to the low carbon city of Masdar.）

Q2: 在近年来的世博会上，设计师都在努力诠释世博会的主题，请问您是如何通过建筑形式与结构来阐述世博会主题的。

A2: 对于 UAE 馆来说，很多信息都是在展馆内的电影中传达的。如果您想查看它们，这些仍然在线。然而，我们也想在展馆中传达重用和可持续性的信息。

2010 上海世博会的主题是"城市让生活更美好"，这座建筑展示了我们如何利用新技术创造出令人兴奋的建筑形式。虽然弯曲沙丘形态复杂，但朝南的模块都是由平面三角形板制成的，在计算机中进行了优化。

2010 米兰世博会的主题是"滋养地球"，生命的能源体现在 Emirati 馆展示文化的椰枣的重要性，也有一些是在 UAE 进行的新研究。在看了一部关于棕榈树重要性的电影之后，游客在绿洲的旅程结束后看到一棵真正的棕榈树，以便连接。

（For the UAE pavilions a lot of the messaging was conveyed in the movies inside the pavilion. These are still available online if you wish to view them. However we also wanted to convey messages of re-use and sustainability in our pavilions.

For Better City Better Lives in Shanghai the building showed how we can use technology in new ways to create exciting forms in architecture. Even though the curved dune forms were complex the south facing modules were all made from flat triangle shaped panels which were optimized in the computer.

For Milan the Feeding the Planet, Energy for Life the pavilion was showcasing the importance of the date palm in Emirati culture but also some of the new research that is going on in the UAE. After the seeing a movie about the importance of the palm tree the visitor see a real palm tree at the end of the visitor journey in the oasis to make the connection.)

Q3: 请问把低碳可持续的理念运用到展馆中, 可以从哪些方面入手与实现。

A3: 第一步是研究宿主地区的气候, 以及任何可能的新地点。重要的是要决定是否需要重新定位展馆或回收利用它。这两者的关系将大不相同。如果你想回收利用, 那么这些材料需要低成本并且很容易分解。然而, 如果你想重新定位展馆, 那么展馆需要一个更长远的视角。用大量的努力去设计展馆, 因此重要的是它的遗产在一开始就被考虑。世博会后, 我们的迪拜移动馆将被改建为办公楼, 可以为长寿设计。

米兰世博会展示了大量的展馆, 这些展馆都设计为很容易回收。英国馆被重新定位到皇家植物园, 在那里你仍然可以参观他。

(The first step is to study the climate of the hosting area along with any potential new location. It is important to decide whether it is required to re-located the pavilion or recycle it. The two approached will be very different. If you wish to recycle then the materials need to be low cost and be easily broken down. However if you wish to re-locate the pavilion then the a more long term view is required for the pavilion. A lot of effort goes into the pavilion so it is important that it's legacy is considered at the outset. Our mobility pavilion in Dubai will be converted into an office building after the Expo so it can be designed for longevity.

The Milan Expo showcased a good number of pavilions which were designed to be easily recycled. The British Pavilion was re-located to Kew Gardens where you can still visit today.)

Q4: 新媒体技术很早就被广泛运用到各种设计中，近年来的世博会也充斥着数字媒体，请问您个人对新媒体技术的影响有什么看法？多媒体技术的广泛运用是否会导致实体艺术形式的衰落？

A4: 新媒体延长了世博会的寿命。从社交媒体和应用程序开始，这段经历可以在世博会开始之前很长时间。与参观者的交流还可以延伸到世博会后的后续信息。这允许更广泛的资料共享。展览设计师总是谈论身临其境的经验，我们在展馆中使用了全息图和增强现实，可以让人们身处一个新的环境。

（New media has extended the life of the Expo. The experience can start a long time before the Expo with social media and Apps. The communication with the visitor can also extend to after the Expo with follow up information. This allows a much wider range of material to be shared.

Exhibition designers always talk of an immersive experience where we can transform people into a new environment. We have used holograms and augmented reality in our pavilions.)

Q5: 许多发达国家认为，世博会的价值不再，美国退出了国际展览局。但近年来又有了扭转的局势，如美国明尼苏达准备在 2023 举办世博会，能否告诉我们有关您的社会和设计师如何看待世博会？为什么一些发达国家对世博会感兴趣？

A5: 世博会是国际社会为数不多的在一起交流的机会之一。对东道国人民来说，看到世界文化的不同展览是一次很好的经历。

然而，举办一个只占 6 个月的世博会是相当昂贵的。几个月的时间，对我们来说价值的问题在于它遗留下来的遗产。它需要有一个世博会后计划，使投资更容易理解。有趣的是，上海现在可能是世界博览会上最好的博物馆。

(Expo is one of the few opportunities for the International Community to get together. It is a great experience for the people of the host country to see examples of world culture.

However, it is quite expensive to host an Expo which only last for six months so the question in terms of value for us rest in the legacy it leaves behind. It needs to have a post Expo plan to make the investment more understandable. It is interesting that Shanghai now has probably the best ·museum on Expo in the world.)

供稿: 沈晨毅　王俊鸿

常光希　访谈

Chang Guangxi

【简　介】国产动画电影《宝莲灯》(1999)导演　原上海美术电影制片厂厂长　一级美术设计师

Director of Shanghai Animation Film Studios

（1）国外吉祥物见过不少,很多过目不忘。原因是简约、幽默、童趣和亲和力。这也是我们应该借鉴的主要方向。

从大众们喜爱的吉祥物来看,吉祥物造型要简洁,独特和新颖,才能脱颖而出,符合大众的审美,赶上潮流,富有魅力,引人入胜。一个好的吉祥物应该活泼,充满趣味,富有弹性,生动性,要力求美观大方,使大众对其可以过目不忘,当然,吉祥物的使用元素也要一定的寓意,能让受众者从中体会到积极的,愉快的联想。

（2）国内设计或复杂、多意性、须文字来解释造型,或简单粗糙、水平不高,造成同质化而缺少新意。中国文化传统的元素很重要,但我认为不必去刻意地盲目堆积,这需要设计师的智慧。吉祥物应是全球化的,民族的也应该是国际的。

中国的传统元素为我们的吉祥物设计带来了丰富设计元素和资源,现今越来越多的设计师开始注重中国本土文化在设计中的具体作用,寓意着传统文化正在逐步影响着我们的设计。但是在吉祥物设计中,也得保证中国元素的合理运用,滥用反而造成不好的影响。

例如北京奥运会吉祥物的创作则是首次把动物和人结合起来，强调了以人为本、人与动物、自然界和谐相处的天人合一的理念，在创作思路上是全新的。

中华文化博大精深，代表中国的文化元素非常丰富。中国地域辽阔，民族众多，从东到西，从南到北，各地广大群众对吉祥物充满热情的期盼。一组"福娃"形象承载着中华民族的百年奥运会梦想，把祝福送到世界的四面八方。

供稿：韩雪

陈雨昕　访谈

Chen Yuxin

【简　介】2017 阿斯塔纳世博会中国馆项目负责人　中展集团设计总监
Head of the China Pavilion at Expo 2017 Astana and Design Director
of China International Exhibition Center Group Corporation (CIEC)

Q1: 看了您关于韩国丽水世博会以及哈萨克斯坦世博会中国馆的设计，请问您是如何将中国的文化与不同国家当地的文化相融合进设计中的呢？

A1: 首先世博会的展示平台与我们通常所理解的文化融合存在一定的差异性，世博会是各国展示文化、经济、科技相融合的大舞台，根据每一届世博会的主题，在展示上有不同的侧重点，文化部分在期中起到贯穿作用，是体现一个国家馆脉络的精髓所在，因此在设计中我们要做到在尊重当地国家文化的基础上，最大化秉承中国文化脉络。

每届世博会在不同国家举办，每个国家都有自身的文化特质，我们首先要解读中国与举办国文化内涵的差异，比如在韩国丽水世博会，韩国文化与中国文化一脉相承，因此在文化脉络和展示设计上，需要有更加鲜明的中国文化特征，以免参观者混淆。在哈萨克斯坦世博会上，中哈文化的差异性较大，我们在设计中需要特别注意尊重当地的文化传统及宗教信仰，要有"和而不同，尊重差异"的文化胸襟，着眼于宏观大视角的促进人类进步与文明，这样才能超越不同社会制度和意识形态的差异，塑造具有中国文化新形象，展示中华文化的智慧。

Q2：我们都知道这次阿斯塔纳世博会中国馆是比较热门的场馆，您觉得中国馆之所以成为热门场馆的原因有哪些？是一带一路的背景推动下成为热门场馆还是因为本身场馆的展示设计吸引观众呢？

A2：阿斯塔纳世博会中国馆在众多国家馆角逐中，荣获了 A 类展馆主题演绎"银奖"。这是对本届世博会中国馆成功最大的肯定。

本届世博会中国馆可谓意义重大，它承载着中国在世界舞台上与各国沟通交流的使命，承载着中国宣传"一带一路"倡议的使命，承载着阐释我国绿色发展理念的使命，承载着深化中哈全面战略合作伙伴关系的使命。

在世博会的舞台上，能否成为热门场馆，主要取决于观众对于展馆的感受度如何。中国馆在主题演绎方面把握精准，以"未来能源、绿色丝路"为主题，将全面展示中国能源发展主张及对未来能源发展的思考。"未来能源"将是解决能源危机，促进未来能源可持续发展的重要载体。中国围绕开发、利用、保护新能源所做的实践与思考，正是本届世博会中国馆所要展示的重点和亮点；"绿色丝路"深刻诠释了"一带一路"倡议下我国的绿色发展理念。"未来能源,绿色丝路"主题框架下搭建的平台，将是中国与世界各国分享能源利用、保护与开发经验的新途径，也是中国人民与其他各国人民欢聚、共融、合作，共筑通往幸福之路的新设想。

在清晰的主题脉络演绎基础上，中国馆另一亮点是 3D 环幕影院，这是本届世博会上唯一的 3D 环幕影院，运用多维度的影视手段，展现了一段小女孩寻找未来能源的影片，影像媒体展现给观众一种对人类情感最直接的再现，主题与情感相融合，给予观众最大的同理心和情绪体验，从而引发观众对中国馆的热度。

Q3：您觉得设计世博会的展示设计跟设计其他展览有什么最大的区别？

A3：一般的展览展示设计，其展示核心是商品，而世博会所展示的是各国在文化、经理、科技上的理念，在规格与层次上与其他展览会活动有着本质上的区别。与商品展、成就展甚至形象展不同，世博会是一次全球视野下，对生活的态度和观念的展示。

Q4：参观世博的人群大致可以分为两种，一种是专业观众；另一种是普通观众，您在设计展览的时候是更加注重普通观众还是专业观众？还是普通观众和专业观众两者兼得呢？

A4：世博会以普通观众为基础，其中也不乏专业观众，因此需要两者兼顾。世博会的设计是集理念与娱乐为一体，展示各国的文化理念和前端科技成果，展示的本身就已经涵盖了普通观众和专业观众两部分的需求。在展示细节设计上需要注意如何将博大精深的理论，用浅显易懂的手法表现出来，取其精粹。

Q5：可以就您参与设计的世博会中国馆或其他项目谈谈展览设计行业的宝贵经验和发展趋势么？

A5：展览设计是一门综合艺术设计，在会展业发展过程中的地位和重要性是不言而喻的，随着我国会展行业的发展，展览设计始终引领着会展行业的理念前行。展览设计的范围，也从最开始的标准展位到企业特装、到商业活动临展厅，在既定的时间和空间范围内，运用艺术设计语言，对空间与平面的进行精心创造。

2010年上海世博会之后，我们对于世博会有了更深入的认识，世博设计也随之升温。随之而来的是展览设计行业的世博效应，从原先以商品展示为最终目的，演变到企业、商品所要传达的文化、理念、科技的综合展示。展示材料也随着环保理念推广，转变为更加绿色可持续性利用的新型材料。展览设计未来的发展也随着人们对文化艺术的追求而不断变化，更加强调将本土的传统文化理念、视觉传达系统、多媒体技术应用等多维度综合成为一个展示设计。

供稿：沈青

顾骏 访谈

Gu Jun

【简 介】上海大学社会学院教授　新闻评论人和自由策划人
Professor at School of Sociology and Political Science，SHU

Q1: 世博会创办伊始，首先是一个国际性的产业成果展示会，通过定期举办世博会，展现科学技术最新的进步和成果，见证了人类历史上每一次重大产业革命。近几届世博会，新能源开放和节能环保技术又成为世博会的产品和科技的展示热点，请您谈谈未来世博会还有可能往什么方向发展？人类会面临什么问题？

A1: 世博会本来就是有主题的，不过主题是隐含的，世博会有非常重要的主题，就是工业化以后技术和艺术怎么办？有了技术没艺术，比方说画画，画完了就是一幅画，可是拍照呢？拍完以后有无限张，我认识一个人在囤积版画，可是我告诉他囤积版画没用，因为一幅版画理论上可以无限的，因为如果一个人画画，他哪怕画同一幅画，每一次都有偶然性，这就是为什么我们去听音乐会不去听唱片，唱片听一百遍肯定都是一样的一点不差，但是我要去听一个人的音乐会，一百遍肯定是不一样的，所以比如说收集唱片，他可能收集一个人唱片比如卡莱阳，收集他一辈子演奏贝多芬的某一个交响曲，不同版本，那么他将来研究的就是他一生只会贝多芬第五交响曲处理上有哪些不同，这就叫艺术，可是他把一张唱片听一百遍，永远也就是一张唱片。工业给人们带来的就是这么一个难题，以后好东西，比艺术家做得好，可是它没变化，没有发展，西方世博会开始就是这样一个感觉，这也是世博会到现在既要展示制造又要展示创意，创意就是从艺术来的。世博会里面还有一个主题，就是对进步的乐观主义态度，到后来对进步的悲观主义态度，科学、工业都是人类的噩梦，于是就出现了用什么东西来制约人类的噩梦呢？就是宗教，所以在有一年德国办的世博会上，德国人就拿出了47个宗教思想家，每个州不要出你的农副产品制造品，每个州出一个宗教思想家，而且他们给宗教思想家做一个雕塑，雕塑是在世博会期间不断进行，从世博会开幕开始做到闭幕，一直到最后闭幕的时候做好，这背后都是有主题的，就是人类的担忧，这就是我讲的人类关切。所以关于人类的关切这件事他们会永远做下去，但是采取的形式可能多种多样，提出的命题可能多种多样，主题是隐含的，展示是显性的，而现在主题越来越显性、明确，展示的东西越来越看不懂了。我在演讲中举了一个例子，2010年上海世博会城市让生活更美好，英国馆的种子殿堂，它已经不是直接回答，英国人这个回答用中国人的话来说就是写意的，不是写实的，而写意的话展示就变成一个符号，变成一种象征，具体是什么你们各自去理解，比如说这把壶就是写实的就是一把壶，写意的话谁知道它是一把壶，种子殿堂就是写意的，而日本馆的紫蚕和沙特阿拉伯的大屏幕都是写实的。所以我个人最喜欢英国馆的种子殿堂，它是写意的，人类到最后连种子都没有了，生态都毁掉了，物种灭绝了，还有更好的城市更好的生活吗？你们把城市变成钢筋水泥，地面、楼宇也是硬的，英国馆就给你们一个软体建筑看看，你们线条都是这么清楚的，英国馆给你看一个像海葵一样的东西，这就是思维的突破，对未来城市往哪里去做的一个回答，看，满目看到的都是问题，而英国馆的种子殿堂代表着对今天城市的否定，所以世博会后面走下去仍然逃不掉人类关切，每一届世博会都要去找到人类最大的关切是什么，那么这个关切到哪里去找呢，申办世博会，找到这个主题，是要被大家接受的，被大家接受的主题，显性的也好隐性的也好，本来就是人类关切的表达，如果你这么认识以后，我们做世博会演绎就应该去找大家关切是什么，比如下一届世博会，中国选了一个主题是机遇，但是我担心中国人选不好，迪拜提出机遇被大家选中本身反映了什么东西，中国人在讲"我"的机遇那就麻烦了，全世界现在最怕机遇都被中国人垄断，中国发展太好了，我们竞争不过中国，中国把自己的机遇表达的那么好了以后，那么后面其他国家就会想我的机遇在哪里，这就是我在讲的人类关切，人类自觉、国家自觉、文化自觉、人性自觉，我要以后设计中国馆的人有自觉，不要只考虑一国，中国如果还是只考虑一国的话成不了世界大国。你最后认为这就是"一带一路"的机遇，别人问的是"一带一路"中"我"机遇在哪里？不是"一带一路"中中国的机遇，中国的机遇越好对别人威胁越大。人类关切将永远是世博会的主题。奥运会背后也有人类关切，更高、更快、更强，也是人类关切，但是这个关切相对来说就是克服人类的体力局限，基本上局限在这个方面，而世博会更广泛、更综合、更全面、更整体的人类关切。

中国做世博最大的问题就是中国一厢情愿、太自恋，老想着"我"要表达什么，从来不考虑别人想看什么。我们国家如果不考虑其他国家的感受，尤其在国外还不考虑当地的乃至全世界的观众的感受，一味想表达自己，到最后逃不掉没人看的结果，我在演讲中讲到人类关切，是将给我们国家的人听的，人类关切不要只是你（中国）自己的关切，别人来看的是人类关切在你（中国）这里怎么表达的，怎么回答的，怎么应对的，这几点做不到，在展示形式上做得再好没用，华而不实。

Q2：每一届世博会都有着清晰明确的主题，这也成为历届世博会的特色之所有，主题的确立不仅为当时的城市发展指明了方向，也为城市形象设计提供了借鉴和参考，您参与过 2010 年上海世博会主题演绎深化工作小组创意策划，请问您认为怎样通过世博会来树立城市形象？

A2：能体贴别人的就是最好的形象，今天中国的形象要倒过来说，能被世界接受的形象才是最好的形象，而不是自认为我最好的形象，我们经常会说这个人是好人，因为我们接受他，一个富豪在那里显摆自己我们会说他是个好人吗？所以无论是中国的国家形象还是城市形象，我们要多站在他人的角度考虑问题，你要在谁的面前树立形象，就要回答"他"的关切，城市形象既然叫"形象"，那就是相对别人而言的，能被别人接受的，能代表人类未来的，能反映解决别人的才叫好的形象。形象工作不是自己想做什么，而是能否给别人带来悬念，带来意想不到的结果，而形象好不好是大家认同不认同，这要解决一个自我本位和他人本位，自我导向和他人导向，如果你全部听他的，自己的没有了，反过来全部听自己的，别人不理你，自我导向和他人导向之间如何达到某种平衡，形成某种张力。

Q3：近年来世博会上的各国展馆及大企业馆都不惜巨资，投入大量的人力、物力，运用最新科技成果，打造一场高科技和密集信息的艺术文化活动，请从高校角度谈一谈，如何将中国传统的表达方式与现代展示设计有机结合，以及展览这门学科未来将如何发展？

A3：中国的关切应该具有全人类的，表达是具有民族特色的，内容应该是全人类的，方式应该是中国的，因为是全人类的，大家才会觉得你（中国）在讲讲我们的事，因为是中国特有的，大家才会觉得这是一个国家做的，否则就是联合国做的。不要重演世博会，世博会是面向未来的。

中国的表达方式是很特别的，其实中国的表达方式是很适合表达的，因为中国天然就具有具象的表达方式，西方的表达是抽象的表达，所谓抽象表达的概念就是理论，比如说成语，四个字，一个道理一个故事，所以我们要把自己的表达方式好好琢磨一下，不会用最后就浪费了，不要再用过于传统、固化的，别人已经抱有成见的元素。

关于展览这个学科未来的发展，展览学科从哲学、人类学、社会学这些学科开始做起，中国缺的不是视觉艺术这一类的学科，我们缺的是没文化，今天我们搞的很多展示艺术形式，都是模仿国外的，中国的展示学科不光是有技术，要有文化，而这文化中最深切的就是人文关怀，没有人文关怀连故事都讲不出来，这就是要有人性自觉，展示最后打动人，是打动人性，把握住了人性，展示才有震撼力。

供稿：董贤玏

马孟超　访谈

Ma Mengchao

【简　介】2017 阿斯塔纳世博会中国馆总策划　北京七展创意集群合伙人
Chief Planner of the China Pavilion at Expo 2017 Astana

Q1: 作为阿斯塔纳中国馆总策划师，请问此次中国馆设计的亮点是什么？相比 2015 米兰世博会中国馆有什么区别和发展？

A1: 本次阿斯塔纳世博会中国馆，亮点在于围绕"未来能源，绿色丝路"的主题，设计了一条能源是自然送给人类的礼物，未来能源是人类回馈自然的礼物，中国馆是中国送给世界的礼物三个篇章，串起了序厅，能源走廊，未来能源的一天，能源梦剧场，全球使命与伙伴和尾厅等主题展示空间。其中情绪升华的顶点在于全球使命伙伴区的 Iter 人造太阳展项，代表了人类对于未来能源终极形态的美好畅想。

相对于米兰世博会，本次更为着重于室内展陈部分的整体化考虑。其中数字化展示手段和互动体验环节的应用更多更系统，也符合目前世博会展示手段的总体发展方向。

Q2: 世博会中国馆如何很好地展现国家形象，今后世博会及中国馆设计的发展趋势是什么？

A2：世博会是一种非常特殊的展览活动，世界各国同台竞技，要尽可能的体现出自己的特色与优势。在中国馆的设计上，要面向最新的发展趋势，即中国作为一个科技实力发展迅速，国家层面也将科技创新作为重要国策的新的科技强国形象。

在设计时，要将代表科技实力的"新中国元素"结合到设计中来。不再只是对传统红墙黄瓦的呈现。

供稿：杨璐

阮炜　访谈

Ruan Wei

【简　介】2015 米兰世博会中国馆副馆长　2017 阿斯塔纳世博会中国馆副馆长

Vice Curator of China Pavilion, Expo Milano 2015, Vice Curator of China Pavilion, Expo Astana 2017

Q1: 中国馆近些年来在世博会展示上的进步有目共睹，从 2010 年上海世博会到 2017 年阿斯塔纳世博会，您觉得中国管的设计在哪些地方有了质的飞跃？

A1: 中国馆的设计近些年也是在逐渐走入国际形势，早期的中国馆在开放创新这一块，包括体制还没有形成。近些年来，中国贸组会的主办方，我们是集聚了社会的各界资源，无论是社会上的、还是专业方面的。首先我们是要把各方面的设计、用人，以及一些专业的分散出去，这样能够使得它的分工更加的细化，来提高中国馆的水准。那现在我们常在做的，我们也很高兴来组织论坛，同时也给会晤组引荐了一些国际专家。我们希望中外或者说国际社会可以加强对话，甚至我们的发展更加考虑国际团队，而不是只限于中国。世博会本来就是源于欧洲国家，中国更多的是在学习。那么通过上海世博会之后可以说我们已经有了很大的提升。中国也在几次世博会上得到了一些奖项。那么加强这种步伐，保持这种参展的质量就更需要和国际加强交流合作，提升我们的参展，我们要从学变为创。

中国馆近些年展示方面的成功在于什么呢？我们除了体制的提升，理念也在提升，还有对于现代材料的使用，传统与现代的结合。传统和现代的结合已经不像以前那样好像很直白，就把那儿放个牌楼、放个红色，就完事了。我们要考虑的是，他怎么能从内而外的表达中国的自信，这是目前我觉得中国馆最大的转变专业化、国际化也逐渐提高。我们希望给国际展现出来的中国不是一种固步自封，也不是一种很嚣张的一种形象。毕竟中国现在在崛起，作为世界第二大经济体，中国提出的"一带一路"倡议，怎样让别人从心底去接受。而不是让人感觉中国提出这种主张之后会有"中国是不是要做世界的中心啊？或者你要把过剩产能转移啊？"的感觉，就是不要让各国民众有这种负面的体验。我们现在要做的就是通过外交平台，希望促进民心相同，让各国的民众，或者专业观众，或者政要可以从心里接受中国的发展，接受中国以一个和平的形象崛起。这是世博会的一个最重要的平台，也是我们的一个发展方向。

Q2：那你觉得我们现在中国馆建设最主要会遇到什么样的问题呢？

A2：中国馆现在最大的问题是资金。我们的资金保障体系，财政体系还跟国际不是特别接轨。国际上基本三年就会确立一个项目总预算，有了总预算之后就可以很快的来操作了。虽然财政部近年也在逐渐改革，但我们基本还是年度预算报预体制。所以通常整个项目的总预算盘定的比较晚。总体来说，中国的资金保障相对于发达国家来说还是有一定的差距。小世博做得很好，阿斯塔纳世博会财政部给了大量的支持。因为世博会我们确实要勤俭办博、节俭办博。但毕竟涉及建筑和高科技是需要一定的资金保障的。你不能说人家弄五千万美元，你弄一千万美元。所以说世博会还是需要中央财政、社会各界的支持的。提供一个更坚实的后盾，才能更好地办好世博会。

第二就是进一步要加强人才的培养。虽然说我们现在已经有个专业的团队了，我们有设计的专业团队，我们有运营的专业团队。但这些专业团队他的办博能力和国际化水平还要提高。他与国际的接轨还要有一个提升的过程。因为毕竟还在发展中，不像一些欧美国家可能拥有几十个参与过的公司、建筑师。我们也有很多建筑师，但他们都不一定做过世博会，建筑和一般的建筑结构还不大一样。

Q3：您讲到"世博会是一个高科技的、有教育意义的嘉年华"，您觉得近两年中国馆在教育意义上做得如何？

　　A3：我们也是在逐渐提升教育意义这一块，包括教育的受众。这里面跟普通的教育意义是不一样的。这里面包括了对政要的教育、对专业人士的教育、对民众甚至是对小孩的教育。所以说这种教育，应该是润物细无声的植入在各个展览的空间之内。所以在这一点上我们也在做一些尝试。从以前我们场馆的宣传可能比较说教化。现在我们要做的更重要的就是中国已经意识到了这种世博语境下的教育，但是这个展馆它的教育内容怎么能够变成符合国际语境的，让人家可以接受的。特别是我们在互动性这一块做得还是不够的，中国的互动水平比较差。因为互动是比较容易通过体验让人体验让人感受这种教育概念的，所以这也是小孩、普通观众最喜欢的。所以这一块呢，我觉得也是中国馆做得还不是太好的地方。所以也是我想着力请创意设计界的人能够来考虑的，中国馆的互动创意性问题。

供稿：关雅颂

邵隆图　访谈

Shao Longtu

【简　介】2010 上海世博会吉祥物"海宝"总设计师　上海九木传盛广告有限公司董事长

Chief Designer of Expo Shanghai 2010 mascot and Chairman of Board of Directors of Shaw & Shaw

Q1: 请问邵老师，您在讲解海宝时提到海宝的设计是基于对主题的分析和演绎，但是，"一千个读者眼里有一千个哈姆雷特"，您当时经过了哪些思考才最终将主题定位到"城市与人"上，进而设计出被大众认可的海宝形象的呢？

A1: 其实，具象的设计是好做的，最难做的就是抽象的东西。抽象的东西叫设计吗？对于画画来说，人们常关注在像不像上，当然抽象表现绘画也是有的。现在设计的很大问题是，对主题的理解，但是现在很多作品在主题的理解上有偏差。现在设计师的很大问题是文学底子太差了，看书都看不完。所以很多设计师对文字的理解是不够的，沟通也是不充分的，他们总是认为自己把设计表现得好就可以了，其实设计做得好的人重要的都是在概念理解上。这个问题也许是我个人的一点观点。

这个主题的定位呢，"城市与人"的关系，城市让生活更美好，这个主题怎么去演绎很重要。这个主题是我们在 1997 年讨论的，1997 年就讨论出来了。我是参与这次会议的，但是当初，我参与会议时，我提出的不是哪一话题。大家都在描述上海的改变那么大，中国改变是大的呀，但是这是物化的东西，就是我们讲文化是由三大块构成的，文化的定义，就是物质和精神的总和，物质和精神加起来就称之为文化。现在文化，有那么大的承载力和价值。习近平总书记一直在讲我们最重要的是文化，如果没有了文化，就根本什么都没有了。世界四个古代文明，为什么我们中国还在，第一个就是我们有一个统一的文字，这个文字是很重要的，海宝就是利用了这个文字，一个"人"字。再考虑"城市让生活更美好"这个主题，城市里房子那么多，为什么呢？马路修建的那么发达，为什么呢？一切都是为了改变人的生活方式。城市便利性也好，方便也好，束缚也好……这都是生理方面的，还有很大方面是心理方面的。我们以后心理上的需求不再是五个需求，要七个需求了。很多新的需求出来了，温饱需求解决了，但是，"不冷不热，不急不挤"呢？我们一辈子不饿还是能够做到的，但是不挤很难。车子不挤，房子不挤，睡的床不挤，上下班不挤公共汽车，那个不容易呀。住病房不挤，那也是不容易呀，对吧。所以，你忙了一辈子，就是忙着这几个字——不冷不热，不急不挤。

不冷不热也很难的，有些是生理上的，有些是心理上的需求，所以我们一再追求满足人的需求。我们当初差不多用了半个多月的时间才选出那个切入点。

也有人提出来说画具体的动物，动物太多了，有的讲得清，有的讲不清，有的中国人喜欢，外国人不一定喜欢。所以我们思考抽象毫无意义的东西，然后赋予它意义，要是生动就更好了。

"人"字呢，是最简单不过的字，我的初衷是这个字可以比较简单而又详细的介绍"城市让生活更美好"，然后这个人字的拟人化形象就是海宝。这样介绍的话，让全世界来中国的人，包括外国友人，中国同胞，都去写一个人字，那这个汉字就会被推广了。这样谁还说我们中国人不尊重人权了？我们中国人早就尊重人权了。这是世博会向全球提出的第一个人字——以人为本。所以，你们以后要记得，是我们在世博会的时候向全世界第一次在这么大规模的国际会议上提出了以人为本的核心价值。人权的问题我们早就提出来了，城市让生活更美好就是为了人的生活更美好，而不是光为了物质上的更美好。一定是跟人有关的，所以当初这个切入点解决以后，基本就解决了传播问题，但是最后还是没整合好，所以，现在的毛病还是出在整合上，整合还是不够。虽然看起来是已经够了，因为它只用了一百八十四天就不用了。如果现在海宝作为上海市的形象继续留下来，那还是要做整合，继续有价值的。你看像日本的森林小子和森林爷爷，一直到活动结束还一直作为环保的公众大使经常出现。人们一看就知道是日本爱知世博会的吉祥物，一个宣传国家环保意识的形象。

"人"字都简单了，但问题是我们没有地方去表现，文字是写着，像那个马路上做的雕塑都做了几千个，大概四千多个。东西都做出去了，毛病是在哪里呢，没能很好的传播这个人字，虽然一直不停地讲人字，也在雕塑的背后写着，但是写的太小，人们路过都没能看到。我们应该在各种媒体上都写，这是个"人"字，这是"人"字海宝。

Q2: 请问邵老师，许多代表中国的吉祥物几乎都是中国传统娃娃的形象，而您设计的海宝看起来完全打破了中国娃娃的约束，您在设计的过程中是如何把可以象征中国的元素进行筛选、提取和应用的？

A2: 海宝它打破了常规的传统的娃娃的形象。上海不是中国的全部，上海是中西合璧。是中国的，也是世界的；是东方的，也是西方的；是传统的，更是时尚的；是我们熟悉的，又是新鲜的。这就是上海啊。现在我们中国很多东西都跨界，很多东西都是混搭，很多东西都在符合发展的需要。现在很多传统的东西，在很多地方还是很用得着的。我们的年画里面传统的娃娃很多，基本上刘海很长，后面留两个小辫子。但是我们很多城里的人对年画娃娃就比较陌生，那么对于上海的这个世博会呢，传统娃娃也就不大符合上海这座城市的形象。

它应该更时尚一点，它在上海举办，也是有它特定的条件的。我第一次用了蓝颜色，当时是很害怕的，因为在中国很喜欢用红色，之前没有一件象征中国的作品是用蓝颜色。我们当时请示了世博局，问过他们的意见。他们觉得可以大胆搞。我觉得现在设计的形式要比以前好了，现在很多领导，很多部门的基层领导，处级以上干部，80后很多，四十岁左右的。思想观念很开放，我们制度不断创新，道路也走的自信，所以这个就不一定要按以前那样来一条很具象的龙。当初征集世博会吉祥物的时候，具象的东西也很多的，像东方明珠在整个设计方案的稿子里面，我看不会少于五千件。那就是说，那么多的想法都是一样的，东方明珠这一造型做吉祥物，不好做的，那么高。所以我们的许多设计思想很局限，用大家熟悉的，也是可以的，多变形，变得非常可爱，还是可以的，但是很难。

像比萨斜塔也是一个形象，意大利的比萨斜塔。但是这个比萨斜塔是斜的呀，斜着就叫比萨斜塔，全世界几万个宝塔，为什么比萨斜塔被人们记住了，因为它是斜的。它方方正正的就没有记忆的符号了。就不成记忆了。那么记忆是很重要的，也是设计的目的。你花费那么大的代价，目的是为了让人喜欢，让人记住注意力、吸引力、冲击力、杀伤力、记忆力，这五大关系要处理好。第一是注意力，第二是吸引力，第三个是冲击力，第四个竞争力就是杀伤力吗，你要把对手干掉、杀掉，第五个就是残留的信息——记忆力。这五个力，一个都不能少的。所以，你要多平衡，要考虑什么最重要。当然注意力是第一重要的，如果他注意也没注意，你所有的努力归于零。所以现在女孩子都穿破的牛仔裤，以前这种是破裤子，现在都是设计过的，可以破的，潮流牛仔裤，还漏点出来，你说这不是设计吗？

Q3: 请问邵老师，您提出许多事物都是人赋予它们意义，之后被其他人认可。这个说法在您的"和酒和石库门上海老酒"等作品中有着非常精彩的演绎。但是，有人提出，大部分消费者在购买商品时认为他们并没有专门去关注商品设计有什么意义，许多人表示只是因为品牌、包装或者无意的购买，您怎么看待这件事？您认为在赋予商品意义时都要考虑什么因素？与您在赋予海宝的意义时有什么不同吗？

A3: 我有比较长的时间从事设计管理。总能碰到一个很好的想法得到的结果跟设计初衷大相径庭，为什么呢？最典型的案例是，我以前管设计的时候碰到过一件事，就是家里用的马桶，我们设计过的马桶，结果设计好以后呢，消费者买回家都不是装大小便的，我问他们买回去干嘛，装米。因为它是生铁做的，是很好一个桶，不会受潮，也不会变霉，变成了一个容器。所以，一个容器，你给他命名的时候，你叫马桶，它就装大小便了，你叫装米，它就装米去了。设计师要去约定别人的，你不去约定，设计就没意义。假如我们在电梯门口握手，那这个握手意味着欢迎还是再见呢？握手本身是没有意义的，但是当你边握手边说"欢迎光临"或者"下次再见"，那它就有意义了。任何实际的东西，必须指向有意义的描述才具有价值。

当然有些东西你不用解释也是有意义的，毕竟一千个哈姆雷特就有一千个想法，这也是容许的。但是，我们比较多的还是去强调，就像一个"6"写在地上，左边看它是"6"，右边看它是"9"，你是对还是错了呢，都对，这有什么意义呢？一点意义都没有。所以我们讨论对错好看难看，都没意义，但是赋予它意义就有意义了。

你说一个和尚，他穿了僧衣，他当然是和尚了，但是若换上了牛仔裤呢，那不是流氓吗。对吧，如果换上了牛仔裤，讲话再仓促一点，再随便一点，那就变成一个很不文雅，没有礼貌的人。但这也是符号的力量，光头的力量，为什么犯人把头剃光了，因为他一逃跑就能被看到，像光头这些都是符号。所以符号呢，要赋予它意义。同样海宝从某种意义，它也是符号，要赋予它意义，但是这个意义，也是人描述出来的。

比方说一张钞票值钱吗，是值钱的，但它怎么值钱呢？你赋予它十块，就是十块，一百块就是一百块。它本来是没有价值的，价值是人赋予它的。

我们弄清了基本的概念，所以，赋予它意义，才是我们做设计的要做的的事情，才是我们事先要约定的工作。

你设计一个小丑，就是马戏团里的那个小丑，大家都叫他麦当劳叔叔，那就叫叔叔了，对吧。你叫的麦当劳叔叔难道不是一个小丑吗。这种例子太多了，老鼠又没人喜欢，你加个米字，叫米老鼠，这是翻译，英文名叫 Mickey，然后演绎它，它就有意义了，这个意义都是人描述出来的，所以，我们中国人好像想象力不够，以后的年轻人就会有很多想象力了，但是首先要颠覆大部分旧的思维方式。好看难看，对了错了，由你决定。我们"十九大"就在讲这个事。就是道路自信，理论自信，制度自信，最后文化自信。你就要自信啊，要想讲的话，你都不讲。这是我们以前做设计的时候从来没教过的一个词——推广。我们创意好，执行的好，但是推广呢？不推广就不存在。我们谁还记得爷爷的爸爸的名字？大家都回答不出，为什么，因为对我们来说没有意义了。如果，爷爷的爸爸是蒋介石，那也有意义啊，因为他名声大，所以这就是传播的结果，你不讲谁知道？所以还是要讲的。

供稿：张旭

注：邵隆图先生因病于 2018 年 2 月 17 日逝世，他生前是上海大学设计系兼职教授，并且对世博论坛工作非常关心，谨以本访谈表达对邵先生的纪念。

——编者

杨明 访谈

Yang Ming

【简　介】世博会博物馆主创建筑师　华东建筑设计研究总院副总建筑师　建筑创作所所长　教授级高工

Chief Architect of the World Expo Museum, Deputy Chief Designer of East China Architectural Design & Research Institute and Director and Professor-level Senior Engineer at Creation Center of East China Architectural Design & Research Institute

Q1: 杨老师好，世博会的根本目的是为了让城市更好地发展、人们生活的更幸福，那么您在设计世博会博物馆的时候是怎么考虑建筑与城市、建筑与人之间的关系的?

A1: 从城市的宏观角度讲，世博会博物馆是一种城市精神的凝结和延续，它需要呈现出跨越时间的属性，体现我们所设定的"永恒的瞬间"主题。在城市微观的在地性层面，世博会博物馆为其所在的浦西文博区规划设定了一个由西向东延展的公共性空间指引，也树立了一个面向未来的城市形象。上海对世博的情节比较重，走在世博会展馆内，可以感受到市民们传递给我的信息是对这些东西的记忆和情节比想象中要深得多。

在和人的关系上，世博会博物馆的宗旨是为上海提供一处新的"城市客厅"，能向公众提供高质量的、可参与的知识空间，同时又能在建筑的细微处体现公共服务的善意，宣誓"理解、沟通、欢聚、合作"的世博会精神。举个例子：空中云厅的下方是作为博物馆主入口的集散广场，同时也可以南西北三面为背景形成城市公共活动的舞台。云厅在这一广场的上方不仅提供了吊挂、照明的可能性，还形成一个有效的室外遮盖，可以使得候场排队的人流避免日晒雨淋，这一点并不是博物馆设计任务书的要求，而是建筑师继承自 2010 年世博会场馆的设计经验，自觉呈现的以人为本的设计考虑。

Q2：从近年日本世博会、上海、米兰世博会中国馆来看，您认为未来中国馆的发展将呈现怎样的趋势？未来如何更好的向世人传递中国文化？

A2：中国馆的未来模式应该根据中国国家形象和国际政策的发展相应调整。世博会整体宣扬更积极美好的事情。在这样的大场景下，建筑应该表现出更多轻松并且有趣的内容，而不仅仅是宣扬比较强大的国家统一的东西。随着中国进入新的历史发展时期，中国馆的策展核心应该从介绍自己转向影响他人，从展示历史转向展示当下，从宏观展示国家文化转向微观展示国家作为。

供稿：童安祺

俞力　访谈

Yu Li

【简　介】世博会博物馆原副馆长　原 2010 上海世博会城市未来馆馆长
Former Deputy Curator of the World Expo Museum and Former
Curator of the Pavilion of Future at Expo Shanghai 2010

Q1: 了解到您从昆明园博会开始一直从事世博会相关工作，也参与了上海世
博会会展策划设计组织的工作，在您参与过的世博会项目中，最令您难忘的是哪
届世博会的中国馆或者是其他国家馆？

A1: 这个题目很大，需要拆分回答。首先第一部分是关于我的世博经历，第
二部分是世博会的场馆，涉及几届世博会的中国馆和其他展馆。所以梳理一下这
个问题就是：世博会的展馆孰优孰劣，什么才是最好的世博会场馆，或者说怎么
样的世博会场馆才是优秀的。其中，所涉及的抽象标准其实就是：艺术是否有标准，
艺术设计是否有标准。这几年的世界博览会这个最高平台，我推荐几个优秀的作
品，这样回答就比较聚焦一点。

首先，回答优秀场馆的标准。先要梳理这样的一杆尺，因为艺术是见仁见智，
它没有客观的标准，世博会的展览从本质上就是艺术创意的产品。其他文博类展
览、商业展览和世博会展览的根本区别在于所有非世博类展览，内容是不需要策

划的，文博类展览、商业类展览，所需要呈现的展览内容是确定的。青铜器展览，青铜器是不需要创造的，它本身就是存在的，你只需要对展示环境进行设计；自行车展览，自行车本身就是厂商提供，不需要自己去造一辆。但是世博会展览不一样的地方就是：它对内容的择取，本身是需要创意，这个创意是建立在对主题的阐释。用什么展品去阐释这个主题，这个阐释的基点又是我作为一个国家民族的一员，作为本民族、本国家来对这个主题进行阐述，然后再进行艺术包装。但是，这个主题又是要迎合世界性的主题，世博会总的主题是世界的共识，人类的共识所提出的问题，这就充满了挑战和难度。

世博会的展馆有许多是非常好看的、也非常好玩、给人非常绚烂的感觉，但是看完以后会有一定的启发和教育，这就是世博会展览馆的妙处。但是，你要对世博会展馆做出一个客观的评价，这个展馆到底是好还是不好，这是很难评述的。原因就是，文化不是以求同为标准，文明的标准是求同，世界也是求同。抽水马桶在中国制作的标准和在美国制作的标准是一样的，电压 220V 全世界都是统一的标准，这就是标准。但是，文化的标准是相反的，文化是追求多元，文化是没有标准，各民族有各民族对问题的阐释，对文明不同的使用方式造就了文化的不同，文化的多元性才是激发各民族创意的本源，这就是文化。所以整个世博会其实就是对文化感染力的评述。

那么由此，可以确立的一点就是：不管你是哪一届的世博会，不管你是哪一国的展馆，这个展馆的陈列样式，展览呈现的方式，之前展览会上是没有出现过的，那么你的创意应该就是优秀的创意，这就需要比较有分寸的去评价去把控一个好的展馆。

但是回过来，就是要求你——作为一个鉴赏者，一个观众，必须要知道这种表现和创意新在什么地方，表现创意优秀在什么地方。这涉及观众自身的文化素养、时代发展、科技文明的发展程度，你不知道的话，你也就不知道做出怎样的判断。这就是我讲的来确立这样的一个标准，那么你就知道世博会优秀展馆应该具有什么样的条件。

这个展馆的设计一定是有非常鲜明的主题，对应世博会的主题。第二点：内容的择取，独具一格。设计的展览展项或者提供的展品是非常新鲜的、陌生的，展示形式是创造的，在这之前是没有人看到过，那么这样的展馆毫无疑问是优秀的。由此来推断，来评定哪些场馆是优秀的。

除此以外，这个展馆的整体并不能达到优秀，但是某个展项可以得到优秀的评价，比如中国馆的清明上河图。这种形式现在是司空见惯的，但是在 2010 年世博会之前，通过这样体量的电子活动画面来阐释一幅名画，这种手法还是第一次，所以这种展示手法还是第一、领先的，那么这就具有时代意义，这就是标准。

我想举一个例子，这个例子是 2005 日本爱知世博会上加拿大馆，一个非常具有创意的场馆。这届世博会的主题是：自然的睿智——新世纪人类共同面向自然，如何尊重自然，敬畏自然，爱护自然，为了我们自身的发展。加拿大馆创造了一个景观，这个景观是前所未有的。整个的构思非常巧妙地体现美学的理念，这个美学的理念在现实生活中是不可能实现的，这是两个分离的场景合二为一，所以这在艺术上是一个非常独特的创意。我简单讲一下，加拿大馆走进去就是一个长长的甬道，走道的这个墙壁近 7 ~ 8m 高的高度，用金属的丝网构筑的岩体表面的肌理，再用灯光打上去，就像岩石的表面。在这个背后，隐藏着 led 显示屏，有 5 位加拿大环保人士讲述如何尊爱自然，整个环境像悬崖峭壁瀑布，人相对而言是非常渺小的。自然景观它是人造的，非常绚丽多彩，它会有变化，一会像岩石，一会像瀑布，一会像星辰，通过灯光调节的不同色彩。观众在这里不会停留很长的时间。整个甬道的设计高高低低，像个小桥一样。另一面观众感受不到什么，就像墙壁一样，走过去。

但是没想到，一走进来是一个影厅，前面的墙壁就是屏幕，这个屏幕的透光率是 50%，外面的人是看不到里面的人，里面的人可以看到外面的人，影片时长 8 分钟，内容是加拿大的自然风光和海底世界，非常漂亮。同时外面络绎不绝走进来的观众，就在影片里。走进来的观众在看外面的屏幕，但是他不知道自己已经成为景，是自然景色的一个部分。这就解决了一个美学问题：我在窗口看风景，桥上的人在看我。互为各自的景，变成了统一体。作为观众，你在观赏影片的同时，你也被观赏了，成了自然的一员，这是一个非常非常好的案例。这种设计之前是没有出现过，之后也只是模仿了它的一部分。

Q2：在设计的过程中，是否还要考虑到运营及后期维护的问题？

A2：世博会的设计不能仅仅从艺术的构成来解决问题，世博会是一个特殊的展览，它的前置条件有三个：第一个是大人流，面对的人流是很多的；第二个是小空间，空间的大小和人流的大小是相关的，你参观世博会不管多大的空间对于这些人流来说都是小的；第三个是短时间，所有人参加世博会要求 20 ~ 40 分钟参观完展馆。所以 95% 的观众都是到此一游，到了这样的一个国度，领略了文化。在短时间的条件下，要设计出感染力，这是需要设计师的功力，世博会的设计往往是从运营和时间长度来推断你设计的空间，20 分钟你准备怎么分配。所以世博会设计基本上共识，前面是一个序厅，人流有序，进入正厅，最后疏散。规律就是前面的流处理，人流有序疏导，然后主秀的批处理，最后散处理，但是到这里展品已经不多了，不用看很多时间就可以离开，所以构成了整个展馆。一般情况下，世博会已经形成了这样的一个模式，在较短的时间可以解决大客流。过去主要以实物为主题的展览，现在多用多媒体，但是多媒体也不能太多，一般好的设计都是组合运营：实物、图像、影像的组合一起。世博会还有一个特点就是造景的艺术。它是综合了这五个项：文字、图像、物象、影像和景象，进入展馆看到一组组景，所以做世博会的设计师，他除了是景观设计师、多媒体设计师，他还需要丰富的设计知识，需要有讲故事的本领，多方面本领的聚合。

Q3: 有一种说法把世博会类比成一个大型的主题乐园或者是游乐园，您是怎么看待这种说法？

A3: 这种观点并不正确，也不完整。世博会和主题公园相似的地方，聚集大量的人流，大型的景观和大型的展项也有相似的地方，但是本质上是不一样的。游乐园目的是为了游乐，在游乐中体现。世博会目的就是教育，你可以看一下《国际展览公约》第一条对于世博会的定义就是教育，人类在历史上所取得的所有成就，举办世博会就是为了对民众有教育科学、文明启迪教育，这和大型游乐园不同。但是组织人流的方式、运营的方式，它是与大型游乐园有相一致的地方的。

Q4: 现在很多展馆采用的都是视频播放模式来对观众进行批量处理，对观众来说单一的形式会产生生理疲劳和审美疲劳，您如何看待这种现象？

A4: 那肯定的，一个场馆采用这种方式，那如果十个场馆都采用这种方式，观众肯定会产生视觉疲劳。设计师对于作品本身就要先有预测，大家都采用这种方式，你也采用这种方式，那你的设计就被淹没了。对设计师来说就要预测创意，当然有时候返璞归真，实物的东西反而会引起人的情怀，不一定是影视片。

Q5: 2017 阿斯塔纳世博会韩国馆视频 + 演出 + 互动体验的模式存在的合理性。

A5: 把我之前说的运营方式套上去，是有合理性的。你们去看展馆，如果不懂世博会设计的话，把世博会看成是一个完整的艺术作品，忘了所看的条件，你可能会花一个小时的时间去看这个展馆。但其实它只有 20 分钟的信息量，超过 20 分钟，这个信息量它就支撑不住，所以这就是差距。所以世博会的较量就在这 20 分钟，你能把观众再停留 20 分钟，那就是你的本领。这就是对设计师的考验，设计师是戴着手铐脚镣跳舞的高手，在诸多条件的束缚下跳出舞。所以评论不在一个平面，一个是艺术构成的故事性，但是把世博会 20 分钟的标准放上去，你就会觉得它是可以的，所以就这么点时间，一场秀 6 ~ 8 分钟的时候，不会超过这么多时间。

Q6: 注意到一些热门的互动体验装置，因为太多观众造成设备的超负荷，导致无法正常使用的状况，例如阿斯塔纳世博会中国馆的高铁体验仓也一度关闭。您觉得在展项设置中，高科技带来的"吸引力"与"风险"之间该如何平衡，或者说是如何取舍？

A6: 每个展览打动人一定不是在互动环节，一定是内涵。这个内涵用什么形式去打动人，而不是这个设计师你要用互动的方式去打动观众。所以把互动体验放在展览的前置的话，这本身就是很荒唐的事情。应该是根据我的需要，为了阐释我的信息点，让人更好的去理解，必要的时候采用互动装置，而不是刻意的去互动，这没有意思。

现在多媒体的一些装置沉浸感、体验感比较好，但是这些并没有包含太多的互动，互动更多的就是让你动手，可以和展项有更多的接触，这些一定是因人而异的，因景而定的，不是绝对的，这个问题对设计师来提，只是提一下，你们多采用观众接受的方式来传递信息，这是对设计师的要求，而不是讲指定哪种方式。

观众首先是来看你背后的内容，你展什么。第二个，你通过什么样的方式去展，你怎么去展，你感染我的是形式，给我一种喜悦、刺激，得到的是信息，你要给我的内容，就是这么回事，你要把这两点讲清楚，你就知道怎么去做了。有的时候形式凌驾于内容之上，这个就本末倒置了。所以你去看很多展览华而不实，主要就是因为形式大于内容，内容很苍白，没有坚实的基础。包括我们博物馆的常设展，前半部分内容多空啊，外国人不懂历史，他缺乏这部分的知识，他没办法来演绎。所有的演绎是建构在内容的基础上的。你想后半部分一双皮鞋你都有故事，那你就丰富多了。

Q7：在世博会展陈设计中很重要的一个部分是体现国家形象，在展示国家先进科技水平以及文化符号的同时，如何避免给观众产生刻意的"炫技感"和"堆砌感"？

A7：这个涉及艺术设计的手法，至于你说的炫技，给你看出段，那肯定是低劣的设计师，所谓的好的设计是让你察觉不到有设计的痕迹，那才是最高明的设计。它传递的信息，同时你根本没想到它是来传递信息，这才是高明的。

沙特阿拉伯馆这么多人看，都不知道他在讲什么东西。沙特阿拉伯馆很清楚，它讲的就是伊斯兰教，万人的穆罕默德，因为有了穆罕默德，所以穆斯林建立了美好的城市，因为有了美好的城市我们就有了美好的生活，所以你们都没有看出它所有的构成，所以这就是巧妙地设计，你不知不觉接受了它所有的东西，伴随着它的参观游览，你跟它一块去朝圣了圣神玛蒂娜你自己都不知道，这就是高明之处。沙特月亮船，代表着阿拉伯神话，但是它的指向就是指向玛蒂娜，这个船是有精神归宿和指向的。

Q8：世博会不是要避免宗教的问题？

A8：对啊，世博会不能展示两样：一个是宗教，一个是武器。但是它展示的根本不露痕迹，你根本不知道它在展示。所有看的人还不知道它展示什么东西。很多人跑到沙特阿拉伯馆，问他怎么参观，转了7圈，这就是伊斯兰教的教义啊，朝觐的路线方向，从地到天，不知不觉你跟着它走了一圈，走完以后它是从一个海湾之城到现在的发展史，所有的一切都归功于穆罕默德，这就是最妙的设计。

Q9：那沙特阿拉伯馆和你之前提到的世博馆场馆设计模式是不一样的？

A9：其实还是一样的，也是通过视频来展示，通过互动来展示，它也对应了主题——美好的城市，美好的生活。没有讲宗教，讲的是文化，这就是最妙的设计。

Q10：注意到"海上丝绸之路"这一题材从1992年意大利热那亚世博会开始，到1998葡萄牙里斯本世博会，再到2008年西班牙萨拉戈萨世博会，都通过不同形式的展项出现，"海上丝绸之路"也同样作为"一带一路"的关键组成部分，您觉得重新演绎相同的题材，有什么意义吗？

A10：这个命题我个人觉得不能这么去切入，首先不存在重新演绎，每一次演绎都是新的起点，关键是内容。你对整个航海，海上丝绸思路理解是怎样的，你梳理清楚。然后，找出来你应该采用的手法，永远创新是不可能的，看你是选择形式创新还是内容创新。

现在的设计，内容还没有搞清楚就拼命想形式感，这是本末倒置。反过来我问你：什么是海上丝绸之路，它的时间概念是什么，它的空间、政治、最后结果又是什么，你有没有完整的内容告诉我。只有一个概念，丝绸之路。我们可以把他的功能有机的结合起来，你要把内涵解释清楚。选择一个视觉的内容，一定是从几个方面：地域特色，一个是国家特色，一个世界特色，还有一个你的讲述的对象特色，你的内容一定是站得住脚的。你刚才讲的海上丝绸之路，你的内容你告诉我，你没有具体的内容，只有一个概念很苍白。

记住我和你讲的话，内容为王，内容为先，内容为基础，一定是这样来思考问题的。这样的命题，首先你告诉我，海上丝绸之路你准备择取哪个视觉点，这个点我觉得可以延伸出来，然后再来提我从哪个空间里可以切入进去。这次讲座，我打算讲沙特阿拉伯馆、日本馆和德国馆。这一条维度的情况下面，涉及的三个展馆恰恰是整个上海世博会最热门展馆的 Top10 的三个展馆，然后这三个展馆的设计为什么会受到欢迎，背后传递的理念又是什么。你搞设计不从这种角度考虑会很浅薄的。

供稿：陈越笛　蔡文婕

后记

Postscript

后记

当今世界强调连接，互联网早已突破血缘和地缘，把人类编织入一个无法分离的利益、愿景、命运的共同体。日益频繁的论坛、博览会、节庆活动则在虚拟空间以外构建大量的直接交流机会，强化着这种连接，碰撞催生出愈加多样化的知识和信息。世界成为被浓缩的"一杯咖啡"，其氤氲香味不仅熨帖着味蕾，更刺激着神经，也给举办城市留下若干代谢副产品。如同唐克扬在其文章中谈到，这样浓缩世界的活动大体有四大类：（1）世界级的体育赛事（奥运会、世界杯足球赛、方程式汽车锦标赛）；（2）著名的艺术展或者艺术节（米兰三年展、威尼斯双年展或戛纳电影节）；（3）经济动因很强的大型展销会（珠海国际航展、米兰家具周）；（4）国家政府或各国学者所组成的全球政治或学术集会（达沃斯论坛、上合组织峰会、世界互联网大会）。世界博览会脱胎于经济类展销会，在经历了19世纪中叶伦敦、巴黎世博会，20世纪70年代大阪世博会和21世纪10年代上海世博会等重要历史节点以后，成为浓缩世界的独树一帜的品类：一方面眷注国家形象的当下，另一方面关切人类命运的将来。展览正是这种眷注和关切的综合呈现与表达。

相对于平凡和日常，世博会语境有关于国家和人类的宏大叙事。这是任何公共表达和传播都不具备的意涵。尽管世博会常常受到诸如"国家名利场"或"世界时装秀"之类的消极评判，也常常面临"空间"和"内容"之间的激烈争议，更常常成为不同国家和城市实现自身利益诉求的棋子，但是时至今日，世博会的感召和动员力量却并未削弱，反而有所加强。2017年新兴城市阿斯塔纳（Astana）以"未来能源"为主题举办世博会，展现了中亚大国哈萨克斯坦（The Republic of Kazakhstan）崛起的雄心；2016年一直唱衰世博会的美国高调回归，明尼阿波利斯（Minneapolis）积极申办2023年世博会，冀图借此振兴明尼苏达州的旅游业；同样是2017年国际展览局（BIE）通过投票选择了布宜诺斯艾利斯（Buenos

Aires）作为 2023 年的世博城市，再次表现出国际组织与发展中国家之间积极互动的姿态。事实证明，世博会在贸易促进和主题演绎的双重视角下，在国家形象和城市更新的双重语境中，正在积蓄自己的力量，塑造变革中的、崭新的世界图景。

世博会专家俞力把世界博览会概括为"五个一"，即：一个主题，一座展馆，一场论坛，一台演出，一次展览。这一归纳简明地把握住了世博会的形式结构。对于世博会而言，展览是根本的语言，直接面对参观者，建构起一个公共空间，传递出一种理念信息，呼唤着一份价值认同。同时，展览也以光怪陆离、亦真亦幻的形象，直触参观者感官，扣动参观者内心，开启新的认知旅程。正如二维的屏幕代替不了三维的剧场一样，数字化的传播也代替不了沉浸体验的展览。2005 年爱知世博会新加坡馆的及时雨，2010 年上海世博会德国馆的共振球，2015 年米兰世博会巴西馆的攀爬绳网，2017 年阿斯塔纳世博会韩国馆以色列馆的真人表演，都以生动的展览语言带给人难以磨灭的观展印象，并进而强化了关于展览主题的认同，给全球参观者提供了最充分的到场理由。从这个意义上说，展览正是感官体验和意义认知之间的连接和纽带，也成为观展者、参展方和主办方之间协同互动的设计载体。

正是因为世博会展览的标杆性、综合性与前瞻性，它也成为其他各种类型展览的典范和样板。文博展、艺术展、贸易展、行业展，虽然分属不同的渠道和管理部门，却无一不受到世博会展览的影响，成为今天展览经济发展、展览城市建设的引擎。国家文物局博物馆司原司长、故宫博物院原副院长段勇指出"博物馆的展览策划和设计制作都在不同层面受到世博会的推动与影响，未来世博会场馆外观设计、内部展品陈列设计以及一系列新的展示科技手段对于中国博物馆策展都会有重要的启发作用。"任何好的展览应由策划、设计、搭建、运营等部分组成，主题策划是灵魂，创意设计是核心，建造搭建是实现设计品质的保障，运营管理是价值延伸拓展的手段。这也是今天市场呼唤各类高端展览管理、技术人才的根本原因。

上海大学上海美术学院依托综合性大学多学科支持，依托美术学、设计学和艺术理论等人文艺术学科协同优势，依托设计学科内建筑设计、艺术设计、数码设计和工艺美术等专业交叉融合基础，借助于公共艺术学科群的高峰高原建设，于 2005 年在上海率先开办"会展艺术与技术"（艺术与科技）专业，至今十余载，致力于培养展览艺术设计方面的专门人才。作为上海市高水平建设的美术学院，上海美术学院师生曾于 2010 年参与上海世博会城市文明馆、城市足迹馆、2015年参与米兰世博会中国馆的相关设计实践和研究工作，在服务世博、奉献世博的过程中，自身也成为世博会的最大受益者。世博会的研究和实践同设计学科自身的架构有高度的同构性，世博会的发展和转型同当代社会变迁、未来人类命运起伏有密切的相关性。"为世博而设计"已经成为上海美术学院发展设计学科、培养世博人才的重要着力点。

2017 年 7 ~ 12 月，由上海美术学院世博会研究课题组师生发起、由中国美术家协会指导、上海大学主办、世博会博物馆和上海高校设计教育专指委协办的"未来畅想，沟通桥梁——世博语境下的展览创意设计"学术论坛、设计工作坊、成果汇报展在上海大学举办。本次学术活动较为全面地从多学科、多维度对最新的世博会研究进行了回顾和呈现，对世博的未来发展进行了展望。本次论坛受到中国国际贸易促进委员会的关注和支持，得到海内外近百位世博会研究和实践领域专家的热烈响应。本论文集就是在此背景下，上海美术学院世博会研究课题组师生的成果总结，试图为未来中国以崭新的大国形象参与世博会，推动世博理念、世博文化的进一步发展弘扬，更好地存留和活化世博遗产，做出基础性的铺垫工作。

感谢冯远院长亲笔题词，感谢汪大伟院长和刘绣华馆长拨冗撰写前言，感谢论文撰稿人的辛勤付出，感谢研究生和工作人员齐心协力、还要感谢中国建筑工业出版社的吴宇江编辑和朱晓瑜编辑的大力协作、更要感谢上海美术学院高水平建设专项经费的资助，这本书才得以出版面世。

限于时间仓促和囿于编者水平，本论文集编纂难免有所疏漏若干内容和观点仍值得商榷。但是作为上海美术学院世博会研究的阶段性成果，作为展览学科建设迈出的第一步，希望这本书能够为将来的研究者、实践者和管理者提供参照，带来思考，能够为筹建"世界博览会研究中心"的学术资源添砖加瓦，能够为世博会研究的繁荣贡献力量。

上海美术学院世博会研究课题组

程雪松　执笔

2018 年 4 月 1 日

Postscript

It is such an Internet-driven world that it has already broken through limitations of blood ties and geographic restrictions, weaving human beings into a inseparable community of interests, visions, and destinies. Increasing the number of forums, exhibitions, and festivals has created a large number of direct communicational opportunities outside virtual space, reinforcing this connection and generating more diverse knowledge and information. The world becomes a cup of "espresso coffee" whose aroma not only feasts your taste bud, but also stimulates your nerves, leaving by-products for the host city. As TANG Keyang said in his article, there are four major categories of activities: world-class sports (Olympics, the World Cup and Formula One Racing); renowned art exhibitions or festivals (LaTriennale di Milano, La Biennale di Venezia or Cannes International Film Festival); large-scale trade fairs with strong economic incentives (The 11th China International Aviation & Aerospace Exhibition and Salone del Mobile Milan); and global political or academic gatherings of national governments or scholars from different countries (the World Economics Forum, Shanghai Cooperation Organization Summit and the World Internet Conference). The World Expo started as an economic fair. Looking back on events such as 1851 World Expo London, 1855 World Expo Paris, 1970 World Expo Osaka and 2010 World Expo Shanghai, the World Expo becomes unique since it cares about national image on the one hand and shows great concern for the future of human destiny on the other. Exhibitions are comprehensive presentations and expression of this kind of attention and concern.

World Expos are always oriented at a national and all-human level, rather than being common or normal. Any other forms of public delivery or communication do not compare with World Expos. World Expo is often subject to negative judgments such as "National Vanity Fair" or "World Fashion Show". It often faces fierce disputes between "space" and "content", or even becomes pawns for different countries and cities to realize their own interests. Fortunately, the inspiring power of World Expo has not diminished, but strengthened instead. In 2017, the World Expo was held in Astana, Kazakhstan, with the theme of "future energy", showing the inspiration of Kazakhstan to rise again. In 2016, the USA, after being absent for some time from the World Expos, returned in a high-profile way. Minneapolis has been vigorously bidding for hosting the 2023 World Expo with a purpose of boosting tourism in the state. In 2017, BIE appointed Buenos Aires as the host city of 2023 World Expo, showing positive interaction between international organizations and developing countries. The World Expo is attempting to reshape the world from the dual perspective of trade promotion and the interpretation of different themes with in the dual contexts of national image and urban renewal.

YU Li, an expert on World Expo research, summarized World Expo as "five ones", namely one theme, one exhibition hall, one forum, one performance and one exhibition. This summary briefly grasped the structure of World Expo. Exhibitions are the fundamental language for World Expo since they directly face the visitors, building a public space, conveying a message of conceptions and calling for value recognition. Exhibitions also touch senses of visitors with colorful and dreamlike images, pulling at the visitors' heartstrings and initiating new perceptions. As in the case of a two-dimensional screen that can never replace a three-dimensional theater, digital communication cannot replace the exhibitions with immersive experience. The Singapore Pavilion at the 2005 World Expo Aichi, the resonance ball of the German Pavilion at 2010 World Expo Shanghai, the rope net climbing at the Brazil Pavilion at the 2015 World

Expo Milan and the live performance at the South Korea Pavilion at the 2017 World Expo Astana all impressed the world. They all strengthened people's recognition of the theme of exhibitions and gave the fullest reason for visitors to attend. In this sense, exhibitions are the connector and bond between sensory experience and meaning. It also becomes the design carrier for collaborative interactions between visitors, exhibitors and hosts.

The benchmarking, comprehensive and forward-looking nature of World Expos have become a model for exhibitions of other kinds. Cultural exhibitions, art exhibitions, trade shows and industry exhibitions, although belonging to different channels and management departments, are all affected by the World Expo exhibitions and become the engine of today's exhibition economy and exhibition city construction. DUAN Yong, former Director of the Museum Department, National Museum of National Cultural Heritage Administration and former Deputy Dean of Palace Museum, pointed out that "The exhibition planning and design of a museum is subject to World Expo exhibitions at different levels. The future appearance design of the Expo venue, the design of internal exhibits and a series of new display technologies will greatly inspire the curating of Chinese museums." Any good exhibition should be composed of planning, design, construction, operation, etc., in which theme planning is the soul, creative design is the core, construction is the guarantee of design quality and operation management is the means to add value. This is also the root cause of the market's great need of high-end exhibition management and technical talents today.

Shanghai Academy of Fine Arts at SHU enjoys the support of multiple disciplines at Shanghai University as a comprehensive one, collaborative advantages as a platform equipped with doctoral degree programs and academic disciplines, and basis with integrated majors as architecture design, art design, digital design and industrial art. Besides, with the guidance of Shanghai "Peak & Plateau" Project for Construction of Higher Education

Disciplines, the Academy initiated opening the major Exhibition Arts and Technologies in 2005, aimed at developing talents in exhibition and art design. With high expectations, teachers and students of the Academy participated in design and research of Pavilion of Urban Civilization, Pavilion of Urban Footprint at 2010 Expo Shanghai and that of China Pavilion at 2015 Expo Milan. It also became a major beneficiary of the World Expo while serving and contributing to World Expo. The research and practice of World Expo is highly isomorphic with the structure of design disciplines. The development and transformation of World Expo are closely related to changes in contemporary society and the future destiny of human beings. The Academy takes "Real Design for World Expo" as the priority to develop art-related disciplines and educate talents for World Expo.

The 1st Academic Forum (as well as design workshop and exhibition of result reports) on Creative Exhibition Design from the World Expo Perspective themed by "Building Visions, Making Connections" was held in SHU from July to December 2017. It was initiated by teachers and students of the World Expo Research Team of Shanghai Academy of Fine Arts at SHU, guided by China Artists Association, organized by SHU, and specially supported by the World Expo Museum and High Education Teaching Steering Committee for Major of Design, Shanghai Municipal Education Commission. This academic activity has comprehensively reviewed and presented the latest World Expo research achievements from a multi-disciplinary and multi-dimensional perspective, and prospected the future development of World Expo. The forum was followed and supported by China Council for the Promotion of International Trade, and received enthusiastic responses from nearly 100 experts in the field of research and practice of World Expo. This thesis is written within this context that the achievement summary of teachers and students of Shanghai Academy of Fine Arts Research Group, SHU try to further carry forward China' s promotion of further development of the concept and culture of

World Expo and further reserve and revitalize World Expo heritages after its participation in World Expo as a new big country.

I would like to thank Yuan FENG, Dean of Shanghai Academy of Fine Arts for his inscription and thank Dawei WANG, Executive Dean of Shanghai Academy of Fine Arts and Xiuhua LIU, Curator of the World Expo Museum for sparing their time to write the preface. I would also like to thank the contributors, the graduate students and the staff for their concerted efforts, and I want to give thanks to Yujiang Wu and Xiaoyu Zhu, editors of China Architecture & Building Press for their significant help. Finally, I want give special thanks to Shanghai Academy of Fine Arts, SHU for their support of special funding.

Please feel free to point out any mistake I made in the book and I will appreciate it a lot. Thanks! This book is regarded as a phased achievement of Shanghai Academy of Fine Arts, SHU in World Expo research and its first step in the construction of exhibition disciplines. I hope this book will provide reference for future researchers, practitioners and managers and inspire them, adding academic resources to the World Expo Research Center (pending) and contribute to the prosperity of World Expo research.

World Expo Research Team of Shanghai Academy of Fine Arts, SHU

By CHENG Xuesong

1st of April 2018